藏传佛教宁玛派源流

措如·次朗堪布　著　王世镇　译注

中国藏学出版社

目　录

书首礼赞与立宗…………………………………………………（1）

第一章　概述藏地佛教开宗祖师师君三尊传记……………（9）
第一节　大堪布希瓦措传记……………………………………（9）
一、概述大堪布希瓦措传记…………………………………（9）
二、概述尊者传记……………………………………………（13）
三、概述成就之情……………………………………………（13）
四、贤善传记…………………………………………………（14）
第二节　大阿阇梨莲花生传记…………………………………（16）
第三节　法王赤松德赞传记……………………………………（23）

第二章　解说此前译宁玛派因六种殊胜故特别优异之理
……………………………………………………………（29）
第一节　迎请者施主殊胜……………………………………（30）
第二节　实行翻译的场所寺庙殊胜…………………………（30）
第三节　世界眼译师殊胜……………………………………（31）
第四节　班智达殊胜…………………………………………（32）
第五节　贽见之礼殊胜………………………………………（34）

第六节　所译的法殊胜…………………………………（34）

第三章　正说具六种、殊胜的教法建立…………………（38）
第一节　解说前旧教的传承过程……………………………（38）
一、认识前译旧教……………………………………………（38）
二、领受语旨的各个源流……………………………………（39）
（一）莲花生 ……………………………………………（39）
（二）白若杂纳 …………………………………………（39）
（三）无垢友 ……………………………………………（40）
（四）努大译师 …………………………………………（41）
（五）玛涅 ………………………………………………（42）
（六）晚近出现的伏藏师 ………………………………（43）
三、正说前译旧教的亲承过程………………………………（45）
（一）总述续部的亲承之情 ……………………………（45）
1. **诸佛密意传** ……………………………………………（45）
（1）本师宣讲之情 ………………………………………（45）
（2）弟子结集之情 ………………………………………（47）
（3）佛法的托管之情 ……………………………………（47）
2. **持明表示传** ……………………………………………（47）
（1）阿底瑜伽之理 ………………………………………（47）
（2）后二瑜伽之理 ………………………………………（49）
（2）1. 由非人的持明传出 ……………………………（49）
（2）2. 由人与非人二者传出……………………………（49）
3. **常人耳传** ………………………………………………（50）
（二）分说修部亲承之情 ………………………………（51）
第二节　解说分辨《光明金刚顶经》规的佛身与净土
差别之理…………………………………………（52）

一、原始怙主成等正觉后庄严净土之情…………（52）
（一）法身成等正觉之情 ……………………（52）
（二）由法身庄严广大自现净土之情 …………（53）
二、彼的变化金刚持于此刹土获寂静之情…………（54）
（一）正行 ……………………………………（54）
（二）殊胜行 …………………………………（55）
三、由彼显现二色身的变化之情…………………（56）
（一）解说报身 ………………………………（56）
（二）解说化身 ………………………………（58）
1. **一般化身** ………………………………（58）
（1）自性变化 ………………………………（58）
（2）调伏众生变化 …………………………（58）
（3）各种变化 ………………………………（59）
2. **特殊化身** ………………………………（59）
（1）解说正化身 ……………………………（59）
（2）解说佛教的三生 ………………………（61）
四、附则：其他说法的根由………………………（63）
第三节　解说法相因乘的共同建立……………（64）
一、初转四谛法轮…………………………………（64）
二、中转无相法轮…………………………………（64）
三、后转广分别法轮………………………………（65）
第四节　总述九次第乘的建立 ………………（115）
一、集聚招引乘 …………………………………（117）
（一）声闻乘 …………………………………（117）
（二）独觉乘 …………………………………（117）
（三）菩萨乘 …………………………………（117）
二、苦行明觉乘 …………………………………（118）

（一）事部 …………………………………………（118）
（二）行部 …………………………………………（118）
（三）瑜伽部 ………………………………………（119）
三、运转方便乘 ……………………………………（119）
（一）取名谓无上瑜伽部的密教大瑜伽 …………（119）
（二）母续教言阿鲁瑜伽 …………………………（120）
（三）无二续诀窍阿底瑜伽 ………………………（120）
第五节　分说三律仪的践行次第 …………………（121）
一、解说别解脱律仪 ………………………………（121）
（一）本师宣讲《毗奈耶》的正法之情 …………（121）
（二）结集本师所讲后以讲修如何执持之情 ……（122）
（三）抉择如是执持的《毗奈耶》的所诠 ………（126）
1. 所得戒的本质 ……………………………………（126）
2. 戒的类别 …………………………………………（128）
3. 未得能得的方便 …………………………………（129）
（1）旧仪轨 …………………………………………（129）
（2）现在的仪轨 ……………………………………（130）
（2）1. 共同的事 ……………………………………（130）
（2）2. 公事 …………………………………………（131）
甲、受时戒的仪轨 …………………………………（131）
乙、受终生戒的仪轨 ………………………………（132）
乙（1）受男子三种学处的仪轨 …………………（132）
第一　受前期戒的仪轨 ……………………………（132）
第一（1）受居士戒的仪轨 ………………………（132）
第一（2）授受沙弥戒的仪轨 ……………………（132）
第二　受后期戒的仪轨 ……………………………（134）
第二（1）所学的境 ………………………………（138）

（1）A. 正式告知主要所学 ………（138）
（1）B. 讲说不告明，但能完全领会的方便 …………………（139）
第二（2）劝告能学的有境 …………………（139）
乙（2）如何将彼仪轨运用到授女子的五种学处之理 …（139）
4. 守护所得不令衰败的方法 …………………（143）
（1）略说 ……………………………………（143）
（2）详释 ……………………………………（143）
（2）1. 详释明说的取舍学处 …………………（143）
甲、属于在家人的学处 …………………………（143）
甲（1）皈依的学处 ……………………………（143）
（1）A. 皈依各个不共三宝的学处………………（143）
（1）B. 三宝的共同学处 ………………………（144）
甲（2）近住的学处 ……………………………（144）
（2）A. 时戒正近住的学处 ……………………（144）
（2）B. 若将此学处作为终身戒，此人就成为八戒居士之理 ……………………（144）
甲（3）居士的学处 ……………………………（145）
（3）A. 辨认居士的五应断 ……………………（145）
（3）B. 依于守护彼学处的多少之情解说居士的类别 ………………………………（145）
B（1）声闻部规 ……………………………（145）
B（2）其他部规 ……………………………（146）
（3）C. 讲说居士的相同学处 …………………（146）
C1. 讲说正罪 ………………………………（146）
C2. 劝告在家咒师亦应珍受《毗奈耶》所讲的学处 ……………………………………（146）

乙、属于出家人的学处 ……………………………（147）
乙（1）沙弥和沙弥尼的学处…………………………（147）
第一　沙弥的正违纪……………………………………（147）
第一（1）大体十种违犯 ………………………………（147）
第一（2）三十三种违犯 ………………………………（148）
第二　相同所戒的恶作…………………………………（149）
第三　违犯出家时许诺的相同罪 ……………………（150）
乙（2）正学女的学处 …………………………………（150）
第一　根本六法 …………………………………………（151）
第二　随顺（类似）六法 ……………………………（151）
乙（3）比丘的学处……………………………………（151）
第一　依他补特伽罗而受持 …………………………（151）
第二　以自己圆满的意乐和加行而守护 ………（153）
第二（1）意乐…………………………………………（153）
第二（2）加行…………………………………………（153）
第三　解说如何守护的学处 …………………………（153）
第三（1）破除的学处 …………………………………（153）
A. 总事 …………………………………………………（153）
A（1）制戒的因 ………………………………………（153）
A（2）制定的益处 ……………………………………（153）
A（3）有益的学处 ……………………………………（154）
（3）甲、堕罪的因 ……………………………………（154）
（3）乙、堕罪的本质……………………………………（154）
（3）丙、堕罪的性相 …………………………………（154）
（3）丁、堕罪的类别……………………………………（155）
丁－1. 以体性分的堕罪…………………………………（155）
丁－2. 以支分分的堕罪…………………………………（156）

丁－3. 以因果分的堕罪 …………………………（156）
3A. 准备行为的堕罪 …………………………（156）
3B. 加行的堕罪……………………………（156）
3C. 正行的堕罪……………………………（156）
丁－4. 以部类分的堕罪 …………………………（156）
B. 支分事 …………………………………（157）
B（1）解说比丘的学处…………………………（157）
B（2）解说比丘尼的学处 ………………………（158）
第三（2）成立的学处 …………………………（158）
A. 圆修学处事三 …………………………（159）
A（1）布萨 ………………………………（159）
（1）甲、静虑布萨 …………………………（159）
（1）乙、相顺布萨 …………………………（160）
乙（1）十四布萨 ……………………………（160）
乙（2）十五布萨 ……………………………（161）
乙（3）吉祥布萨 ……………………………（161）
乙（4）除害布萨 ……………………………（161）
乙（5）解恨布萨 ……………………………（162）
（1）丙 ……………………………………（162）
丙（1）在何处举行 …………………………（162）
丙（2）由何人举行 …………………………（162）
丙（3）如何举行布萨法 ………………………（162）
（3）1. 加行 ………………………………（162）
（3）2. 正行 ………………………………（163）
A（2）坐夏 ………………………………（164）
（2）甲、坐夏的益处 …………………………（165）
（2）乙、如何进行具彼益处的坐夏 ………………（165）

乙（1）接受的仪轨 ……………………………（165）

（1）1. 加行 ……………………………（165）

（1）2. 正行 ……………………………（166）

乙（2）守护许诺的誓言 ……………………………（166）

A（3）解制 ……………………………（166）

（3）甲、及时解制 ……………………………（166）

甲（1）加行 ……………………………（166）

甲（2）正行 ……………………………（167）

（3）乙、非时解制 ……………………………（167）

B. 安住缘事三 ……………………………（168）

B1. 依止衣 ……………………………（168）

（1）甲、与放宽（十罪界限）相关的羯耻那衣（坚实衣，功德衣）事 ……………………………（168）

（1）乙、与活命资具相关的衣事 ……………………………（169）

乙（1）衣料的差别 ……………………………（170）

乙（2）成衣法 ……………………………（170）

乙（3）衣的类别 ……………………………（171）

乙（4）各自的建立 ……………………………（171）

（4）甲、活命资具衣 ……………………………（171）

——性相 ……………………………（171）

——类别 ……………………………（171）

——各自的本性 ……………………………（171）

——加持之规 ……………………………（172）

（4）乙、盈长资具衣 ……………………………（172）

——性相 ……………………………（172）

——类别 ……………………………（172）

——加持 ……………………………（172）

（4）丙、必须资具衣 ……………………（172）
——性相 ……………………………（172）
——类别 ……………………………（173）
——加持 ……………………………（173）
——如何持有之规……………………（173）
（1）丙、与特殊情况相关的皮革事 …………（173）
B（2）依止药 ……………………………（174）
（2）甲、药的原料 ……………………………（174）
（2）乙、成药……………………………………（174）
——性相 ……………………………（174）
——类别 ……………………………（174）
（1）时药 ……………………………（174）
（2）更药 ……………………………（174）
（3）七日药………………………………………（175）
（4）寿尽药………………………………………（175）
——词义 ……………………………（176）
——服用法 …………………………（176）
（2）丙、何人服用 ……………………………（177）
（2）丁、使用药的存放处净时之规 …………（177）
B（3）依止住宅 …………………………（177）
（3）甲、敬礼与不敬礼之规…………………（177）
（3）乙、兴建寺庙使用的仪则 ………………（177）
C. 遍于能得、守护法和还净 ……………（178）
C（1）羯磨形成的所依……………………………（179）
（1）甲、僧伽……………………………（179）
（1）乙、作羯磨法事者 …………………（179）
（1）丙、所立……………………………（179）

C（2）意乐 ……………………………………（180）
（2）甲、想……………………………………（180）
（2）乙、等起…………………………………（180）
C（3）羯磨的本质 ……………………………（180）
（3）甲、本体…………………………………（180）
（3）乙、类别…………………………………（180）
C（4）体验 ……………………………………（180）
C（5）形成的时间 ……………………………（180）
（2）2. 归摄暗示如法合理的学处而讲说 ……（180）
5. 能生戒的所依身 ……………………………（181）
6. 若衰败使恢复法 ……………………………（181）
（1）略说 ……………………………………（181）
（2）详释 ……………………………………（181）
（2）1. 舍戒的因…………………………………（181）
甲、共因 ……………………………………（182）
乙、不共因 …………………………………（182）
乙（1）特殊不同的舍因 ……………………（182）
乙（2）一般不同主张的差别…………………（183）
乙（3）从根本堕罪是否舍因引申续说五篇正罪
不发生的因 ………………………………（183）
（2）2. 还净正行…………………………………（184）
甲、犯戒还净 ………………………………（184）
甲（1）不乐于还净者以治罚还净 …………（184）
（1）A. 治罚谁 ………………………………（184）
（1）B. 由谁治罚………………………………（185）
（1）C. 何时治罚………………………………（185）
（1）D. 如何治罚………………………………（185）

（1）E. 治罚的目的 …………………………………（185）
甲（2）乐于还净者以发露（坦白）和忏悔
还净………………………………………（185）
（2）A. 无僧残有覆藏的还净 …………………（185）
A1. 认识覆藏罪…………………………………（185）
A2. 对有彼僧残罪者如何治办 ………………（185）
（2）B. 无僧残无覆藏的还净 …………………（186）
（2）C. 有僧残者的还净 ………………………（186）
C1. 能发露者还净法 …………………………（187）
（1）僧残的还净 ………………………………（187）
（2）粗罪（重大犯戒）的还净………………（188）
（3）舍堕的还净 ………………………………（188）
（4）单堕的还净 ………………………………（188）
C2. 不能发露者加持法 ………………………（189）
（1）未加入羯磨行前所作 ……………………（189）
（2）加入羯磨行列后加持 ……………………（189）
乙、由彼派生的净论还净 ……………………（190）
丙、归纳净治堕罪的方便为四力之理 …………（190）
丁、由于了知过患，故劝告认真防护 …………（190）
7. 守护的利益 ………………………………………（191）
（1）只守护戒律的利益 …………………………（191）
（2）守护别解脱戒的利益 ………………………（192）
（3）别解脱戒成为一切功德之根基的利益…………（193）
二、解说菩萨律仪 ……………………………………（193）
（一）本师如何宣讲波罗蜜藏之情 ………………（194）
（二）结集彼后如何以讲修执持之情 ……………（195）
（三）抉择如是执持的波罗蜜多的所诠 …………（197）

1. 所得菩萨律仪的本质 ………………………………（198）
2. 菩萨律仪的类别 ……………………………………（199）
（1）略说 ………………………………………………（199）
（2）详释 ………………………………………………（199）
（2）1. 一种一组至六种一组的类别 ………………（199）
（2）2. 地界的类别 ……………………………………（200）
（3）摄义 ………………………………………………（201）
3. 未得能得的方便 ……………………………………（202）
（1）解说能生世俗发心的仪轨 ……………………（202）
（1）1. 从谁受的师长 …………………………………（202）
（1）2. 由谁如何受的仪轨 ……………………………（203）
甲、龙树之规 …………………………………………（203）
甲（1）由谁受的人员 …………………………………（203）
甲（2）如何受的仪轨 …………………………………（203）
乙、无著之规 …………………………………………（205）
乙（1）由谁受的人员 …………………………………（205）
乙（2）如何受的仪轨 …………………………………（205）
第一，确定所依 ………………………………………（205）
第二，加行随立 ………………………………………（205）
第二（1）愿戒…………………………………………（205）
第二（2）行戒…………………………………………（206）
第三，抉择自性 ………………………………………（206）
（1）3. 从所依（佛像）亦可受的例外 ……………（206）
（1）4. 认识律仪的获得界限 …………………………（207）
（2）讲说获得胜义发心无须有待仪轨 ……………（207）
（2）1. 辨认胜义发心 …………………………………（207）
（2）2. 明辨胜义发心发生之理………………………（208）

4. 守护所得不令衰败的方法 ……………………………… (209)
(1) 直叙 ……………………………………………… (209)
(1) 1. 如何守护法 ……………………………………… (209)
甲、断除逆缘自他行为衰败的七因 ……………… (210)
甲 (1) 断除自利智慧的三障 ……………………… (210)
甲 (2) 断除利他行为的四过 ……………………… (210)
乙、修学顺缘不衰败的因和增长的缘 ………… (210)
乙 (1) 修学不衰败的三因 ………………………… (210)
第一，现世不衰败的因 ……………………………… (210)
第二，来世不衰败的因 ……………………………… (210)
第三，现世来世皆不衰败的因 …………………… (210)
乙 (2) 修学增长的九缘 …………………………… (211)
第一，五忆念 ………………………………………… (211)
第二，四所作 ………………………………………… (211)
(2) 摄义 ……………………………………………… (211)
(1) 2. 何为所守护的戒律 …………………………… (211)
甲、总体 ……………………………………………… (211)
乙、分体 ……………………………………………… (211)
丙、定数 ……………………………………………… (212)
丁、次第 ……………………………………………… (212)
戊、修学的利益 ……………………………………… (212)
第一，律仪戒 ………………………………………… (212)
(一) 略说两位大乘师各自的教敕与分规的总纲
……………………………………… (212)
(1) 龙树之规 ………………………………………… (212)
(2) 无著之规 ………………………………………… (214)
甲、愿的学处 ………………………………………… (214)

甲（1）总述舍弃 …………………………（214）
甲（2）分讲黑白八法 ……………………（216）
乙、行的学处 ……………………………（216）
乙（1）解说根本堕罪 ……………………（216）
乙（2）引出其他支分罪 …………………（217）
（二）明辨彼二规所说堕罪的差别 …………（217）
第二，摄善法戒 ……………………………（219）
（一）略说 …………………………………（219）
（1）性相 ……………………………………（219）
（2）词义 ……………………………………（220）
（3）类别 ……………………………………（220）
（4）定数 ……………………………………（220）
（5）次第 ……………………………………（221）
（6）修法 ……………………………………（221）
（7）利益 ……………………………………（222）
甲、六到彼岸各自的功德 …………………（222）
乙、实行的果 ……………………………（222）
乙（1）当前的果 ………………………（222）
乙（2）最终之果 ………………………（223）
（二）详释 …………………………………（223）
（1）布施度 …………………………………（223）
甲、体性 …………………………………（223）
乙、词义 …………………………………（223）
丙、类别 …………………………………（223）
（2）持戒度 …………………………………（224）
甲、体性 …………………………………（224）
乙、词义 …………………………………（224）

丙、类别 …………………………………… (224)
(3) 忍辱度 …………………………………… (225)
甲、体性 …………………………………… (225)
乙、词义 …………………………………… (225)
丙、类别 …………………………………… (226)
丙 (1) 安受基忍 ………………………… (225)
丙 (2) 耐怨害忍 ………………………… (225)
丙 (3) 谛察法忍 ………………………… (226)
(4) 精进度 …………………………………… (226)
甲、体性 …………………………………… (226)
乙、词义 …………………………………… (226)
丙、类别 …………………………………… (226)
丙 (1) 擐意乐大甲的精进 ………… (226)
丙 (2) 加行付诸实践的精进………… (226)
丙 (3) 勤奋利他的精进 ……………… (226)
(5) 禅定度 …………………………………… (227)
甲、体性 …………………………………… (227)
乙、词义 …………………………………… (227)
丙、类别 …………………………………… (227)
丙 (1) 世间禅定 ………………………… (227)
丙 (2) 出世间禅定 ……………………… (227)
(6) 智慧度 …………………………………… (228)
甲、体性 …………………………………… (228)
乙、词义 …………………………………… (228)
丙、类别 …………………………………… (228)
第三，饶益有情戒………………………………… (233)
(一) 解说饶益有情正戒 ………………… (233)

（1）略说 ……………………………………（233）
（2）详释 ……………………………………（233）
甲、性相 ……………………………………（233）
乙、类别 ……………………………………（233）
乙（1）布施……………………………………（233）
乙（2）爱语……………………………………（233）
乙（3）利行……………………………………（233）
乙（4）同事……………………………………（234）
丙、定数 ……………………………………（234）
丁、归摄之理 ……………………………………（235）
（二）解说与三戒相属的学处分析 ……………（235）
（1）应观待两种而断与行 ……………………（235）
（2）行止的方便结合念、正知和不放逸 ……（236）
（3）学习一切威仪以善念度日 ………………（237）
（三）摄义 ……………………………………（238）
5. 菩萨律仪能生的所依 ……………………………（239）
6. 已衰者使恢复法 ……………………………（240）
（1）略说 ……………………………………（240）
（2）详释 ……………………………………（240）
（2）1. 将堕罪的建立讲成四句……………………（240）
（2）2. 了知开遮后修学之理 ……………………（241）
（2）3. 正说还净……………………………………（242）
甲、依怙龙树之规……………………………………（242）
乙、圣者无著之规……………………………………（245）
乙（1）辨认舍因 ……………………………………（245）
乙（2）犯戒还净法 ……………………………………（246）
7. 守护的利益 ……………………………………（246）

(1) 连续获得福德的利益 ……………………… (247)
(2) 成为佛子的利益 ………………………… (247)
(3) 获得无上菩提的利益 ……………………… (248)
三、解说密乘律仪 ………………………………… (250)
(一) 本师如何宣讲密乘续部之情 …………… (250)
(二) 结集彼后如何以讲修执持之情 ………… (253)
(三) 抉择如是执持的密宗续部之所诠 ……… (259)
1. 所得密乘律仪的本质 ………………………… (259)
2. 密乘律仪的类别 …………………………… (262)
(1) 四续部规的一般类别 ……………………… (262)
(2) 无上瑜伽部规的特殊类别 ………………… (266)
3. 未得能得的方便 …………………………… (266)
(1) 在何处灌顶的坛场 ………………………… (266)
甲、四坛 ………………………………………… (266)
乙、本文要讲的正题堪能成熟当今大多数补特
伽罗之坛 ………………………………… (267)
(2) 何为所灌四顶的建立 ……………………… (268)
甲、灌顶的目的 ……………………………… (268)
乙、灌顶的本质 ……………………………… (268)
丙、词义 ………………………………………… (269)
丁、类别 ………………………………………… (269)
戊、灌顶之理 ………………………………… (270)
戊(1) 由谁授予的轨范师 …………………… (270)
戊(2) 于谁授予的弟子 ……………………… (271)
戊(3) 如何授予的仪轨 ……………………… (271)
第一,地仪轨 ………………………………… (271)
第二,预备事 ………………………………… (272)

第三，入坛仪 ……………………………… (272)
第三（1）绘画坛场 ………………………… (273)
A. 用线弹画 ………………………………… (273)
B. 用颜色绘画 ……………………………… (273)
第三（2）陈列饰物 ………………………… (273)
第三（3）修供坛场 ………………………… (273)
A. 加行坛场开光 …………………………… (273)
B. 正行修供坛场 …………………………… (273)
——自前相异的修法 ……………………… (273)
——自前不异的修法 ……………………… (273)
第三（4）进入彼坛 ………………………… (274)
A. 轨范师入坛 ……………………………… (274)
B. 弟子入坛 ………………………………… (274)
——进入外增上影像坛 …………………… (274)
——进入内智坛 …………………………… (275)
第三（5）灌顶 ……………………………… (275)
A. 宝瓶灌顶 ………………………………… (275)
B. 秘密灌顶 ………………………………… (276)
C. 智慧灌顶 ………………………………… (277)
D. 第四灌顶 ………………………………… (278)
（3）获得如是授予的离系的功德 ………………… (278)
（4）辨认密乘律仪受得的界限 …………………… (280)
（5）承认三昧耶等后行之事 ……………………… (280)
4. 守护所得不使衰败的方法 ………………………… (280)
（1）略说 ……………………………………… (281)
（2）详释 ……………………………………… (281)
甲、二十五种禁行 ……………………………… (281)

乙、五部的律仪 …………………………………（282）
乙 1. 共同的五部律仪 ……………………………（282）
乙 2. 特殊的五部律仪 ……………………………（285）
丙、十四根本堕罪……………………………………（286）
丙 1. 总略宣说 ………………………………………（286）
第一，罪体 …………………………………………（286）
第二，词义 …………………………………………（286）
第三，支分类别 ……………………………………（287）
第三（1）所依支 …………………………………（287）
第三（2）境支………………………………………（287）
第三（3）因支………………………………………（287）
第三（4）时支………………………………………（287）
第三（5）意乐支 …………………………………（287）
第四，定数 …………………………………………（287）
第五，次第 …………………………………………（287）
第六，认识观待不同四灌顶的根本堕罪 ………（288）
丙 2. 将特殊十四根本堕罪的品类引述为其他
而讲说………………………………………………（288）
丁、支分粗罪 ………………………………………（288）
丁 1. 略说……………………………………………（288）
第一，性相 …………………………………………（288）
第二，词义 …………………………………………（288）
第三，类别 …………………………………………（288）
丁 2. 详释……………………………………………（288）
第一，解说八种粗堕 ………………………………（289）
第二，引申为其他说法的种类 …………………（289）
丁 3. 摄义……………………………………………（289）

戊、特别解说早期译本的大圆满之规 …………（289）
戊 1. 略说……………………………………（290）
第一，三昧耶的本质……………………………（290）
第二，词义 ……………………………………（290）
戊 2. 详释……………………………………（290）
第一，本质 ……………………………………（290）
第二，类别 ……………………………………（290）
第二（1）根本誓言 …………………………（290）
第二（2）支分誓言 …………………………（291）
（3）摄义 …………………………………………（292）
5. **密乘律仪能生的所依**……………………………（292）
6. **已衰败者使恢复法**………………………………（293）
（1）略说 …………………………………………（293）
（2）详释 …………………………………………（293）
甲、还净的作法 ……………………………………（293）
甲 1. 堕罪的因及其对治 ………………………（293）
甲 2. 够不够轻重堕罪的标准……………………（294）
甲 3. 无罪的因 …………………………………（296）
甲 4. 超过忏量可否恢复的类别 ………………（296）
甲 5. 正还净作法 ………………………………（297）
第一，观待四种灌顶的恢复法 ………………（297）
第二，观待逾时的恢复法 ……………………（298）
第三，《心要庄严经》中所讲的二十五种还净
…………………………………………（299）
第四，以三瑜伽的总瑜伽沐浴来恢复 …………（300）
乙、不做还净的罪过……………………………（301）
7. **守护的利益** ……………………………………（302）

第六节　解说一个补特伽罗之身心践行三律仪为不相违之理 ……………………………… (309)
一、根据对所诠之体的认识而略说 ……………… (309)
二、根据详释支分而分析 ……………………………… (309)
(一) 自反不共 ……………………………………… (309)
(二) 所破所作完备 ………………………………… (310)
(三) 体性变化 ……………………………………… (311)
(四) 功德相应增长 ………………………………… (315)
(五) 三律仪不因要点而相违 ……………………… (316)
(六) 由于阶段不同主要做何变动 ………………… (319)
三、以概述三律仪实行之情而总结众义 ………… (321)
第七节　解说旧译派所讲三瑜伽的地道类别 ………… (322)
一、总述内外和合说 ……………………………… (323)
(一) 道的解说 ……………………………………… (323)
(二) 地的解说 ……………………………………… (324)
二、分说摩诃瑜伽的地道建立 …………………… (324)
(一) 入道之理 ……………………………………… (324)
(二) 修行正道之情 ………………………………… (326)
1. 资粮道 ………………………………………… (326)
2. 加行道 ………………………………………… (326)
3. 见道 …………………………………………… (326)
(1) 异熟持明 …………………………………… (327)
(2) 寿命自在持明 ……………………………… (327)
4. 修道 …………………………………………… (328)
5. 究竟道 ………………………………………… (329)
6. 计算道的边限 ………………………………… (330)
(三) 道的助伴行 …………………………………… (330)

三、分说阿鲁瑜伽的地道建立 ……………………（332）
（一）总述结合根的道理 ……………………（333）
（二）分说地和五瑜伽结合的建立 ……………（333）
1. 资粮道 ……………………………………（333）
2. 加行道 ……………………………………（333）
3. 见道 ………………………………………（333）
4. 修道 ………………………………………（334）
5. 究竟道 ……………………………………（334）
四、分说阿底瑜伽的地道建立 ……………………（335）
（一）结合清净四灌顶 ……………………（335）
1. 总述结合灌顶的道理 ………………………（335）
2. 分说持明四地的升登之情 …………………（336）
（二）结合四相出现之情 ……………………（337）
1. 解说十六相 …………………………………（337）
2. 解说十六地 …………………………………（338）
（三）略说彼等的功德 ……………………（339）
（四）解说修习持续的瑜伽(观行)所作之情 ……（339）
第八节　正说前译密乘规的果位建立 ………………（340）
一、按照《幻网经》解说所知果续 ………………（341）
（一）总述所知果续 ………………………（341）
（二）分说彼的建立 ………………………（342）
1. 成就自利 ……………………………………（342）
（1）获得之理 ……………………………（342）
（2）性相 …………………………………（342）
（3）品类 …………………………………（342）
（3）1. 不同的名称 ………………………（342）
（3）2. 不同的体相 ………………………（343）

甲、现为不共的品类 …………………………（343）
甲（1）详广之理 …………………………（343）
甲（2）适中之理 …………………………（343）
第一，五身 …………………………（343）
第二，五语 …………………………（344）
第三，五意 …………………………（344）
第四，五功德 …………………………（344）
第五，五事业 …………………………（344）
甲（3）简略之理 …………………………（344）
第一，少许简略 …………………………（344）
第二，十分简略 …………………………（345）
第二（1）略说 …………………………（345）
第二（2）详释 …………………………（345）
（2）A. 所依身 …………………………（345）
（2）B. 能依智 …………………………（345）
乙、无别顿成的体相 …………………………（346）
2. 成为利他 …………………………（346）
3. 附带解说显教密教佛的差别 …………………………（347）
（1）法身 …………………………（347）
（1）1. 本质 …………………………（347）
（1）2. 性相 …………………………（347）
（1）3. 神力 …………………………（347）
（2）报身 …………………………（347）
（3）化身 …………………………（347）
二、按照《光明金刚藏经》解说三等级解脱之理 …（348）
（一）根等级的解脱之情 …………………………（348）
1. 以总略讲说而介绍 …………………………（348）

2. 详释其义 ……………………………………………… (349)

(1) 下根解脱之情 ……………………………………… (349)

(2) 中根解脱之情 ……………………………………… (349)

(3) 上根解脱之情 ……………………………………… (351)

(二) 抉择广大究竟解脱地的自性 ……………………… (353)

1. 阐述现证菩提广大处 ……………………………… (353)

(1) 本质 ………………………………………………… (353)

(2) 解释字义 …………………………………………… (353)

(3) 性相 ………………………………………………… (353)

(3) 1. 总的性相 ………………………………………… (353)

(3) 2. 分别的性相 ……………………………………… (353)

(4) 自性 ………………………………………………… (353)

(5) 存在之理 …………………………………………… (353)

(6) 净土 ………………………………………………… (354)

(7) 化机 ………………………………………………… (354)

(8) 能作者事 …………………………………………… (355)

(9) 信念 ………………………………………………… (355)

(10) 分辨 ………………………………………………… (355)

(10) 1. 一般分辨三身的种类 ……………………………… (355)

(10) 2. 特别分辨变化的自体 ……………………………… (356)

第一组法身的法身 ……………………………………… (356)

第二组报身的法向 ……………………………………… (357)

第三组化身的法身 ……………………………………… (357)

2. 阐述明智本智的自性 ……………………………… (357)

(1) 体质 ………………………………………………… (358)

(2) 解释字义 …………………………………………… (358)

(3) 分辨 ………………………………………………… (358)

（3）1. 法身智……………………………………（358）
（3）2. 报身智……………………………………（358）
（3）3. 化身智……………………………………（359）
3. 阐述彼等事情的实质………………………………（359）

第四章　祝愿词　………………………………………………（361）

书首礼赞与立宗

南无古如曼殊室利加纳萨埵耶（梵音）

敬礼智慧上师文殊菩萨（汉义）

我以三门[①]虔诚礼拜供奉皈依一切三时诸佛之体性部与坛海的遍主恩德无比大恩人根本上师之足莲祈请加持

无数劫中全为利他甘露盈满自心中
虽一念顷亦不思自利然证得究竟位
世界上流士皆仰慕神奇处亲近尊足
稽首千百顶礼无上最胜本师释迦王

于无边众生之好运福泽净妙天衣顶
光相灿烂辉煌彼祜发心[②]空顶华丽美

---

① 三门：指身、语、意，就是行动、语言和思想。

② 发心：发菩提心，愿求无上菩提心。《维摩经》慧远疏说："期求正直通，名发心。"即希求他利为主因，以相希求自证菩提为助伴，成为趣入大乘正道之门，住大乘种姓，引生大乘殊胜意识。

财库净海所生灭有①苦的殊胜白伞盖

一切智密的司库吉祥白玛嘎热②王

王族宗嗣缓流河中佛教河源重浪涌

有亲得金刚手经义传承者圣种五贤③

八位大成就持明④等三种瑜伽⑤继承人

吉祥龙树等我以不变笃信奉戴崇敬

佛教正法日光未普照此雪域刹土时

祖孙三法王⑥心中忧伤愁苦重负相同

然因志气恢宏臂挽千钧发誓殊胜故

法王赤松德赞最善驾驶迎请佛教舆

永出轮回全体僧伽之父堪钦希瓦措⑦

---

① 有：三有，即生有、死有和中有。生死流转。

② 白玛嘎热：即莲花生的几种名号之一。

③ 圣种五贤：释迦牟尼圆寂后28年，秘密主金刚菩萨在玛拉雅山天铁峰上讲说一切密乘续部时五位最妙弟子：妙称天、安止龙王、流星面药叉、慧方便罗刹和离遮族人无垢称等五弟子。

④ 八位大成就持明：身持明阿阇梨绛白协宁、语持明阿阇梨圣龙树、意持明阿阇梨吽迦惹、功德持明阿阇梨比马拉米札、事业持明阿阇梨扎哈支、界持明阿阇梨塔纳桑支札、威猛咒持明阿阇梨森达喀巴、诛法持明阿阇梨绒普库雅赞。

⑤ 三种瑜伽：即摩诃大瑜伽、阿底最极瑜伽、阿鲁随类瑜伽，是宁玛派九乘中的后三乘，属最高密法。

⑥ 祖孙三法王：松赞干布、赤松德赞和赤祖德赞三位吐蕃赞普的总名。

⑦ 希瓦措：译作静命、寂护，古印度佛学家。生于孟加拉，为萨霍王之子。后于那烂陀寺依止智藏论师出家，受具足戒。为中观自续派论师及东方三中观师之一，著《中观庄严论》。8世纪中，应赞普赤松德赞邀请至吐蕃，设计修建桑耶寺，度初试七人出家，并开始建立僧伽制度。宣说律学、中观，与赤松德赞和白玛穹乃并称为师君三尊。前后在吐蕃十余年，卒于吐蕃。

世界眼①有桑布札②白若杂纳③噶焦祥④

玛聂努⑤叔侄亲承三藏⑥精华广大语旨

素尔祖孙⑦当⑧藏⑨绛⑩等前译佛教庄严王

---

① 世间眼：是藏人对译师、翻译家的敬称。

② 桑布札：松赞干布时一大臣名。早年奉命赴印度留学，精研梵文和佛学，返藏后根据梵文元音和辅音字母，结合藏语音韵，首创藏文，初译佛经。桑布札是梵音，义为吐蕃学者，是印度人对他的敬称。其氏族名土弥，故全称是土弥·桑布札。

③ 白若杂纳：又译贝若杂那或遍照护，是赤松德赞时大臣，藏传佛教前弘期著名译师，初试七人之一。8 世纪末赤松德赞为培养翻译人才，派白若杂纳等二人为一批，南喀宁布等五人为另一批先后赴印度留学。白若杂纳在印度拜金刚乘名僧为师，学习密法。返回吐蕃后传授金刚密法，从事印度佛教密宗经典的翻译工作。他与其他译师一起译出《普成王经》《集密意经》《六十如理论简说》和《无边光明佛名经》等密宗要典。其翻译的密宗典籍大部分保存在后来的宁玛派总集中，因此宁玛派把他们的始祖一直追溯到白若杂纳及印度僧莲花生和无垢友。白若杂纳也是吐蕃早期三大译师之一。后来他被流放到今四川省阿坝一带，在那里他又建寺收徒，译经传法。

④ 噶焦祥：是赤松德赞时的三大译师简称。他们是噶瓦·贝则（吉祥积）、焦若·鲁易坚赞（龙幢）和祥·益希德（智单），列为九大译师中的三少译师。

⑤ 玛聂努：也是三位译师的简称。他们是玛·仁钦乔（宝胜）、聂·般若鸩摩罗和努·桑杰益希（佛智），列为三中译师。

⑥ 三藏：律藏、论藏（对法藏）和经藏。

⑦ 素尔祖孙：指宁玛派创建初期的三个代表人物，因同属素尔家族，故称“三素尔”“素尔祖孙”。第一位是素尔钦波，即大素尔，本名释迦迥乃，他是一个对宁玛派典籍作系统整理的人。从此，宁玛派始有教派的规模。他一生奉行梵戒，修建乌巴隆殿，故又号称乌巴隆巴，晚年又建卓普殿。第二位素尔素穷，即小素尔喜饶札巴，是大素尔的养子。他从大素尔学到了全部密法，据说证得一切事物皆金刚萨埵性。曾在嘉卧地方岩洞中修法十三年，证得大圆满，辩才无敌，故又称善逝嘉图巴。从学的弟子多人，著名者有“四柱”“八梁”之称。第三位素尔是卓普巴，本名释迦僧格，是素尔穷的小儿子。他先后从学其父的几个著名弟子，掌握了经、幻、心三部密法的教授、仪轨、灌顶等，又学得大圆满法，遂成为当时著名人物，弟子约有千余人。他曾在卓普地方建卓普寺，故称卓普巴。

⑧ 当：全名迦当巴·德协（善逝），本名协绕森格（慧狮子）或名博巴塔叶（辩才无边），是卓普巴的弟子。生于公元 1122 年。6 岁起开始学习书法念读和显密经续。16 岁来到冈布寺，拜格西强巴囊塔为师。18 岁去了前后藏，拜师学经。21 岁来到热振寺，受学噶当派和萨迦派的许多经典的灌顶传承和教授指导等。此后又去了甘丹寺和澎域寺学习宁玛派的许多密法，立宗辩论，圆满证德，从此其智者和得成就者的美誉传遍前后藏。25 岁参见了日琼巴，学习了《胜系金刚续》和脐火法类。特别从素尔·释迦僧格的弟子赡敦钦布·卓瓦贡布学完了《幻变经》和心部、界部、教授部等。于公元 1160 年在今四川省甘孜州白玉县境内有地形似梵文“ཀ”处创建了噶妥寺，成为康区宁玛派传授“南藏”的主要寺院，大宏密宗法要，功德无量，故又称噶妥巴。

远离偏颇亲疏元始界中法身佛普贤
自现公正任运刹中是五决定①圆受身
净不净化机心目中随作调伏化舞者
愿佛第二智美沃色②常游戏于众心莲

大圆满法唯一继承人名语月绒宋③将
以正理审慎观察妙法之善说白光鬘
遍布绝密乘顶致使魔类莲花悉闭谢
名声传扬无边刹土持尊足为顶上严

善将明空法身心中千万深藏门开
为成解④甘露精华是救治浊世衰败的

（接上页）

⑨ 藏：全名藏·勒楚，预试七人之一。

⑩ 绛：即名号为弥勒者。晚期宁玛派的一位最殊胜导师，他的功绩是大加改革扫除恶风，使那些秽行之法逐渐收敛隐没。

① 五决定：佛报身所具五种特法：处决定，永住色究竟天密严刹土；身决定，相好庄严圆满报身；眷属决定，唯有圣者菩萨围绕；法决定，但说大乘教法；时决定，住世乃至轮回未空。

② 智美沃色：本名隆钦绕绛·智美沃色（1308—1363），宁玛派著名大师，生于前藏札恰地方，与噶举大司徒菩提幢同时。他12岁出家，取法名楚臣罗哲。师从扎西仁钦、卓普巴、萨隆巴等大师学习宁玛派和其他教派的密法。19岁时，赴桑浦寺拜衮巴曲华坚赞等为师，学习慈氏五论和法称的“七因明论”等显教理论。随后又在一岩洞中苦修3年，成为当时显密兼通的著名人物。此后巡回辩经，声名大振。从31岁起，他不断传法讲经、创寺建塔，深受僧众赞扬。他还到过不丹，并在不丹建立了一座塔尔巴林寺，不丹境内的宁玛派即从该寺传播开来。他曾修订过宁玛派的密法，并著有二百余部讲解宁玛派密法的书，这些著述成为后来宁玛派寺院极为重视的著作，其中《隆钦七藏》《精义四支》《三安息》《三解脱》等系宁玛派僧人必读之书。他培养了许多优秀的传承弟子。

③ 绒宋：全名绒宋·却桑（法贤），公元11世纪人，是宁玛派教典的宏传人。传说是印度大德、黑行阿阇梨的转世俗身。他精通教理，无与伦比，善于为他人宣说《集经》《幻化》《心品》三部的讲解和实修，使传法事业得到很大发展。

④ 成解：成熟和解脱。

亲具六传承[①]者年[②]古[③]乔[④]郭定[⑤]德达林巴[⑥]等
稀奇变化掘藏法师将加持化作花雨

集一切佛智于一身绀色宝剑幻轮者
袈裟持的殊胜游戏却列郎杰札巴班
雪域辩才无比超群绝伦卓越语舌尖
语自在师迷旁嘉措[⑦]惠赐久暂福吉祥

生死流转中以无穷智
变化游戏成为佛事业
乃法王普照班禅大师
四方净土怙主成敬礼
断证功德[⑧]无别于诸佛
慈悲恩德浩荡胜过彼

---

① 六传承：六种传承，即诸佛密意传、持明表示传、常人耳闻传、亲承语旨的授记传、有缘的掘藏传和发愿的印付传。

② 年：全名年·热巴坚·尼玛沃色（1124—1192）。宁玛派著名掘藏法师。在宁玛派百名掘藏法师中，他与古如·却季旺秋二人被尊为上下伏藏大师，颇负盛名。由他发展成为绒派或年派。

③ 古：全名古如·却季旺秋（1212—1273）。由他继续发掘出不少伏藏，通称“下部伏藏”。他和尼玛沃色被称为上下二大掘藏法师，是掘藏之主。

④ 乔：是指热达林巴。他将“上下伏藏”和自己发掘出的伏藏汇集起来，刻印成书，称为“南藏”。

⑤ 郭定：全名仁增郭季定楚坚，别名鄂珠坚赞（1337—1408）。他也发掘出不少伏藏，并与前代所掘伏藏汇在一起，称为“北藏”，他本是宁玛派北藏法统阿里班钦之弟。

⑥ 德达林巴：别名久美多吉，出生于公元1646年，是宁玛派掘藏法师。他的主要功绩是于公元1670年创建了敏珠林寺，作为宁玛派宏传“南藏”的主要道场。

⑦ 迷旁嘉措：全名迷旁曲吉嘉措（？—1791），是噶玛噶举红帽系第十世活佛，也是该系的最后一世。系六世班禅班丹益希的同母异父兄弟。

⑧ 断证功德：如来所有二种殊胜功德，永断一切烦恼和所知障为断德；通达一切如所有性和尽所有性为证德。

大恩上师加持我身心
前译宁玛成规深广义
似我寡闻者虽极难测
但我凭依传承师善说
反将部分纂写成文字

复次，我等之本师即此具悲心者，于了义①中虽然从无始以来为了自利，圆满断证，成等正觉，但因善巧方便，故由诸佛菩萨等以无量变化于三时中成为遍空的众生利益，一时于此娑婆世界②之斗争时③的诸化机之中示现了最初发最胜菩提心、中间于三大阿僧企耶劫中积集福德与智慧资粮、最后在摩揭陀国金刚座菩提树下成等正觉之情，此后大转随顺诸三种姓④化机之界（种类）、意乐（思想）、根器和机缘之差别的三法轮⑤或是宣讲由彼分出的八万四千法蕴，皆由三次结集⑥而抉择，由本师的七代大付法藏师⑦、世界六庄严⑧、四大弟子⑨、二稀有⑩、六守门智

① 了义：佛对殊胜化机所说诸法法性远离生天戏论之甚深空性及实有事性自然光明，超出一切思议言说境界之究竟义等均是了义。

② 娑婆世界：堪忍刹，三千大界。此界中的众生不畏烦恼，菩萨尤为志大，故名堪忍刹。

③ 斗诤时：是人世间的法、财、欲、乐，即道德、财富、享受和安乐，四者之中只能具备其一的时代，期间为四十三万二千年，有释迦牟尼出世。

④ 三种姓：三种不同根器：声闻种性、独觉种姓和大乘种姓。

⑤ 三法轮：初转四谛法轮、中转无相法轮和三转分别法轮。

⑥ 三次结集：佛逝世后，徒众弟子分一、二、三次结集了其在世时所说教言，成为佛经。

⑦ 七代大付法藏师：传承释迦牟尼教法的最初七代祖师：钦光、庆喜、麻衣、小护、有愧、黑色和善见。

⑧ 世界六庄严：龙树、圣天、无著、世亲、陈那和法称。

⑨ 四大弟子：以大迦叶、宾头卢、罗云、君屠钵叹等四人为四大弟子。

⑩ 二稀有：目犍连和须菩提。

者[①]和八十大成就者等无数经者与贤士以讲说摄受了诸愿随行的补特伽罗，以经教和道理制伏了诸欲发难的恶人，为使佛教久住于世，故写作许多注释论丛后，在圣境印度将佛教显扬得如丽日中天等之情是从先辈贤哲所著《宗教史》，特别是从至尊多罗那它[②]所著《印度佛教史》中所了知。

就彼，这里要讲的是，于此大圣世自在（观音菩萨）之净土广寒雪域中，依于神变的祖孙三法之无上发心和事业的近因[③]，本师的代表是教师、轨范师、班智达、得成就者、菩萨和译师等以翻译、讲说、听闻和修证抉择后，宏传开来，奠定了佛

---

① 六守门智者：东门守护者宝生寂静、南门守护者慧生隐蔽、西门守护者语自在称、北门守护者班钦那若巴、中印度第一大柱婆罗门大宝金刚、中印度第二大柱加纳室米札。

② 多罗那它：16世纪后期至17世纪前期藏传佛教觉囊派著名高僧、佛学家，是在喀尔喀蒙古地区弘传藏传佛教的重要人物。

原名衮噶宁波，明万历三年（藏历第十饶迥木猪年，1575）出生在卫藏交界处喀热琼尊地方一个佛学翻译世家贾译师家庭。幼年在拉孜觉囊寺出家，学习显密经论。青年时期，师从多位印僧听闻佛法、研习梵文，受益极大，于梵文和五明三藏俱得三昧，成为名噪一时的知名佛学家。万历三十六年（1608）写成《印度佛教史》，影响广泛，至今仍为研究印度晚期佛教史不可或缺的重要资料，成为传世名著。四十二年（1614），在后藏地方首领藏巴汗父子的支持和赞助下，于觉囊寺附近兴建达丹彭措林寺（有的资料记为“达丹丹却林”），聚众授徒，弘传自宗教法，把持他空见的觉囊派推向顶峰。同年，被西藏地方的实际统治者藏巴汗荐往喀尔喀部传教弘法，以抵制格鲁派向该地区传播。行前，四世达赖喇嘛云丹嘉措又赠予“迈达理”（意为“慈氏佛”）活佛称号。因此，一些蒙古人也称他为迈达理活佛。

他在喀尔喀部期间，以土谢图汗辖地库伦（今乌兰巴托）为中心，传教弘法达20年之久，兴建了众多佛教寺院，受到各部王公及民众的信奉和供养，被尊为“哲布尊丹巴”，意为“至尊圣者”。崇祯七年（1634），在该地圆寂。“哲布尊丹巴”这个称号被继承了下来，形成活佛转世系统。清康熙三十三年（1694）第一世哲布尊丹巴被清廷册封为“呼图克图大喇嘛”，成为外蒙古地区的佛教领袖。

多罗那它一生著述甚丰，除《印度佛教史》外，尚有《时轮源流》《娘地教法源流》（又译《后藏志》）等多种著述享誉蒙藏地区，有《多罗那它衮噶宁波文集》传世。

③ 近因：亲因。不断引生、继续维持自身者。佛书译为近取，略译为取。

教之基，从此出现了努译师叔侄①、素尔祖孙三代、王者年热、古如·却季旺秋、遍智绒隆二师和法王噶妥巴等无数等同真佛的智者、得成就者和持明后，至今仍在以讲修《经·幻·心》三部②为主的齐全而无误的显密教法大宝和以成为事业的方式执持教法传统经久不衰，是公认名为前译密乘宁玛派。现将此派的教体建立，总摄要义，概述为三章：概述藏地佛教开宗祖师师君三尊③外传、解说由他们开宗的佛教前译宁玛派由六种殊胜故，特别优异之理、正说具六种殊胜的佛教建立。

① 努译师叔侄：指努·桑杰益希（佛智）和其侄努班南噶宁布。努·桑杰益希系赤松德赞时人，曾遍谒吐蕃、泥婆罗（今尼泊尔）、古印度和勃律等地的学者，另称融汇旧密集经、幻化、心品三种教法传承于一身。

② 《经·幻·心》三部："经"，就是《集经》。属于教敕阿鲁瑜伽，约当新派无上瑜伽的圆满次第。集经有根本经《遍集明了续》、解释经《集密意经》。又说经共有四经，或说根本续三经、解释续十经（《知识总汇》上 501、513 页）。"幻"，就是幻变续。属于摩诃瑜伽，有幻变十八部，约当新派无上瑜伽的生起次第，主尊是金刚萨埵，依主尊的身、语、意、功德、事业五类划分为五大续部：身三续《佛平等合续》《大象昏迷续》《大象入海续》；语三续《绝密精点续》《从一放射续》《从多放射续》；意三续《吉祥密集续》《山岳聚积续》《聚于一顶续》；功德三续《胜吉祥第一续》《胜甘露第一续》《如意宝续》；事业三续《迦玛玛勒续》《炽燃炬光续》《格奈耶十二字粒续》。以上十五续经，再加上根本总续经《大幻网秘密藏续》《建立三昧耶续》《方便绢索续》三续，总为幻变网十八续经。《幻网》还有解释四续（《智者喜筵》上 606 页、《汉藏史集》433 页）。

"心"，属于阿底瑜伽，此为宁玛的特法。心品的经即《普成王经》。心品之外有心部，则有经甚多，或说心部二续，或说母子十八续。十八续先后共有两译，前五经是白若杂纳所译传，后十三经为无垢友所译传。

③ 师君三尊：亲教师静命、轨范师白马桑菩瓦、法王赤松德赞。

第一章　概述藏地佛教开宗祖师师君三尊传记

第一节　大堪布希瓦措传记

一、概述大堪布希瓦措传记

此亦如《耳传经鬘论》中讲道：

> 诸佛出现世间时，彼所讲的大经教，
> 会遭恶外道辩驳，故当先说世法史。

另外如讲道：

> 不以实事说历史，于此大密唯一经，
> 会成不信的过失，应当解说传承史。

仅仅作为使有缘者生起信许的方式，这位成为贤正善良史实之顶峰后，无可争议已达成就高位，在印度和藏地被公认为如日月的大阿阇梨希瓦措，在《大方广菩萨文殊师利根本仪轨经》中就所授记的诸佛教施主、比丘和婆罗门等中之最初比丘所讲的

本师佛经于地上，末劫世间衰败时，
以是比丘王姿态，定会出现绝无疑。

就是总的讲了将出现比丘王或许多上首比丘之后，特别明讲了所授记的许多正士中名为缮写员所谓“已公布比丘”这个最初的名号，而且授记为最后彼等皆成就密乘后，证得菩提，以及《楞伽经》中就犹如对治未来出现外道恶见而讲道：

此后做事时，导师名智慧，
将出大勇识，宣五所知①者。

此中的“智慧”，是被往昔的诸智者说成此亲教师的异名，此外还有许多不同的名称，而希瓦措显然是出家的名称。“五所知”，就是授记为以正理抉择了五法②后，将一切大乘成立为一个意趣。同样，《三摩地王经》中所讲的

何菩萨于凶猛尽劫时，守护如来教世第一法③，
彼是吾子未来守护法，千千万佛圆付彼等法。

就是讲了称作菩提萨埵惹恰达的全名，既然将此亲教师的名称读成原来印度语，就是如此，所以将此亦读成“何菩提萨埵于凶猛尽劫时”就容易。由于将“惹恰达”一词译成了“寂”或

① 五所知：色法、心法、心所法、不相应法和无为法。
② 五法：名、相、分别、真如和无分别智。
③ 世第一法：加行道四抉择分之一。内自证智，以诸谛为所缘而修，无间生起见道，现证内能取心识无有自性，所得中品光明智慧相应之三摩地。此是世间最胜之法，称为世第一法。

"护"，所以就使彼词亦和所诠之义一起出现了，堪能引生出许多直接、间接和另外的种类，这便是佛语的特性。此阿阇梨既然将彼二经的密意引述为无垢理路后，开创了两大轨辙[①]，所以彼二经中授记的因由亦是即此。在如是等等许多显密经续中再再授记的这位开创者的殊胜功德，如经中讲道："阿阇梨希瓦措已到自宗他宗大海彼岸，恭恭敬敬受取大圣语自在（文殊菩萨）之足莲净蕊。"是从往昔真实可信的历史记载中能如是明见。此亦是这位阿阇梨生于东方萨霍尔（孟加拉），为萨霍尔王之子，此后在那烂陀寺从说一切有部的堪布智藏出家，奉取法号谓菩提萨埵夏达惹恰达，他精通所有明处（学科），任那烂陀寺堪布，制伏了一切恶劣的辩难者，智者的名声如狮子的吼声通于一切地上。当时南印度有一精通婆罗门和外道之所有吠陀典籍者曾挫败了内外二道的诸辩难者，谁都不敢同他较量，故而心想这下去到那烂陀寺，若能挫败堪布希瓦措，于人间便再无对手，于是渐次来到堪布住所一看，却不见堪布，只见坐着一尊犹如金光四射的文殊菩萨身像，他去到外面，寻问他人，说堪布就在那里，他又返回一看，见堪布坐在原处，故知堪布已成真正佛尊，谁都不能对辩后，十分崇信，放弃辩论的念头后，恭敬顶礼，进入佛门等，如是智者的传记实属无与伦比。而且（智者）来到吐蕃时亦禀告说："赞普，倘若佛教徒或已成他派的任何人寻找对手，神变，在此瞻部洲比白玛桑菩瓦（莲花生）更胜者，没有任何人。故当令同他比试，而因，若同我对辩，在当今人间，亲教师非我莫属，故制伏一切辩难者后，佛教便成立，成就赞普的意旨。"就是自己亦承认为是知者。

是这位如是的阿阇梨开创了瑜伽行中观派，于一切班智达中

---

① 两大轨辙：大乘两派，唯识派和中观派。

犹如胜幢顶上之宝顶显赫而无上崇高，便是智者的略传。保持此开创者之成规者，在圣境印度亦有阿阇梨狮子贤、莲花戒和法知识等。此外，他是一位相比其他班智达，受到尊崇最多者，佛智、圣解脱军、狮子贤和阿帕耶迦惹等都唯按照这个般若波罗蜜多之见而行抉择。在此阿阇梨之前，虽有圣解脱军等一些承认瑜伽行中观者，但是，一切大德都一致承认开创外境无实而随顺唯识之理的中观者就是这位阿阇梨，而且如是亦为正理所成立，这是阅读诸印度典籍便了知，因此说成了是龙树师徒开创了根本中观派、月称开创了应成派、清辩开创了经部行中观派，此阿阇梨开创了瑜伽行中观派。

在西藏大多数前辈，特别是清净执持此派者就是鄂·勒巴喜饶大译师、恰巴·却森（法狮子）和绒敦（绒宋·却桑）法主等，而且据说此派的讲闻亦宏传至三师弟（宗喀巴及其二上首弟子杰擦·达玛仁钦和克珠·格勒白桑三人总名）在世之时，宗喀巴大师及其继承者都十分重视，做了种种笔记。此外法主萨班（萨迦班智达贡噶坚赞）等所有中观论者都将希瓦措师徒的经典当作智慧的精华。总之，诸具法眼的补特伽罗若领受此派之甚深正理精要的喜宴，便不禁倾倒，犹如蜜蜂趋赴牡丹园欣然受取。但是，现见当今不论哪一派能普遍讲闻此师之中观理论《中观庄严论》等者却甚少，这是极不应该的，即如师宝（宗喀巴）讲道：

此怙于此雪域中，初追佛教时预祝，
此方宏传龙树派，甚深中观仍还会，
不断出现偏执见，智慧无边如虚空，
并以无缘大悲力，呈献《中观庄严论》。

大堪布希瓦措既是于雪域中最初宏传遍智佛的成规，特别是归初宏传大圣龙树之甚深中观见者，又是最初宏传正法《毗奈耶》之仪则者，所以才有僧侣遍布雪山各处和当今于中观经典进行讲闻。若能将这一切了解为唯是此亲教师的恩德，就应该是一位随念恩情，重其理论而进行讲闻者，是故，诸智者理应负起遍及方分时分边际的责任。总之,不分派别执持大乘两派,特别是任何中观师诸酷爱量论者,就成为一个自然喜爱而随行此大乘师规者。

二、概述尊者传记

就是在圣境印度犹如金山脉系的许多持律正士之中，此师清净守护《毗奈耶》的生平事迹被传称为犹如山王须弥崇高而为一切僧侣之王、戒律清净的典范。

三、概述成就之情

这虽然应当主要确立为圣者亲自进行的断证，但由于这不成为凡人的所行境界（思想活动的范围），故如经中讲成了从有学不还[①]的身语之相比知，就是讲成了这位大堪布为了教化瞻布洲，特别是边地黑洲，以及大乘的佛经密意，虽由两位大乘师（龙树和无著）已圆满解释，但为了开创成立彼等解释为同一意趣的第三大乘成规，故从随意变化至吐蕃赞普赤松德赞降生，未到授记的世尊佛教宏传北方之时，便在此期间加持了年寿之行[②]，故住养九百年，于内寿获得了自在，而在桑耶寺主持开光

① 有学不还：智度七十义之一。外有表相决定不堕有寂随一边际、住于加行、见、修三道之大乘圣者。

② 行：使心造作活动的作用，即行蕴。

时，赞普亲见此亲教师为妙金刚（文殊菩萨），诸所依佛像真正成为智尊后示现了无量神变的游戏，是为大家所见的情景等，就是于外境获得了自在，特别是在谁都未曾教化的此藏地，能使佛教如丽日放光，就是胜过其他佛子菩萨的真正成就的果相。

四、贤善传记

就是饶益佛教和众生的善行，此亦是说成了由于这位亲教师完全谙习了因菩提心，所以称作菩提萨埵之名就有名义，如明遍布，这位与文殊菩萨体性无别的圣僧享年数百岁，在那烂陀寺、东印度和汉地等圆满护持了佛教，主要是开创了两种规矩结合的无垢大乘成规，以事势的正理制伏了邪说，摄受了有缘化机等讲、辩、著和清净守护《毗奈耶》的事迹，即因才识精湛、德行谨严的无比禀性，贤善的事业遍布一切人间，特别是依于宿愿和佛与佛子的发心应时醒悟之力，来到此谁都难以教化的黑暗雪域后，参见了吐蕃赞普赤松德赞，观察了其前世与法王一起发誓之理和法王的御用器物的征兆后，做了王室生灭的授记等，讲解了十善①、十八界②和十二缘起③的法，为了调伏一时以息业不能

① 十善：不杀生、不偷盗、不邪淫、不妄语、不两舌、不恶口、不绮语、不贪、不嗔和不邪见。

② 十八界：外六界色、声、香、味、触、法等六界；内六界眼、耳、鼻、舌、身、意等六界；六识界眼、耳、鼻、舌、身、意识等六界共十八界。次第别名所缘界、所依界和能依界。

③ 十二缘起：十二因缘，为佛教三世轮回最基本的理论。包括：1. 无名，即没有自知，不聪明；2. 行，为由无明而产生的有善不善行为；3. 识，即投胎时之心识；4. 名色，为胎中形成的精神和物质；5. 六入，即胎中眼、耳、鼻、舌、身、意六根已具备；6. 触，为出胎后开始接触外物；7. 不受，感受苦乐等；8. 爱，为贪等欲望；9. 取，追求所着；10. 有，由贪等欲望引起取得后有等行为；11. 生，未世之生；12. 老死。此中无明、行、识是前世的因；各色、六入、触、爱、取是今世的果和来世的因；有、生、老、死，是来世的果。

调伏的鬼神，故授记说应当迎请白玛桑瓦。亲教师和轨范师一起在桑耶进行了堪舆后，兴建了包括了外庙堂和神像在内的桑耶寺并主持了开光，度预试七人①创立了佛教的根本《毗奈耶》之规，为诸翻译讲授了译法和所有内外法，以讲闻抉择了全部佛经和注释论丛，使广大法光照遍了藏地全境，临入灭时亦由遗体的表相为班智达（莲花戒）留下了所谓“未来藏地僧侣出现之情和一旦见地成为有诤论时，应当迎请班智达莲花戒，论证教法为清净”的手书等由无障遍知三时的心性为藏地特别大发了慈悲，所施恩德浩大，不可思议。此阿阇梨莲花的本性者是亲教师希瓦措的弟子，因是之故，他为亲教师的中观与因明的论著亦做了注释。

如是总而言之，是这位亲教师在藏地最初开创了佛教，中间进行了宏传，最后再再示现了保护即此佛教的变化乃至住世并无间断。如大觉沃（阿底峡）将在吐蕃建立佛教的大堪布本人、堪布世代和乃至未来佛教住世堪布世代出现转世等一切讲成了与觉沃（释迦牟尼）体性相同。所以，西藏有佛教，这无疑唯从大堪布的发心和誓愿的威力而获得，但是在个别补特伽罗的感觉中认为是从各自的某一师长和某一寺院的事业之力而获得，这就

---

① 预试七人：藏语音译为“赛米顿”。“赛米”意为“试探者”，“米顿”，意为“七人”。也译“七觉士”“预试七人”等。

8 世纪中叶，由亲教师寂护、轨范师莲花生和法王赤松德赞——即“师君三尊”倡建的桑耶寺落成开光，寂护任首任住持。为考察藏人能否守持出家戒律，遂挑选“对佛法已生胜解，愿求涅槃”的 7 名世家子弟，依小乘说一切有部戒律从寂护出家，建立僧伽组织，开藏人出家为僧之先河。这七位“觉士”后来成了推动吐蕃时期佛教发展的骨干力量。因带有试探性质，故称为“七试人”。随后，步其后尘者大增，据藏文史料记载，仅赤松德赞时期，出家修行的藏人即达 300 人之众。其中包括王妃等王室成员和贵戚重臣子弟。

关于这七位“觉士”的名字，一般认为是巴·赛囊、巴·赤协、毗卢遮那（即遍照护）、杰瓦却央、昆·鲁益旺布、玛·仁钦和藏·勒珠。不过，关于“七试人”的名单，藏文史料还有几种不同的说法，其出家先后的说法也不尽一致。

和剃发握刀、衣服染色以内也是佛的事业有谁不知一样了。这位如是的开创者之功德美誉和善行传遍了人间，是如日月遍布，这绝非偏爱的赞美，而是在圣境印度被许多内道外道的班智达如炼剪磋磨的黄金再再观察后，成一确信无疑者后，敬戴为上师的。

第二节　大阿阇梨莲花生传记

在此师的诸历史传记中有种种不同的说法，而按觉囊派高僧多罗那它所著《阿阇梨莲花生传·具足三信》中清楚的记载“本师正等觉之佛教果法特别昌盛时，即圣地摩揭陀国提婆罗王执政时（公元370—770），在吉祥邬仗那国（今阿富汗）有王名叫诃耶梨罗如法治国。当时刹帝利明论师娑多或斯嘎达惹，即那位名叫花鬘持者生一无与伦比的具相公子，经诸婆罗门占相后，一致授记为他人所难敌。又求问一位密乘瑜伽师，授记说，此子将成为殊胜的密乘修行者，且因完备了莲花种姓的一切相，故为无量光佛所加持，他不继位执政，凭依密乘道，将成一位证得成就的大阿阇梨。他的名号是按照当取名叫白玛帕斯而取的。”就是降临为胎生之理。总之，诸佛菩萨是示现了一种不可思议的变幻化身后成为利生事业的，所以示现了各种胎生和化生，只是个别化机心中现起的感觉状况，故无任何若是胎生就低下、若是化身就高尚的道理，但是，如在此西藏普遍公认的《大方广菩萨藏文殊师利根本仪轨》中讲道：

于我涅槃后，年到四十二，
将于乳海岛，出一超群士，
名谓莲花生，宏扬密乘教。

和如《正说文殊菩萨名号经》中讲道："具德佛名莲花生。"现在显然通常是把说成化生之理作为合理之品，按如是记载，此亦是在印度西方称做邬坚国的宝焰城中有一奉行佛教的国王名叫因陀罗菩提，他无子嗣，故于孟夏四月十五召集所有上师供施处，向三宝广敬供养，念诵了一遍《法云经》后，立誓要为诸众生广行供施，施舍了府库中的所有财物，长达多年，当所有府库将消耗殆尽时，国王想到，现在外海岛上有一龙女名具美，她手中有一称心如意永无穷尽的神珠宝，若由一位施行法施的菩萨求取，是会给予，故当取来，布施给众生。于是在海上造了船只，国王和船夫与随从一起乘船出海，来到彼岛，如当初的心愿得到了神珠宝。此后在返途中的一座海岛上发现了长有一株具各色的莲花，莲花上坐着一个约有八岁年纪、英俊美丽、相好庄严、手执金刚杵和莲花的孩童，国王甚感惊奇，问道："小孩，你的父亲是谁，母亲是谁，是何种姓，以何为食，家乡在何处，在此作何事。"孩童答道："我父是自证智，母亲是法界普贤母，种姓属于界智二无无别，家乡是取无生法界，食物的份子是食二现[①]的分别，在此是修灭除烦恼之行。"国王故感稀奇少有，讲了作我的养子和应供处后，便剪下那株莲梗，带同孩童一起常走。回到国王住处，不论怎样祈祷如意神珠宝都如是成就等，就是讲成了由莲花变化而生，取为因陀罗菩提王的养子之理。

阿阇梨莲花生，在印藏是出现为一切人与非人的对手，在西藏又是最广泛宏扬正法轮者。尤其在西藏大阿阇梨降伏了不容佛教传播，障碍教法的人与非人和由于存在未来佛教又遭障碍时若祈祷阿阇梨，障碍便息等亲自承诺的永恒授记，所以至今诸藏族百姓都在如是数念阿阇梨的名号咒语和祈祷等持为开启今生来世

① 二现：承认内心和外境分别存在的感觉。

幸福门扇的永远的皈依处。

此后彼化身想到继位执政不便成为利生事业后，为了制止诸君臣贪婪，故行禁戒行，身戴骨饰，手持簸鼓和三尖天杖，在皇宫屋顶作舞，故聚来许多观众，此时他似天杖失手地打在群臣中权势最大的迦玛拉底之子的头上而致死，因此都说应给以王法制裁，国王因陀罗菩提说不宜杀死，应当发配流放，于是诸臣便将他遣送到大尸林清凉寒林，从此彼王子便修密乘瑜伽，穿尸衣，吃尸食，在一入定之时该国发生了灾荒，多人丧命，将尸体送到尸林，但全是无尸衣尸食而送来，王子也就无任何受用，只得披人皮吃人尸而住。在邬坚国的喀乌雪地方有国王名叫帝释王，他将自己的所有属下都投入邪道，此时王子用蛇将头发束于头顶，上身披整张人皮，用虎皮作围裙，手握铁制的弓箭，杀死了所有男子，于所有女人施行了交合的性交仪轨，征服了彼国，从此以后，人们都给王子莲花金刚取名叫罗刹王者。莲花金刚，是国王因陀罗菩提给取的名字，罗刹王者，是当地人们给取的名号。

此后国王帝释王商议决定围杀罗刹王者，国王自己手持利箭，令其他箭技高超者把守隘口，大批人群挥舞兵器，纷纷从尸林沟头围杀过来，于是罗刹王者杀死了尸林隘口的把守者而逃走，因此他们给取名叫潜逃童子。此后便在萨霍尔国的尸林欢喜园中修行，食用死尸。此后在邬坚国的尸林索萨岭行禁戒。来到当初出生地海岛和邬坚国的尸林粗恶苑等后，收服了三处的一切空行母，因此诸空行母给取名叫威猛金刚能。

此后来到印度金刚座，有时以比丘相，有时以瑜伽师相而行各种行，所以当人们问到你的轨范师是谁时，答道："我是无任何类父母和轨范师的天生佛。"人们甚感怀疑，认为莫不是魔鬼。此后当和到过阿阇梨巴尔巴哈蒂座前的比丘释迦梅札与释迦协守二人结伴前往时，此二比丘想起先前罗刹王者吃过人后，十分惊恐。罗刹王者向二比丘敬礼讲道：“这下不再作恶，请摄受。”二比丘说，那么，把武器交出来！于是呈上了铁制弓箭。此二比丘告知说，在名为大鹏红岩处住有阿阇梨巴尔巴哈蒂，去那里吧！罗刹王者遂从巴尔巴哈蒂出家，阿阇梨给取法号为释迦狮子。此后阿阇梨讲授了瑜伽法，前后闻习了十八次。此后来到了住于玛拉雅[1]山的阿阇梨妙吉祥友尊前时，阿阇梨吩咐道：“名叫喜庆母的比丘尼住于檀香园的林间，当去彼处求授灌顶。”遵嘱前往，与一外出取水的女仆鸠摩日相遇，故请她传话愿受内外密的灌顶，但未得回答，虽问她是否忘了，却什么也不说，于是阿阇梨修了将水坛紧紧粘在井台上的三摩地，所以水坛再不能举起，从腰间抽出一把晶体小刀，讲了你若那样，我就有这样。那女子揭开胸膛一亮，明明亮亮地展示了胸腔上的四十二位寂静天和腹部的五十八位忿怒天饮血金刚等百位静猛天，于是阿阇梨认为她就是比丘尼后，敬礼周匝时，她说我是女仆，请进室内。走进室内，礼拜参见，求授内外密的灌顶，故将释迦狮子化作一个ཧཱུྃ(吽）字，吞入口中，在腹腔内授了身坛灌顶，此后让他坐于密莲后，清除了身语意的垢障，如外是灌顶为无量光佛，加持成为长寿持明；如内是灌顶为观音菩萨，加持成为大印持明；如密是灌顶为马头明王，加持降伏邬摩天女、空行母和世间神鬼一切傲慢者，取密号为爱慧。

复又来到吉祥友前，听讲了文殊菩萨的内外诸法，亲见了文殊菩萨的容颜，从阿阇梨吽迦惹闻习了诸真实法，从阿阇梨巴尔巴哈蒂闻习了金刚橛的诸法，亲见了金刚橛众天的容颜，从阿阇梨楞伽鸠那圆满闻习了莲花语的诸法和显乘的诸法，从阿阇梨菩

---

① 玛拉雅山：义译为香山。传说是药都善见城西一山名，盛产岩精、寒水石、温泉等药物。

提库雅闻习了静猛天幻化的诸法，从阿阇梨塔那桑支达闻习了邬摩天女的诸法，从阿阇梨惹布库雅岱瓦旃檀陀罗闻习了供赞世界的诸法，从阿阇梨辛底喀哈闻习了诸诛敌神咒，从阿阇梨祥狮子闻习了佛经大圆满的诸法。在如是依止十一位阿阇梨听闻和掌握了一切法时，收服了萨霍尔王经持之女——一个年满十一岁名叫曼陀罗花的女子，带为修持所依手印母后，来到了普陀山南方名叫玛惹底嘎的岩洞那个密宗事部三怙主[①]加持之处，由于修了怙主无量光佛，故而证得了持明长寿成就。当夫妇二人去往城中化缘时，当地的人们都很嫉妒，说此僧以前做过不应做的事，又来这里来作害，于是向每人征收一捆檀香和一升麻油，在城内中心燃火焚烧，烟火一连九天不断。当人们前来观看时，火焰四散喷放，烧毁了皇宫，麻油变成大海，海中长出了莲花，在中央一株莲梗上夫妇二人身如清凉而安坐，故使所有君臣无不惊奇，奉诵赞叹，请求宽恕，此时城内诸火便熄灭，人们十分欢心，故给取名谓莲花生或白玛桑帕瓦。

此后来到邬坚国时，又被先前人们认出，都说应当烧死这个危害王法者，如前那样焚烧时，一连二十一天烟火也不断灭。当君臣及随从前来观看时，只见麻油变成了大海，在海中央一株莲梗上夫妇二人身体一片清凉，挂着亮晶晶的露珠而安坐，身上佩饰着颅骨念珠，父王向其请求原谅，大加赞美。由于身戴颅骨念珠，故给取名叫莲花颅鬘能，由于是王子，所以又给取名莲花王者。从此于一十三年受任了父王的应供喇嘛，将整个邬坚国家度入了正法。

此后来到阿阇梨杂兰达惹的尸林时，于金刚座的四方来了四个威力甚大的外道师及其各自的五百属眷，要向内道佛教徒发起

---

① 密宗事部三怙主：佛部文殊、金刚部金刚手和莲花部观世音。

辩难，扬言要以教法作赌注。当时金刚座的诸班智达都感到虽以口辩能敌，但能力不敌，谁都不敢开口。当诸班智达在皇宫商议时，得知莲花金刚住于杂兰达惹的尸林后，诸班智达便来启请。莲花金刚来到后入修战胜邪魔的禅定，经诸班智达辩论，佛教徒获胜，四个外道师连同几个具神变之能的眷属飞向空中，于是阿阇梨便向空中指以克期印，在空中转动了火轮，使四个外道师逃回原处，将诸眷属纳入了佛教。四个外道师说，这下七天后就是死期，虽然放了恶咒，但阿阇梨启请了诸空行母，结为助伴，给外道的城市降下了霹雳，夷为平地，所以名号又取为狮子吼。

此后阿阇梨来到央勒山下的岩洞，将尼泊尔王善持之女释迦岱瓦带为修持所依的手印母而实修，制伏了一切非人。

若按照《阿阇梨莲花生本生传记法源宝鬘·赤铜洲遗记》中的记载，此后大阿阇梨菩提萨埵（静命）所讲的诸授记出现于赞普的梦中后，赤松德赞赞普便给了一升金砂和路资干粮等，派遣巴芒臣·色囊和森格廓·拉隆二人以及三名仆从等五人启程迎请莲花生。阿阇梨按照住于尼泊尔央勒山下的岩洞时所出现的诸护法神的劝请，施展神变，来到芒隅贡塘安住三月，此间与诸来请的使者相遇。从此启程，在前往西藏的途中，从制伏雪山大地母多吉宇朋玛起，直到制伏了北方的叮叮叮罗曼地母、达曼索东玛地母和北方普玛地母三者，此后来到堆龙雄巴沟尾后将手杖插入岩石，故而冒出了雄巴神水，制伏了妖魔恶鬼和十二地母[①]等恶毒的神鬼后，封为藏地的守护神，托付管理等在西藏将佛教显扬如丽日升腾，故使无上恩情遍及于雪域藏人。

---

① 十二地母：即永宁地母十二尊。立誓永远保佑藏土的十二位主要地祇女神：遐迩名扬地母、页岩孚祐地母、普贤地母、魔后地母等为四魔女神；独具支眼地母、贤德明妃地母、刚烈尊胜地母、白衣龙后地母等为药叉女神；藏土孚祐地母、太一济世地母、丽质冰心地母、翠聪绿炬地母等为四女医神。

此后赞普的内寝侍役拉东措协年勒等制办了圆光占卜之物，阿阇梨莲花生做了四位赞普的圆光占卜后，使他们明了往昔在藏地障碍和妨害传布佛法者神鬼是谁，这是如密教典籍中所讲的圆光占卜法在西藏最初的施行。此后又进行了修建桑耶寺的三次净地和奠基，这是《莲花记》中所讲的。在赞普二十一岁藏历铁虎年（公元750）奠基后，于火马年（公元766）建成了桑耶寺。该寺的造型，上层中央三重屋顶是印度风格，中层是皇舅汉式风格，下层是父祖藏式风格。由于此寺是遵照赞普的心愿而建成，故取名为"吉祥永固天成桑耶大伽蓝"，于藏历土羊年（公元779），由二位亲教师和轨范师主持举行了开光，故而出现了许多十分稀奇的吉兆，阿阇梨莲花生施展神通将沟下的沙滩和诸近处的荒地改变成了林苑和草坪，使宿喀等缺水的地方涌出了清水，委任王子穆赤赞布为将领，摧毁了薄达霍尔的禅院，将那里所有的财物运回了吐蕃，于是财神白哈王①亦随财物来到西藏，被封为桑耶寺的护法，为赞普和后妃以及预试七人等、二十五位密乘的有缘弟子开启了汇集修部八教②与如来的坛场，授了灌顶和为赞普等少数眷属授了无量寿佛的灌顶，所以赞普寿终之时虽在五十六岁藏历木牛年（公元785），由于灌顶，延长了年寿，后于六十九岁驾崩，这是《赤铜洲遗教》中所讲，被公认为符合实际。阿阇梨莲花生与轨范师静命等诸班智达和白若杂纳等诸译师译出了许多显密经典，清除了藏地的黑暗，使佛教丽日耀然升起等恩情之大，远离了言说思议。

阿阇梨莲花生在藏的时间，有十八个月、六年、十二年、七

---

① 白哈王：被莲花生大师降伏后，成为藏族地区崇奉的一位主要神祇。

② 修部八教：八大法行。宁玛派生起次第所修出世五法行和世间三法行。前五者为文殊身（毗卢部）、莲花语（弥陀部）、真实部（不动部）、甘露功德（宝生部）、金刚橛事业（不空成就部），后三者为差遣非人、猛咒诅咒、供赞世间神。

八年和五十一年等种种不同的说法，但是，这位得成就的大持明传记，是观现世心（一般凡夫所有的心识）所不可思议的，所以不同化机之心中现起的感觉中任何亦堪能出现，故无相违。

第三节　法王赤松德赞传记

法王赤松德赞，如世自在为了雪域西藏而降临为人主国王之状的法王松赞干布授记道：

吾后五代时，文殊之化身，
出国王名德，彼亦宏正法。

就是于藏历金马年（公元730）出生于札玛[1]，是父王赤德祖丹或名美阿匆[2]与王后唐中宗之养女金城公主之子，年届十三岁时继位执政。此王天性温良、天资聪颖、具足慈悲、心中常怀他利而成为法王。在父王驾崩而王子年幼期间，反佛法大臣玛尚仲巴结等约予损害佛教。王子成年时翻阅了父祖的文书档案，于佛法心生崇敬，为倡兴佛教，迎请了萨霍尔国的亲教师静命，从其闻习了缘起与善法等。当此王下令修建修证的所依寺庙时由于神鬼发起障碍，未能建成。当时按照亲教师静命的授记，从印度迎请了持明莲花生入藏，制止了一切不祥之兆而进行了净地，为时五年建成了庙堂和神像等，作为佛塔的装藏物，迎请了佛舍利，顺便在恒河岸边立一铁柱，定为印藏的地界。此后想到要建立僧

① 札玛：在今西藏自治区扎囊县桑耶区。

② 美阿匆：又译美髯公，是吐蕃王朝第三十七代赞普。此赞普面多胡须，早现老相，故有此绰号。

团，从印度请来比丘十二人，由静命任剃度出家的亲教师，由塔纳室拉（戒施）任轨范师，由姿纳梅札（胜友）任屏教师，由其他十名班智达补足名额后，剃度了巴赛囊等七人出家，是藏地第一批出家的僧人。想到要将所有佛经在藏译出后，令许多聪明的藏族青年学习翻译，由二位亲教师与轨范师和比玛拉米札（无垢友）等许多智者同白惹杂纳许多口译译师一起将三藏等显密佛经和许多释论译成了藏文。诸译师和班智达在毗卢遮那寺和甘丹强巴林寺等处建立了显乘讲经院。大阿阇梨莲花生在钦普札玛岩洞等处为君臣等特殊的眷属授予了许多果位密乘的教诫，故而出现了许多获得成就之征兆者。莲花生将法财圣物的伏藏遍布藏地各地。一段时期和尚摩诃衍纳[①]来藏宣法，因此中观之见形成了顿门和渐门两派，与印度的亲教和轨范之见大相径庭而兴辩论。当时按亲教师静命的遗嘱，智慧主（赤松德赞）从印度迎请了论师迦玛拉希拉（莲花戒）[②] 来藏。莲花戒来到桑耶后，赞

---

① 和尚摩诃衍纳：摩诃衍是沙州陷落吐蕃后，被召到拉萨的一位禅僧。据敦煌写本《顿悟大乘正理诀·叙》载，吐蕃在8世纪末“交聘邻邦，大迎龙象，于五天竺国请婆罗门僧等三十人；于大唐国请汉僧大祥师摩诃衍等三人。同会净城，乐说真宗”。摩诃衍到达吐蕃的时间，至今仍无定论，大多数论著将其定在公元781年或稍晚一些。摩诃衍在汉地的佛教史料中虽名不见经传，但他在吐蕃活动了两三年，却在当时产生了很大的影响。他自己说：“亦曾于京中（指拉萨）以上三处闻法，信受弟子约有五千余人，现今弟子沙弥未能修禅，已教诵得《楞伽》一部、《维摩》一部，每日长诵。”《拔协》上也记载：因他（摩诃衍）教人如此修法；吐蕃的人们逐渐转而学习他的法。因此，桑耶寺断了香火供奉，求法与修身语善行的也停止了，只剩下拔·诸登、毗卢遮那、巴·白央等少数几人仍然信奉和习学大师菩提萨埵所传之法。在吐蕃传法的过程中，摩诃衍所传的以禅宗思想为主的所谓“顿门派”（ston min）观点和当时西藏所盛行的所谓的“渐门派”（rtsen min）的观点发生冲突，双方上诉至当时吐蕃的赞普赤松德赞处。大约在792—794年，在赤松德赞的主持下，摩诃衍和被迎请入藏的印度僧人莲花戒进行了一场佛学辩论，这就是有名的“吐蕃僧诤”，又称“顿渐之争”。而“无分别”说就是摩诃衍在吐蕃传播的主要观点。

② 莲花戒：印度后期中观派代表人物，寂护重要弟子，入藏后在桑耶法诤中与摩诃衍为代表的汉僧进行辩论。其在桑耶法诤中所表现出来的思想在《修习次第》一书中得到系统的阐述。

据说该书是桑耶寺辩论后莲花戒根据赤松德赞的要求而写的。据《贤者喜宴》记

普讲道："寡人极为信受佛教，修建了庙堂寺院，从印度迎请了班智达，译出三藏之一切法并做了如实抉择，建立了僧团。盖诸佛法虽是意趣一致，然因从汉地来一和尚于法持见不同而分各派，故迎请智者迦玛拉希拉来藏。为因一教不出二师，故请随顺世尊之意趣而论辩。"当时就在发心菩提寺中广设座位，赞普坐于上首，莲花戒师徒和和尚师徒分坐左右而辩论。莲花戒以经教和道理驳倒了和尚的邪见，于是赞普诏令从此以后，此藏地之见应持龙树派见，行应遵行说一切有部之规。将名为出家袈裟部和

(接上页)

载，赤松德赞三次提出要求，莲花戒便依次写成《修习次第》三品。《修习次第》的核心内容是阐述作为一名瑜伽行者实行修道的过程，即如该书初品开头部分所说的，欲证得一切智者之位者应如何修习。他指出，修习的核心点是慈悲、菩提心和修行。认为一切佛法的根本就是慈悲，因此欲成一切智者首先应修习慈悲，由于不断修习慈悲，凭借着救度一切众生的誓愿，会生起求得最高正觉的菩提心。对慈悲和菩提心，都给予了明确的解说。但该书的重点是在对修行的解说上。他强调："修行是指智慧与方便的双运。"这一点为后来藏传佛教各时代各派各宗的"修行"定下了基调。并解释道，方便是指般若波罗蜜之外的布施等五波罗蜜（即布施、持戒、忍辱、精进、禅定），而般若具体是指闻、思、修三慧，即"闻所成慧""思所成慧"和"修所成慧"。修"闻所成慧"便能依之而确认经论的句义，修"思所成慧"，便能依之而抉择了义不了义，也就是依照经典和正理来作妙观察，体悟一切法在胜义上的不生。他还着重解说了"修所成慧"，修行包括止与观，止是指"心一境性"，观是指"真实妙观察"，强调止观双运的重要性。最后又说明了信解行地、十地、佛地等菩萨修行次第。以上便是《修习次第》初品的框架内容。《修习次第》的中品和后品大体上也是按这个框架写的，但是在止与观方面花了更多的笔墨，在后品中还对摩诃衍的观点作了更为具体的批判。

他在《修习次第》后品中对摩诃衍思想批判的内容与《布敦佛教史》所记基本一致。在莲花戒看来，摩诃衍观点的要害是不思不想和放弃布施等一切善行。但是，"不思不想"就会变成舍弃以真实妙观察为特征的般若之知，而舍弃布施等善行也就是放弃布施等方便，这与大乘教法正好背道而驰：大乘菩萨道的根本点便在于般若与方便，舍弃此两者便是舍弃大乘，舍弃大乘者必定会造大业障。

莲花戒的这一立场对后来的西藏学问僧影响极大，包括宗喀巴在内的一大批学者都是按照莲花戒的描述来看待摩诃衍的。宗喀巴在阐述其中观见解的著作《菩提道次第广论·毗钵舍那品》中先引经据典地说了如何生起般若之知，然后说："这些对唯能（生起）无我智慧而能断绝'有'之根本所作的明晰解说在中观《修习次第》中为了批判和尚（摩诃衍）而加以引用。"可见宗喀巴正是按莲花戒的观点来理解摩诃衍的观点。

白衣蓄发部之僧团亦分成了两个部。赞普心中生起殊胜三摩地，也著有经典《正量论》等多部广略释论，普遍阐释了佛教，所以功绩卓著，无与伦比。其统辖的疆域亦东起汉地金城县万户，西至大食边境巴达夏董关，北接回纥边界切玛盖仁，南到恒河岸边，统治了东洲三分之二的地域，最后于藏历土龙年卒于松喀宫堡。赞普赤松德赞纳有五妃，其中蔡绷萨梅朵准修建了康松桑康林寺（三界铜殿寺），妃子钦萨信仰佛教，修习来世，妃子喀钦萨措杰作为灌顶供养，献与阿阇梨莲花生，妃子卓萨强秋准修建了盖杰切玛林寺（遍净沙寺），妃子波雍萨杰莫准修了普擦赛康林寺（养子金殿寺），其他四妃子未生子嗣，只有妃子蔡绷萨梅朵准生有三子，是木奈赞布、木如赞布和木底赞布色纳勒劲云。

他们亦遵行先祖先父的遗风，宏扬了佛教，其中木底赞布修建了嘎琼多吉英寺（小星金刚界寺），从印度迎请了拔加帕玛（智铠）等几位班智达来藏，译出了多部身语意的续部，发展了佛教。其子金刚手的化身赞普赤热巴巾[①]尤其推崇和侍奉佛教，修建了乌香多扎喜根佩寺等一百零八座，创定了“七户养僧

① 赤热巴巾：吐蕃赞普赤祖德赞（803—841），汉籍作可黎可足，又尊称彝泰赞普。唐元和十年（815）即位。秉承其父祖遗志，继续大力推崇佛教，师事两位钵阐布，仍用他们辅佐朝政，多次派遣使臣赴唐请求和盟，最后终于在长庆元年、二年（821—822）达成唐蕃“长庆会盟”。执政期间，崇信佛教已达登峰造极地步。据载，赤祖德赞特意在自己留的两条长辫上系上很长的丝绸带，每次议事，必须将连接发辫的两条长带铺于两旁的僧座之上，让佛僧坐于其上，以表示对僧人的尊敬以及佛教僧人至高无上的尊崇地位。在经济上，进一步增加僧人的供养，制定“七户养僧制”。制定森严的法律，维护僧人的权益和地位，规定凡恶意手指僧人者断其手指，凡恶意目视僧人者剜其目。广建寺院和神殿，仅讲经院、修道院、调伏院就达30多座。据载，曾专门从印度、汉地和尼婆罗请来工匠建造了两座最著名、最富丽堂皇的寺院，即扎西根佩寺及九层神殿。还从印度等地延请僧人、学者，大量翻译佛教典籍，并对其父晚年汇编的词汇目录进行了增补和修订。据敦煌古藏文经卷记载，赤祖德赞携王妃属卢氏及钵阐布勃阑伽·云丹等亲至沙州，赐予新译定本，要求僧人传抄，分藏河陇诸寺。晚年时吐蕃社会矛盾激化，极端的崇佛政策不仅加重了民众负担，也促使大臣与贵族中反佛势力抬头，开成元年（836）终被反佛大臣韦达纳坚杀害。

制"，为两部应供喇嘛将发辫的两条长带铺于两旁的僧座之上，让师僧坐于其上，奉为至高无上。迎请了印度的班智达苏仁陀罗菩提和室利楞伽菩提第许多班智达，以厘定文字的方式，将以前父祖时所译的诸显密经续进行了修改订正，编了目录。由于密教诸内续严肃重要，故保留了旧译文，不列入目录，取名叫《宁玛十万续》，单另存放。

如是王子圣密宗三部三怙主的乐舞——观音的化身莲花生、秘密主的化身大堪布菩提萨埵、文殊的化身大法王赤松德赞以宿世的严肃发心金铸大车，为雪域西藏之应化有情的福祉天空确实引来了利乐光芒万丈的佛教丽日。与此同时，佛大日如来等诸佛佛子和大圣诸众亦为了在藏地宏扬佛教，随愿亲持了白若杂纳、噶焦祥和南喀宁布（虚空藏）等诸神变大译师和圣境印度的诸班智达与大成就者的生有①，高举讲修佛教教证二法的宝贝胜幢，清除了有寂的贫困，随顺应化有情的缘份，普降了二利的所愿细雨。复次，共同的声明、因明、工巧明、医方明和不共同的佛经显教三藏与密教四续部②等皆以六边四理而制约。成道者和圣者的所行处以凡夫智慧所难了解的一切甚深教典和密诀亦由等同真佛的诸神变译师与诸班智达一起以所获得的四无碍解③之力，不待余者而自主地将彼等释文④和词义等首先译成了无增减、无错误的词和义，又以厘定文字的方法而修改校正，记住章节和卷帙之量，最后以讲闻修证而抉择，是在雪域西藏最初开启了正法的光明大门。

---

① 生有：结胎无间一刹那所有心识，四有之一。

② 四续部：事部、行部、瑜伽部和无上瑜伽部。

③ 四无碍解：四无碍智。菩萨四无碍解，即正确通达诸法相的四种智：法无碍解、义无碍解、词无碍解和辩才无碍解。

④ 释文：释名，训释字义。阐明后起名词字面所含意义的语句。佛书译为词或言词。

文间偈颂

诸大圣传如虚空　　不显边际极广大
以找劣慧蜂翅能　　妄行唯为智者笑

如以滴水知海味　　少许所说此亦能
表明端倪故无违　　汇集传海一部分

前译在此雪域中　　开启光明广大门
依此佛教渐昌隆　　皆不违反解脱道

第二章　解说此前译宁玛派因六种殊胜故特别优异之理

此前译宁玛派因六种殊胜故特别优异之理，当引述往昔的诸圣者贤哲所讲之义，此亦大语狮子绒宋巴·却季桑布讲道：迎请者施主殊胜，由于前译的施主是圣密宗事部三怙主的化身祖孙三法王，所以不同于普通施主；翻译的处所，也由于是往昔神变的寺庙桑耶等上下法轮，所以不同于现在的一般寺院；译者殊胜，亦是往昔的译师白若杂纳、款·鲁益旺布松[①]、藏·勒楚、噶焦祥和玛聂努等神变的译师，是由他们翻译的法，我们这是阅读保存在桑耶寺的梵文典籍和译成藏文的诸经论，就能明了优越性；班智达殊胜，也是往昔的静命、佛密[②]、莲花生、无垢友等佛和住于三地[③]的诸菩萨圣者呈献的法，不同于普通班智达，是奉献了致献彩礼古代金铸鹿像和以升量的黄金请求的；法殊胜，不仅是在圣境印佛教并无缺损时翻译的法，而且在圣境已无的密乘典

---

① 款·鲁益旺布松：吐蕃一著名译师名。赤松德赞时，为观察藏人能否持出家律而接受预试的七人之一。

② 佛密：觉密。古印度一阿阇梨名。约于公元8世纪末，应吐蕃赞普赤松德赞之请入藏，对于在藏传播佛教密法，颇有贡献。

③ 三地：第八、九、十地。

籍，是阿阇莲花生和无垢友等诸超群者以神变的庄严，从诸菩萨、成就者、持明和空行母等执持，保存于净土，以及以瞻部洲之分支邬坚国和僧迦罗岛（今斯里兰卡）等取来而译出，而所译，由于亦是由往昔的诸译师之化身如实抉择了义理，所以易于理解，观察范围广大，又由于是诸译师和诸班智达一起，将来源确凿可靠信许的法，经过校订而译出，所以特别优异。

第一节　迎请者施主殊胜

像法王赤松德赞那样权势显赫，能把印度及汉地、象雄等诸贤哲集中起来，后来不论出现怎样者，都是做不到的。若将此算作赞普权势显赫，认为不成为法的殊胜，然而由于是权势显赫的赞普以集中周围的诸贤哲的方法宏传的法，所以特别优异。

第二节　实行翻译的场所寺庙殊胜

就是往昔由得成就的大阿阇梨莲花生以神消灭了雪域的人和非人黑品部多，制伏了白品的非人等八部[①]而役使，在四大天王[②]任监工下而建成的，特别是放有从天龙、夜叉和人等的不同处所请求的持明空行母众执持的无边续部经函、抛撒开光的花朵

① 八部：阎罗、鬼、罗刹、药叉、人非人、地祇、妖、魔等为天龙八部。一说天、龙、药叉、寻香、非天、金翅、人非人、大腹行等为八部。一说阎罗、鬼、魔、妖、部多、龙、药叉、星曜等为八部。说法众多不一。

② 四大天王：四大王众天。六欲天之第一重天，或称药叉，居须弥山下海面上，自下而上，第一层为持盆药叉，第二层为持鬘药叉，第三层为常醉药叉，第四层为药叉大将，亦即持国天王、增长天王、广目天王和多闻天王等所谓四大天王，总名四天王。

时，不可思议的奇异庄严成为一切人天的眼中甘露和密咒主护法神众奉管理等普遍公认为无别于邬坚国嘿如噶神庙而成就的“三样永恒天成寺”等三法轮，在后译时期虽建有“托林赛康”① 等各种寺院，但此桑耶寺仍较彼寺特别优异。因此，是因为，由于这样的寺庙庄严辉煌，主要保存了梵文典籍的文卷凭证和许多译师、班智达和贤哲所住的根本寺院，所以我们的杜撰之词丝毫也不能掺入。在彼寺中所译的诸法，犹如经过炼剪磋磨的纯金堪为标准，是真正前期译本的殊胜。

第三节　世界眼译师殊胜

就是聚集了十地菩萨圣普贤亲持人的形状白若杂纳大译师彼知法的底细、完备智能、遍持成就相的许多正士，由一百零八位译师聚在一起，首先将原文译成藏文，由诸大班智达作中证，逐一校正其词义，此后以讲闻抉择，所以特别优异，即如鄂译师洛旦喜饶②理解了《经庄严论》前译时期的译法后赞美道：

白若杂纳等同天空边，噶焦祥等一对日月升，

---

① 托林赛康：托林金殿，位于西藏阿里象泉河南岸河谷，今札达县境，始建于藏历火猴年（公元996年），或说建于11世纪初，是古格王天喇嘛益希沃为迎请阿底峡人藏弘法和供大译师等译经之所而建。

② 鄂译师洛旦喜饶：（1059—1109）是鄂·勒巴喜饶之侄。幼从勒巴喜饶听受阿底峡的诸法，先后在克什米尔学经十七年。译出《量庄严论》等书，并校订旧译甚多，聚集徒众两万余人。

仁钦桑布[①]只是名明星，我等诸人则如萤火虫。

由于是如是译师、班智达和贤哲等一起精确审定的法，故成为正真法的殊胜。

第四节 班智达殊胜

新教时期的诸译师也都合格，但是如前译时期的班智达则极少，如圣人萨班讲道：

具德僧人大堪布静命，成就禁戒吉祥莲花生，
明慧资质莲花本性者，皆是斗诤时之第二佛。

像大堪布静命这样的高僧公认的开派师，在印度也少有，宗喀巴大师也特意赞美道：

文殊菩萨摄受故，已达自他宗彼岸，
于甚深义威精通，敬礼具德希瓦措；

---

① 仁钦桑布：五代末至北宋时期藏传佛教译师。生于古格的宁旺特那地方，13岁从耶歇桑出家。后由古格王室派往克什米尔、印度等地留学，前后出国三次，历十余年。相传他曾先后从75位班智达学法，回来时延请了许多印度僧人到阿里，并与他们合作译经。在显教方面，他译过17部经，33部论；在密教方面，他译过108部怛特罗，其中包括《集密》、龙树和佛智二释、《摄真实经》《庆喜藏释》等重要密籍。藏传佛教史籍载，仁钦桑布把密宗提高到与佛家理论相结合的高度，因而称他及以后其他译师所译的密籍为“新密咒”，而称此前包括吐蕃时期所译密籍为“旧密咒”。另外，他还根据新的梵本改订了一些吐蕃时代的旧译本。由于新译和改订的佛经很多，影响很大，在藏族宗教史上享有崇高荣誉，被后人称为“洛钦”，意为大译师。据载，古格首领拉德为了表彰仁钦桑布建寺译经对于佛教在吐蕃境内再度复兴所作出的贡献，遂以乍布朗附近的谢尔等三处封地施与仁钦桑布，因而仁钦桑布亦为藏族历史上最早的封建庄园豁卡的占有者。

若尝此的正理宴，如多生中在理路，
以多辛劳善破立，诸多兴论智者之，
顶饰摩尼宝崇高，破除彼诸众邪说，
虽在圣境亦极少，赞普迎请如是者，
谓我藏民有福分，受用稀有安乐故，
此心遍动依他起。

自在成就者莲花生，在圣境印度多如繁星的得成就者中是犹如明月，公许为圣人，在西藏和印度及卓定（古时南印度一地名）等地示现不可思议之成就相的故事当今仍经久不衰，普遍流传。

大班智达无垢友，在印藏公认为是学问通达、德行高妙的出类拔萃者，他证得了大转气①虹身②长寿金刚身，现在亦住于内地五台山。以他为代表，佛密和姿纳迷札（胜友）等在印度被普遍公认，全都是被晚期印度的诸班智达和得成就者持为典范。类似如是者不只是个别，而是许多班智达和得成就者同时聚在一起翻译、校正和抉择了显密的法，所以是在许多特别优异的译者、班智达和得成者作见证中无误地译出了犹如纯净无杂熔液的诸法，这便是前译之法的殊胜。由于彼诸如是特别优异的班智达和得成就者证得十自在③位，故能点沙成金，变石为璁，都是视金为土、不重财物、成为佛教与众生事业的具慧心者，都是以善愿和发心化度黑暗雪域的作事业者，诸佛与佛子出现为贤哲之状，是为《时轮经》和《大方广菩萨藏文殊室利根本仪轨经》中所讲的“国王人中天”国王授记等所成立。

① 大转气：藏医所说一昼夜间，无病之人呼吸气息 26100 次的 1/24。

② 虹身：光身。密乘所证转五蕴成光明身像的果位。

③ 十自在：菩萨位中得十自在。正相对治不受如是凡夫常有十种损害：命自在、心自在、资具自在、业自在、受生自在、解自在、愿自在、神力自在、法自在、智自在。

第五节　贽见之礼殊胜

就是这种法王以升量的金粉和用整张鹿皮包满黄金这样的丰厚财物将所有译师和班智达聚会于吐蕃。若认为这只是财物殊胜，不成为法殊胜，固然属实。但是，若无像那样丰厚的财物，就如为因欲请阿底峡入藏，故筹措黄金而使天喇嘛益希沃[1]不得不丧命于葛罗禄[2]的牢狱的实例一样，意志虽大，也不得遂。是由于法王权势显赫，故由建有法部的外伽蓝、内身语意的所依、教主译师班智达的川资路费和生活必需品，以及仆从的必需资具等一切无不齐备的实力，诸译师和贤哲才聚在一起翻译正法，所以此亦何故不成为殊胜，因为这些都是获得佛法的附加条件。观待于此，所谓金法和名为赴印苦求的法，或称做名为班智达和得成就者的单传教授，诚然是他法和甚深难得，但是如法王在世时的发给薪水，如白若杂纳的苦行和如从印度的诸大班智达殊胜化身处直接取来是极其少有的。

第六节　所译的法殊胜

此等所有甚深的显密经续，大多是在前译时期出现的，在新教中也有一些根据《时轮经》之诀窍的，则是旧教的佛典语言。自性光明心或如来藏[3]金刚持心，是有承认为佛，由于如理修了

① 益希沃：吐蕃王朝朗达玛五世孙。11世纪时，为迎请阿底峡入藏，被克什米尔的突厥族王噶逻禄杀死。是他于公元996年在阿里建托林贝吉神殿。

② 噶罗禄：7—13世纪间的西突厥一部。

③ 如来藏：未离客尘位心所有自性清净的法性，即一切有情心中具有的谛实性。

彼道，所以出现了许多得成就者。因此，若如实引发乐密等密乘的证悟，此等便发生，就是大瑜伽乘①的续，所以续无优劣，但是，观待于舍弃了要诀之续的诸执持者，不隐密诀窍的诸续比隐密诀窍的诸续是最为成立。所以，以彼等为主的浩若烟海的金刚乘的续部之了义要诀的实质，在印度，比起学问通达、德行高妙的诸正士之心中所记也是最极秘密的甚深法，因此，诸凡人是难获得，但是，是莲花生和无垢友等诸大转成就轮者取为自主，惠赐为吐蕃的福分，与此同时，因位波罗蜜多乘《般若十万颂》《华严经》和《宝积经》等显教三藏和《现观庄严论》《庄严经论》《辨中边论》和《中观庄严论》等在圣境印度公认的标准释论也译出许多，以讲闻做了抉择。由于诸续部的一些甚深诀窍未到宏传之时，故伏藏于藏地的圣地和岩山等处，将来时机成熟，逐渐由神变的掘藏法师取出，先由各位掘藏法师修持后，若正式出现道貌，就开封宏传。由修持了彼等显密经续伏藏的甚深法，往昔才出现了达到持明位的君臣二十五人、叶尔巴②的八十得道者和索素努三师③和年④等堪为典范的许多得成就者，此亦如文殊怙主米旁·朗杰嘉措讲道：

---

① 大瑜伽乘：旧派密乘九次第乘之一。入门：由外十利，内五力，密三甚深等十八种最上灌顶成熟身心。见：论断胜义七财。世俗三重座位、本尊、坛场，任运自成，自性无别，胜谛无别，法身平等。修：主要修习三定布局，完成本质净、圆、熟三。守命四钉以为密封等生起次第，亦修风、精、光明等圆满次第。行：依有戏论、无戏论和极无戏论三种近因而行。果：四种持明所摄五道到达究竟，证得双运金刚持位。

② 叶尔巴：即叶尔巴密乘寺，在今拉萨东北，系松赞干布妃蒙萨赤姜命工修建。寺内有碑刻、大钟等文物，均为唐代遗物。

③ 索素努三师：旧译密乘中最早的三位佛学家的合称，即索·益希旺秋、素尔·释迦迥乃和努钦·桑杰益希。

④ 年：即年·热巴坚·尼玛沃色。见前第5页注释。

讲谛佛经大海中，甚深法藏宝最美，
显密妙道相结合，莲花佛教……。

按照往昔法王和诸菩萨的法律规定，见是大圣龙树之规甚深离戏中观见，行是大堪布菩提萨埵的律统说一切有部之行，即是办成七种别解脱律仪[①]任一的所依者后，修行各自的戒律和依于相应的经典、伏藏和净相之门理讲修不共的《经、幻、心》三部之教法大宝的传统住于永存不衰，而且诸有缘者均在结合各自的所能而进行修持等就此规的教敕和风规，即如文殊怙主上师讲道：

殊胜萨霍尔堪布之行，结合无比具德龙树见，
所传教敕风规已盖印，唯愿莲花佛教永昌隆。

又如经中讲道：

祖孙三杰迎佛教于藏，师君三尊举佛教胜幢，
长久守护佛教众持明，此等于吐蕃恩德无比，
桑布札开启雪域语门，显密教法之光噶焦祥，
众权威阐释整十理论，此等皆是藏地法太阳，
故是前期诸译师开创，显密明处等大乘规，
无私正士宏扬其本支，至今佛教威势仍兴旺，
渡过莲花佛教深海域，显教密教续部法精华，
由诸无比最胜贤哲恩，成为雪域西藏的福分，
通晓广大法库而理解，甚深要义智者若观察，

① 七种别解脱律仪：近事律仪、近事女律仪、勤策律仪、勤策女律仪、正学女律仪、比丘律仪、比丘尼律仪。

因知无数法门究竟义，故视前期译本为第一，
《般若十万颂》等等三藏，虽是前译旧教无争论，
极深奥前译金刚乘续，承认是旧法有人怀疑，
虽是要诀典籍明发出，金刚乘之最极深密意，
然于未得定解诸咒师，此诸典籍如成地下藏，
能见清净妙道的智者，是取决于此如实定解，
诸新续之密意的边际，是如续中续的诀窍。

第三章　正说具六种、殊胜的教法建立

第一节　解说前旧教的传承过程

一、认识前译旧教

称作旧教密乘的教法或者法的事相，就是诸经典，因为在前译之时所获得的正法就是彼，所以，教法的骨干，就是经典《集经》《变幻经》和《心品》前后两派等，而文殊身和莲花语等修部八教①及其分支的诸甚深法则是附属类，大圆满密乘类即现在有名的“宁提四支”②诸位阿阇梨的密意精华是住心要之理。

① 修部八教：即文殊身、莲花语、真实意、甘露功德、金刚橛事业出世五部，差遣非人、供赞世间神、猛咒诅詈世间三部。

② 宁提四支：“宁提”，义为精要中的精要，是大圆满法要门部中的特殊教授。内中特重策却和妥噶法要。策却义为断坚，属修见性的法要，妥噶义为超越，属修光明证佛身的法要。宁提四支是“空行宁提”“空行央提”“上师宁提”和“上师央提”。

二、领受语旨的各个源流

（一）莲花生

仰仗最初迎请佛教丽日于雪域吐蕃的佛大开创者文殊化身赤松德赞之稀有发心与无量恩劳，一切得成就的阿阇梨三顶领、怙主无量光佛起现为金刚阿阇佛陀第二，那位一身具有白玛迦惹等八神名号的莲花生大师亲临吐蕃后，于诸共同化机的心目中宣讲了共通的法，在身语意功德事业的五大修行处为主的诸处所为不共的有缘者君臣二十五人等传授了修部八教、静猛修法及其添补部分诸不可思议的羯磨和归摄光明大圆满为一切正法之精髓上师静猛教授类等不可思议的成熟解脱的教授，观察了大部分教授不需要在当时宏传后，念起未来的芸芸众生，埋藏了以四方五中区之五大伏藏为主的千万有名的伏藏和无数无名的伏藏而盖了七层印封，建立了钦普、叶尔巴和曲沃日①等三大禅院，此外还以神通的游戏踏遍了卫藏康为主的吐蕃全境，将一切石山加持成为修行处，由于给诸有缘者传授了教授，故出现了二十五位钦普的得道者、五十五位央宗的证士、叶尔巴和曲沃日的成就光明幻身者各一百零八人、协札的三十名咒师和二十五位起现为光明幻身的空行等无数成道者。

（二）白若杂纳

吐蕃的第一精通两种语言者大译师白若杂纳，被法王赤松德赞派往印度留学，在达纳廓希的檀香神树林九重石窟中参见了大

① 曲沃日：西藏贡噶县内一山名。相传山上有泉 108 处而得名。唐东杰布在此山下雅鲁藏布江上造铁桥后，山名改称贾桑曲沃日，南岸有寺，名贾桑寺。

持明室利僧哈（吉祥狮子），求学无功用乘，于是此师发出智慧精华，传授了大圆满心部十八续、六十续部的所有灌顶与诀窍和界部的大中小三续。大译师担心此亦若不十分守密，会受到赞普惩罚，于是在白天学习法相法，夜间凭依方便与缘起而求学，在途中亦甘受危及生命的十八苦行等巨大艰辛。此外又参见了二十一位智者和在会场的大尸林参见了甚喜金刚，获得了大圆满法六十四千万的经义传承，故在当时证得了证悟与解脱同时的成就。此后凭依神行成就①返回吐蕃后，向赞普讲了密法，翻译了五部前译心部续。由于遭到挑拨离间，被迫去了甲摩擦瓦绒②，先后在甲绒岩山为怙尊宇扎宁布，在控绒达孜堡为屏教师益喜喇嘛，在东空绒的扎玛宗为邦坚·桑杰贡布，在前藏为涅·般若鸠摩罗和里萨喜饶卓玛等宣讲了大圆满法，称作“五次第”③，就是由他们，特别是由邦杰·米旁贡布传出，逐渐发展的心部教授造就了无数尽善尽美的佛子。从彼产生了现在名为心部娘派和阿惹派两派的传承系统，前者就是白若杂纳传与涅·般若鸠摩罗，由他次第传出，就是年·世琼和素尔祖孙等亲承语旨的法，后者就是那位名为阿惹·益喜琼乃的多康活佛领有印汉七位论师传承的甚深法者宏传的教授。从旁敦（米旁贡布）传出到许多传承之间出现的全是成就了光明幻身者，从这一支传出的教授，就是界部甚深金刚续。

（三）无垢友

五百大班智达之顶饰证得虹身金刚身的阿阇梨无垢友来到吐

---

① 神行成就：八种神通成就之一。将修炼的药物涂于足上，瞬息即可环游世界。

② 嘉摩擦瓦绒：旧时另称大小金川十八家土司所在地总名，在今四川省阿坝藏族羌族自治州境内。

③ 五次第：语远离、心远离、幻身和双运。

蕃，为年僧具智慧者顶增桑布（善定）[1] 传授了大手印要门部的教授，故而年僧亦获得成就，散入了光。由宇扎宁布任翻译，译出了后期译本心部十三部续。年僧隐匿了佛语传承，留给了洛追旺秋（智慧自在），将经书传承聚集于伏藏中，被邓玛·伦珠坚赞（顿成胜幢）掘出，亦闻习了佛语传承后，将彼等的诀窍传授给了节准·僧格旺秋[2]，故而节准亦获得解脱，成为光明幻身。由他次第传承给了杰瓦向敦（佛向大师）等，是名为《毗玛宁提》。白玛兰哲从伏藏中掘出了莲花教授“喀卓宁提”法[3]，赐予了活佛让炯多吉（自然金刚）和佛子勒巴坚赞（善幢）。前者如《应成续》中授记道：“由登地菩萨宏传至大海。”就是由他成办了传遍瞻部洲的事业，由智力发出了名为《羯磨宁提》的甚深法。后者勒巴坚赞传授给了遍智智美沃色，此师撰写了从普贤智力冒出的论著《上师央提》《甚深央提》《空行央提》《隆钦七藏》和《三安息》等正文和注释，造就了许多出色的继承弟子。总之，能将实体蕴身造成光明幻身的生“秘密宁提”的教法，就是那位出现为甚喜金刚第二名叫隆钦绕绛者普遍传播开来的。

（四）努大译师

《集密意经》等阿鲁教敕的四经和其道次第《集经》中的灌顶、解说、诀窍，《大威德手印威慑》为主的《阎摩德迦法》等无边教授，皆由升登发光地[4]、得成就者阿阇梨努·桑杰益希仁

---

① 顶增桑布：赤松德赞的经师。

② 节准·僧格旺秋：“节”是家族名，“准”即“准巴”，守持比丘戒律者的尊称。

③ “喀卓宁提”：译为“空行心要”，是宁玛派的最高法门。

④ 发光地：有光地或明地。菩萨十地之第三地。住此地中菩萨凭依定力，遍察无量诸法，为他人发出胜法光明，名发光地。

波切从印度的黑饮血与法王护尼泊尔的婆须多罗（龙持）和勃律的论师切赞益（大尹生）等处取来而宏传开来的，从此传出了益希旺秋等四心传弟子，特别是由身传弟子云丹嘉措（功德海）传承而宏扬。大部分诛敌神咒埋于伏藏。

（五）玛涅

《幻网经》《真实法》和《金刚橛法》为主的续部和修部的大部分经典，是首先由玛托仁钦（玛·仁钦乔）翻译讲解了《秘密续》，表明了精通，由许多得成就的阿阇梨以讲闻修证做了抉择而护持了教法。对此，公认的说法是，金刚乘的教法，首先为涅·般若鸩摩罗亲承，中间为努·桑杰意希亲承，最后为素尔亲承。大阿阇梨莲花生、无垢友、白若杂纳、宇札宁布等四大经典流皆集于涅·般若鸩摩罗一身。复次，解说正文的典籍流是注释和总义，耳传教授流是要文与直接传授，加持灌顶流是灌顶法和指点，实行成为事业流是护法和诛敌神咒。涅·般若鸩摩罗有八位名字带“班”（吉祥）的上首弟子，其中宿布·班季益希（祥智）将全部教授传授给了努钦·桑杰益希（佛智）。又有努·南喀宁布（虚空藏）去了印度，从得成就的阿阇梨吽迦惹圆满求学了《真实法》类，成就了无二智身。由他传出的《真实法》索派的诸教授亦流传至今。索·益琼（慧生）的弟子是年·益希乔（胜智），他的弟子是年·益希琼乃（智生），由他传出了拉杰大素尔[①]。复次，显然是吉祥萨迦派师将大阿阇梨莲花生传授给款·鲁益旺布的诸教授中的《真实法》和《金刚橛法》传

① 拉杰大素尔：大素尔·释迦迥乃（1002—1062）。宁玛派大师三素尔之一，在家居士而持梵行。传密典时，将《根本续》《自注续》《他人注释》和《修行法》等分别讲授。建乌巴隆殿，故又称乌巴隆巴。晚年又建卓普寺，弟子甚多，以养子小素尔·喜饶札巴为最有名。

持至今。另外，从拉斯郎氏族传出的有康巴廓恰（铠甲）、班季森格齐玛（后来的祥狮子）、沃差·班季旺秋(祥自在)、喀钦·班季旺秋、卓米·班季益希（祥智）、凝·班史(祥音)和纳囊·多吉堆郊（金刚降魔）等多人，皆为上述彼等阿阇梨所摄受，而且从出现为旧派的得成就持明传承的世系中出现了新派的大部分译师和上士。另外，在他们之后出现了居·班季循努（祥童)、绒宋·却季桑布（法贤)、拉杰大素尔·释迦迥乃、小素尔·喜饶札巴和密主卓普巴·释迦僧格等名谓素代祖孙三代美誉流传世间的无数氏族传承和弟子传承；从聂氏族中后来也出现了伏藏师白玛岭巴（莲花洲）至法王德达岭巴①的正统氏族沿袭至今；次第出现了结·帕巴班（圣祥）和大遍智曼隆的喇嘛结瓦；出现的绕·释迦维（释迦光）等绕姓的诸氏族传承和钦·释迦札哈的诸氏族士夫；出现的郊维琼（光生）和雍敦·多吉班（金刚祥）的氏族等出现了许多卓越美德绮饰而连续不断的成就者后护持了佛教。

（六）晚近出现的伏藏师

此亦如《集一切圣福三昧经》中讲道："于欲求无垢威严之法的诸菩提萨埵之矿山、山洼和森林中有诸所放，诸编成卷帙的无数总持和法门亦能到手。"和如《江河游戏经》中也详广讲道：

我的教法典，埋于心中藏，
或当作为金，何故外道徒，
鹜首扰乱义，是故不断流。

---

① 德达岭巴：(1646—1714)。本名白玛噶旺局麦多吉，译言不变金刚。宁玛派一喇嘛名。创建今山南扎囊县的敏珠林寺，著有佛教著述十三函。

就是邬坚大师（莲花生）授记将出现身的代替有缘士夫埋藏了语的代替上师伏藏与心间伏藏为主的十八种伏藏类，将心中密意付与了君臣三友[①]等有缘弟子，发了净愿和嘱托护法神祇守护佛法伏藏，故于后代时机成熟时次第出现了彼等的变化持明变化的上士年热·尼玛沃色和古如·却季旺秋二大伏藏师或名为上下伏藏、桑杰喇嘛[②]、多吉（金刚）、仁钦（大宝）、白玛（莲花）、热达（宝贝）、贡琼（遍护）、多额（显密）和丹尼（二教）等八位岭巴为主的许多具“岭巴”名者；仁增·郭季登楚坚（持明具雕翎者）[③] 等诸受用北藏者；杜堆女丹多吉（降魔具力金刚）为主的二十一位名为女丹者，他们开启了甚深的大法库和领受、解脱、圣物等的门扇，宏扬了具四大解脱法[④]的稀有事业。他们的法主及其继承者诸弟子和皆于恶世末期执持正法，在没有《律经》之教法的地方亦发扬光大密咒金刚乘的教法，使其不致衰落成零散杂乱，救度一切难以教化的众生的事业广大无间。据说绒宋班智达将密乘的语旨领受说成了七种，是阿阇梨莲花生、虚空藏、静藏和此班智达等主持了桑耶寺开光，而且说《阎摩德迦法》也大多从他获得，白若杂纳和无垢友曾参拜他两次，次第出现了努大译师等。

---

① 君臣三友：吐蕃赞普赤松德赞、译师白若杂纳和空行母意希措杰。

② 桑杰喇嘛：最初一位伏藏大师，11 世纪生于阿里错坝地方，掘出伏藏“三尊合修”、马头明王伏藏法等多种。

③ 仁增·郭季登楚坚：公元 16 世纪人，属宁玛派北藏法统，是阿里班钦之弟。

④ 四大解脱法：旧密大圆满本净观修教导法之一。解脱本智成为法身的四种方式：本来解脱、自我解脱、裸露解脱和边际解脱。

三、正说前译旧教的亲承过程

（一）总述续部的亲承之情

此中分三：诸佛密意传、持明表示传、常人耳闻传以及附则。

1. **诸佛密意传**，此中分三：

（1）本师宣讲之情。本师有法身和色身的两种建立，其中法身，就是在体相本净，自相错乱的客尘于基上清净，以“色究竟天”一词假立的法界实质菩提曼荼罗自现、不属十方地域而无亲疏偏颇之处，本师自然智之本质、本性远离勤事、一切佛之共祖、一切有寂之总德原始怙主普贤将一切有寂本来任运成就为现证菩提之体性的光明无遮隐无为[①]的密意，于无生灭变迁、不可思议之时自然显现给了眷属相显不灭而完全显现的身与智坛之海众，如是具有法身的五圆满[②]，除了只是以名称增益为法界空性童子瓶身[③]之功德部分外，无任何取为相者。色身，于诸色身之始自现报身，就是在法身界中的基相大本智的现分自然处密严刹土[④]，本师一切种姓之遍主起现为相好明显圆满的金刚持身，乃至四季平等（无差别）远离变迁，都在三时不间断地以超越名词自相之语，为五种姓群体显现为智慧自相、远离一异之戏论的眷属宣讲了法自性大圆满一切教法的精华真实的密意。由

① 无为：常、无为法。不从因缘生起的种种事物，即非实事法。

② 五圆满：法圆满、时圆满、师圆满、眷众圆满、处圆满。

③ 童子瓶身：旧密大圆满不共理论之一。外起之识回归于内，内在广大原始法界，具备自体显明、胜出因位、差异分明、分明解脱、不从他生、安住本位等六种特性之身及智海，即普贤意。

④ 密严刹土：色界十七天的最上层报身佛刹土。

于并非出现为所调能调，故是亦住于超出诸十地[①]菩萨之所行境界。由于在此状况中真正怜悯应化有情，所以在诸十地菩萨所见的他相中，是在中央密严刹土、东方不动佛刹土、南方宝严刹土、西方极乐世界、北方业遍成就刹土即五佛净土诸重叠的精巧光屋中，本师五部佛[②]的五相，为在一起的诸眷属授予了甚深三灌顶[③]，故而通达了所诠义续，为自利而成佛。此后由于为利他而求法，于是本师大发慈悲，以密意表示语和六种讲说的姿态，为住于补处位的诸眷属宣讲了控制内心方便乘的法门。此中六种讲说的姿态是，端身正坐、双眉紧竖、眯目微视、开启语门、从白螺皓齿伸出舌根而讲梵音。所谓“尔时住处之六佛放射，道治法门于不净刹土”。就是讲成了在彼显现半现报身法之时，于不净刹土六道众生[④]之三处所放射了共同住处的六佛[⑤]，由彼等六佛为心性不净和智慧低劣的诸化机显现并放射了共同道众之乘的无边法门，其他彼等时，由于威猛天、大威德、忿怒金刚等于诸恶毒的所化前显现为吉祥嘿如噶之相，所以是展示忿怒明王曼荼罗变化等随作调伏的无量静猛天的行相。在娑婆（无畏）等之圣地洁净类的色究竟天中，早在佛出世之前，是显现为与大报身相同具足相好庄严的佛后，为天、得成就者和持明的无量眷属讲说了引生集[⑥]的乘波罗蜜多和苦行明觉乘密教外三部[⑦]。

---

① 十地：大乘菩萨十地：欢喜地、离垢地、发光地、焰慧地、极难胜地、现前地、远行地、不动地、善慧地、法云地。资粮道十地。旧派密乘随类瑜伽所讲资粮道十地：变异不定地、能依因地、重要修治地、有学相续地、福泽所依地、坚固胜进地、缘境生果地、安住不变地、流布法性地、圆满周遍地。

② 五部佛：毗卢遮那佛、不动佛、无量光佛、宝生佛和不空成就佛。

③ 三灌顶：瓶灌顶、秘密灌顶、智慧灌顶。

④ 六道众生：天、非天、人、傍生、饿鬼、地狱。

⑤ 六佛：六种姓如来：大日如来、不动如来、宝生如来、无量光如来、不空成就如来和金刚持。

⑥ 集：积集众生诸业习气，指聚天等六趣同类同形之果，故名为集。

⑦ 苦行明觉乘密教外三部：旧派密乘说事部、行部、瑜伽部为外三部，由于如理行持沐浴、清洁等诸婆罗门苦行明觉，故名苦行明觉乘。

（2）弟子结集之情，由慧心显现为他相的诸佛是以表示使理解为唯所见的他相和从如鼓声和回声完全显现为音词所成的诸续，是秘密主金刚手、婆罗门是人颅者和空行母圆满永寂等结集的，列入“等”中的诸诀窍（要门）大圆满，是由补处金刚萨埵结集的，教敕阿鲁瑜伽[①]，是持明王古阇惹（黄牛）等将诸佛的身姿态、语符号、意密意等全部抉择为续的本性后，在隐蔽的持明之处结集的，诸结集者亦等同原始怙主之意大本智本能世尊秘密主的体性，所以除是佛与徒众无别、意趣同一性的状况中结集之外，不是其他常人结集的。

（3）佛法的托管之情，如是的诸甚深续部，是正式委托给结集者秘密主为主的菩萨密宗事部三怙主和一切生死轮回的主母一身具有许多不同名称的空行母以及业大自在母智慧空行母众，吩咐了管理，而且对诸具法眼的后代继承人也间接地做了授记而托付管理佛法，因为在《注释总纲》中讲道：“结集者妇女，瑜伽师智者。”若简略地讲说彼等如是所讲，就是本师与三身（法身、报身、化身）的因缘相属，密意等同一味，所以虽无所宣法和能宣者，但由于唯由本智之能一显现为正理，所以称作诸佛密意传。

2. **持明表示传**，此中分二：

（1）阿底瑜伽[②]之理，大圆满的教法，如云：

---

① 阿鲁瑜伽：旧密所说圆满次第阿鲁瑜伽。通达一切情器世界皆是本尊体性，本来大觉，无戏论边全不可得，方便生次法尔微薄，智慧圆次，以固、降、守、转、遍布之行修习风、脉、明点瑜伽，引生空乐无二之慧，入住明乐无分别境及身解脱。

② 阿底瑜伽：旧密所说大圆满阿底瑜伽。无为自然本智远离执著偏颇，故已圆满具足一切乘义，是最极顶；一切生死涅槃之法，皆唯自然本智游戏变化，别无其他；依于正观本采清净，任运超越之道，修习基位自然本智，四相获得究竟，即在基位得解脱果，是童子瓶身的永恒不变。

烦恼心强力量弱，业寿短暂教义先，
恶派篡改教精要，制伏不了修能弱，
尔时出现心分别。

就是由于当到了大密的佛法出现的六个时期之时，就到了分辨、决定、自我解脱[1]、现前开示和无功用阿底瑜伽乘[2]出现之时，所以随顺出现的四种殊胜梦兆，金刚萨埵[3]为三十三天之神提婆贤护之子森哈坚（具增上心者）授予了制胜的方便净瓶灌顶并给与诀窍，故流传于天界。此后流传于人间之情，是印度西方、邬坚国王达摩阿肖的公主扎哈热尼在海滨沐浴时一只秘密主、变化的天鹅将森哈坚收入咒字ཧཱུྃ（吽）中而吞入口中后，嘴唇触及了公主的胸间三次，一个发光的ཧཱུྃ便融入心膛，故于月份圆满时便从公主的胸间出现一只发光的金九股金刚杵，从金刚杵化成的光中一个绮饰相好与手印、口念《金刚心大虚空续》的儿童便出现，他就是超人上士化身甚喜金刚。金刚萨埵又正式降临授权，他领有了六十四千万大圆满续库，成为教圣，最后于原始大彻地融入光团时，将身后事交付给了大阿阇梨绛班协宁（妙吉祥友），而渐次降下了将列入“等”字中的室利森哈（祥狮子）、阇纲苏札（慧经）和无垢友将授权为不同等级的法太子的身后之事。大阿阇梨莲花生亦正式依止室利森哈上师，又参见了甚喜

① 自我解脱：密乘大圆满四大解脱法之一。自然本智从来未受任何对治之所造作，凡所显现皆如蛇结自解，不待其他能解脱者，故称自我解脱。

② 阿底瑜伽乘：又名最极瑜伽乘。旧派密乘九次第乘之一。入门，四明智力成熟身心；见，能观超出心法之明智性空为法身，自性光明为报身，大慧普遍为化身等三身自性；修，和合修习本净直指，任运超越而修；行，明现一切现分皆是法性游戏变化，安住无断无取，无所凝望而行；果，四种现分皆趋究竟，自在获有虹身往生最殊胜身、智慧师地、具德普贤果位，永恒不坏童子瓶身。

③ 金刚萨埵：金刚勇识。梵音译作缚日罗萨怛缚。密宗百部本尊之共主。右手当胸执金刚杵，左手持铃置左股上两足结跏趺坐，身色洁白，皎如皓月。

金刚的智身后示现了实体获得解脱，化作光团之情。此后由大往生金刚身乃至生死轮回成为利生事业，现在真正生存于莲花光佛土①，而且亦在说法。

（2）后二瑜伽之理，此中分二：

（2）1. 由非人的持明传出

就是在佛子菩萨眷海中，本师的变化密宗事部三怙主智慧主圣文殊、慈悲主观世音、威势主金刚手等三尊依次在天、龙和人之处，以主要宣讲见、修、行品的方式为妙称天护法、黑颈龙王和夜叉普贤等讲解了后二瑜伽之理，故于各自之处逐渐传出，而流传开来，天、龙、夜叉连同十万部群体一起获得了解脱，他们亦守持菩萨之状，成为佛的承祧。

（2）2. 由人与非人二者传出

就是佛祖释迦王示现了涅槃之情后，过了二十八年时，圣种五贤领悟到若出内正住定，世间灯便熄，遂以神变聚集于玛拉雅山天铁峰后作意十方诸佛，发出了“呜呼，好沮丧！佛灯之光若熄，由谁除世暗”等二十三句悲痛语，于是诸佛便策励秘密主，为此，遍主第六佛真正显现为秘密主之相后出现于色究竟天②、兜率天③、三十三天④等三天界中反复念诵一切有名的密续而宣讲。此中圣神五贤，就是妙称天、安止龙王、流星面夜药叉、慧方便罗刹和离遮族人无垢称等。二十三句悲痛语出自《集密意经》的第三品。如是秘密主所讲的一切乘，全被慧方便

① 莲花光佛土：噶举派和宁玛派谓阿阇梨莲花生的佛土为莲花光佛土。

② 色究竟天：四禅天之第八层即最上层，五净居天之一。生于此中诸天，已在色界最极胜处，自此以上再无有色，故为有色究竟天。

③ 兜率天：喜足天，梵音译作睹史多天，六欲天之一。妙欲资具胜于以下诸天，身心安适，且喜具足大乘法乐，故名喜足。

④ 三十三天：梵音译作怛利那、怛利奢天，略译作忉利天。佛书说须弥山顶有天世界，是八财神、威猛十一天、日神十二天、娄宿子等帝释眷众三十二天，加上帝释天王，共三十三位天神游戏安住处。

罗刹用吠琉璃熔液，于金箔卷帙上写成了文字后，以七种意想之力埋藏于虚空。此中七种意想之力，就是意想写薄金页圆满；意想用吠琉璃溶而写材料圆满；意想各种珍宝制成的箱箧容器圆满；意想虚空不为四大种[1]毁灭，故伏藏处殊胜；意想由于诸守护神和空行皆具慧眼，故伏藏守护者殊胜；意想法主国王杂有缘者，天资最聪、证悟解脱同时，意想登地的诸上士菩萨等获得成就，继承者兴旺。由于此等是依表示了解无余法义，所以称做持明表示传。

3. **常人耳传**，此亦与《律经后续》中所讲的

从此我不在，于年百二十，
闻名三天界，佛法正心要，
瞻洲东方隅，国王名杂以，
大福力所见，秘密主显现。

相一致，就是秘密主为圣种五贤说法的彼时，从其神力之相中萨霍尔国王杂梦见七种稀奇梦兆，即符合如讲的

身语意相没，大宝经函降，
于法做讨论，皆做正宣扬，
奉行大供养，珍宝降为雨，
授记为佛地。

的梦兆，首先获得一尊一肘高的金刚手像，由于依此修行了七个月，故于皇宫屋顶真正降下了十八部大怛特罗经函。由于得见

① 四大种：土、水、火、风。

《亲见金刚萨埵容颜品》的名句文身而修习，故而亲见金刚萨埵容颜，受得加持。由于以生起次第[①]净治了蕴身，故而秘密主示现容颜而灌顶说续，于是通达了义理后，依次传授与阿阇梨古古热杂、因陀罗菩提和斯哈热杂等而流传开来。与彼等同时，密教外三部渐次降于各处，即诸事续降于波罗奈斯，诸行续降于鸡足山和清凉寒林、诸瑜伽续降于尸林火焰山顶、诸阿鲁瑜伽续降于名为楞伽国的僧伽罗岛（斯里兰卡）。此道理的说法，说诸阿底瑜伽续亦在西方邬仗耶那国的一个邦达纳郭恰由金刚萨埵正式讲给了大阿阇梨甚喜金刚而作了笔记。佛尊赐给诸得成就的阿阇梨的诸续，从其他别处获得的也很多，所以密教的续部是无边的。由于彼等是凭依言词之声，由一个常人附耳传给另一常人，所以称作常人耳传。由于如是制伏了无边众生的一切虚妄分别，所以出现为所有法轮和乘门，彼等皆是从自性大圆满佛法的威力而引申，即如《吉祥秘密藏续》中讲道："身续语续和意续，完全遍布于十方，是从密咒中引申。"

（二）分说修部亲承之情

诸修部，是在处所色究竟天秘密殊胜的曼荼罗法源界的净土火焰山，本师大吉祥普贤金刚萨埵起现为寂静天坛和天成最胜嘿如噶起现为勇猛天坛后，于时间无始无终平等性的状况中以法尔金刚自声，为诸眷属出现为自证的群体讲说了金刚乘，特别讲说了汇集善逝的五总续、十别续和各自分支的无量修法第，所讲的诸续皆由秘密主金刚持在自己九堆坛中阐明后，首先结集成语，此后写成经函，作为注释又造了五篇经文后付与了空行母业大自在母，由她分成了一般续和特殊后，装进了各个镶着珍宝的箱

① 生起次第：为求净治四生习气，解脱凡庸见、闻、觉知之缚，现见本尊、真言、智慧本性而修习之瑜伽。

箧，埋藏于佛塔自在天重叠的塔瓶为主的诸处，总有一天从吉祥嘿如噶心中的九本智自相了知，由获得自然成就的九位大持明中除去莲花生以外的八位阿阇梨了知时间未到，以神变聚会后，于七天中住于证悟时，空行母业大自在母将铁箱付与了妙吉祥知识，将诸小箱分别付与了八位持明，妙吉祥知识亲承了大威德等各自的语旨，编纂了修法，故而精通了各个修部，获得了成就，证得了与诸部主无二之位。由于八位阿阇梨按照语金刚莲花生所讲的各自请教的修法而修，所以尤较各个阿阇梨高明，达到了成就的高位时，经空行母鼓励，请出了埋在佛塔自在天重叠之塔瓶的未启封的装有一般续的镶嵌八种珍宝的箱箧等全部本续、经文和诀窍，所以《本续总集》和全部语旨集于这位大阿阇梨一身，成为密乘大师，于三时中成办着等同虚空的广大利生事业。

第二节　解说分辨《光明金刚顶经》规的佛身与净土差别之理

一、原始怙主成等正觉后庄严净土之情

（一）法身成等正觉之情

就是在全不分成任何轮回与涅槃之前，由于主宰全部有寂的佛普贤将由法界的自然本智如来藏①原始基成为基位之相即此胜出基位的一刹那认识为自现，所以自然明智便在基位上自地解

---

① 如来藏：未离客尘位心所有自性清净的法性，即一切有情心中具有的谛实性。

脱，自然具足断证①和大心②称作有寂共主普贤，以远远超出因乘③者说成的于一切流转的界中住于寂灭的单空之理执受任运大宝壳、原始大彻地六大本净和童子瓶的胜境，住于成为一切外现的功德增长的所依或因，透明细微的本智融入而不昏聩如收入玻璃光中之状者法身的本性。

（二）由法身庄严广大自现净土之情

就是由彼法身的能力或神力自现，在五智④遍布的净土任运密严曼荼罗超越思议言诠的相境远离亲疏偏颇的无边虚空中，属于法身智的自现圆满受用身显现为五部佛的群体和具五决定⑤的本体而住于超出所化的所行境界、界智同体的广游戏变化。此后，由于在其他时不认识由原始基成为基位相的能力自身体性，故将于本无如梦错乱的因中现似错乱的无量众生界理解为变动后，大发慈悲，为了他们，故庄严净土，就是由自现报身的现分将五部佛大雪海身安立于无边虚空，在此虚空中的手印和轮等之间隙处的每一莲花和毛孔亦流出香水流大雪海，在如是界中之所有土、水、火、风等四大种之极微尘的一切间隙安立由佛的神力和众生之业而自现的广大净土圆形、正方形、长方形等大小形状不可思议的无量庄严。在法界和虚空凡遍及的那么多外遍满身语意功德事业和由彼等发生的净土与佛身，于恒常连续的轮中成为

---

① 断证：远离染垢，解悟功德，所有二障及其习气完全净治，如所性及尽所性智慧完全证得，即是如来圆满断证功德。

② 大心：证悟一切的智。

③ 因乘：以证得等觉之因三十七普提分法等为道用，故称显乘即法相乘或波罗蜜多乘为因乘。

④ 五智：大圆镜智、平等性智、妙观察智、成所作智、法界体性智。

⑤ 五决定：报身所具五种特法：处决定，永住色究竟大密严刹土；身决定，相好庄严圆满报身；眷属决定，唯有圣者菩萨围绕；法决定，但说大乘教法；时决定，住世乃至轮回未空。

利生事业，就是一位第一佛（普贤佛）的化土和行状，即是说从仅此最初时出现，和在仅此逐渐做的中圆满，其边和际是不能度量的。上面刚讲的彼等，也是将佛三身之相承许为净土的三种差别：在法身之时是名为光明金刚藏净土，在自现报身之时是名为梵天鼓音净土，在化身之时是名为大梵天劫。在仅有发端大的彼等净土的微尘中亦有元始怙主（法身普贤佛）的变化出现于三时，所有微尘量的广大诸佛和列入“等”字中的广大有情类亦有那么多，四大种和一切虚空周遍之量皆包括在此大梵天劫的范围之内，彼中诸不净的有情死殁与生存、诸佛般涅槃、佛教住世与泯灭和修道等备受各种苦乐的感觉之情现似梦境，在如是每一微尘之上亦有山川、岛屿和大海等无量刹土，不仅如此，而在一尘之上的彼世界的一微尘亦无量有情类，是由善逝的变化、诸菩萨净治刹土的誓愿大力、诸有情的幻觉造作众业和由法性普遍发生等因和缘而最极会合，由于法界本来有过世俗，所以实际是本无见有[①]，故堪能如是显现。由此看来，元始怙主普贤佛的所有一切行状是包括在此等刹土的范围之内。

二、彼的变化金刚持于此刹土获寂静之情

（一）正行

就是为了从彼净土教化此刹土的应化有情，第一佛普贤以善巧方便的大变化显现了犹如平常人发心后展示了佛教徒之状和行的游戏变化。从此上溯到无量劫以前，在名叫自然庄严的净土中，第一佛的变化向大美花佛敬献了一只金质金刚杵后，首先发

---

① 本无见有：对境实际无有，或不成实，但在暂受惑乱外因损伤之根识中明白显现，如见一月为二月之无分别颠倒识。

了最胜菩提心，此后示现了依次经历受生之情，此亦是从第二生变成了施主善施之子珠鬘持后，从佛善用轮闻习了法，此后变成了名叫电光之子称作婆罗门童子善施，从佛喜慧闻习了法，于七年中坐修了禅定，最后于年届七十五岁上示现了大宝蕴身于名叫庄严的山峰成等正觉之情，于一个大劫中住于法身的作意。

（二）殊胜行

就是从彼净土中一切受用圆满之身天然生成庄严与颜色之轮，在即此状况中自然安立了无数五部佛的曼荼罗云和从现分出现为相和随好圆满的金刚持身，就是从敬献发心的所依金刚而发生。彼等亦是于身语意无尽庄严轮的三十六种行获得自在，就是宁提的一种说法，彼等行亦非所作能作之行，是自现为功德的体性和能力。实际上如上面所讲，除了只是第一佛之方便善巧的幻化外，无所不同，宣讲大部分密教续者是金刚持，宣讲绝密宁提的甚深金刚要义者是普贤，此外，以圣无始第一佛和金刚萨埵等许多不同名称所讲的是显现为如海百部坛城轮之怙主身的轮怙之身，即如《摄证论》中讲道：

菩萨无始无终极，金刚萨埵名大乐，
一切之主普贤佛，金刚藏是主尊主，
虽因无始无终极，亦称认谓第一圣，
既是一切轮之主，故是最上正自在。

三、由彼显现二色身[1]的变化之情

（一）解说报身

此亦如佛密的《道次第论》中讲道：

> 任运智慧圆满自现的，净土无量宫宝座庄严
> 皆是显现为众多光辉。

即此住于透明法性状况中的大法身，犹如水晶内五色光缘于日光而明显，自现的境增长为通明的本智之现分——无量佛身与净土，是于受用处变化的庄严，名为半现报身，在大日如来大雪海佛的手心长出的莲茎上的诸莲瓣和蕊头各有二十五净土住于重叠，从大日如来两腿结跏趺以下流出无量香水流，于每一香水流亦各有六十净土，在彼诸净土中，于具五决定的五部佛广大的相和随好的本体恒常的曼荼罗罗列了数不清的受用，这些便是本智大雪海佛的净土和身庄严——大报身的事相。在彼等一尘之上有浩若烟海之微尘那么多的净土也不相违，而将遍布广大无边净土等无边幻化金刚音乐了知为秘密不可思议之处，即如《秘密藏续》中讲道："以将三千世界装入芥子法，从法界中迎请曼荼罗供养。"统治彼等净土的佛彼圆满受用身亦具有七种特性：年寿达到真如性；功德不求而任运成性；本智远离中边性；虽然领有果，但不显现自身体性性；虽然证得平等性，但远离所行处性；远离一异性；三时不即不离性。即此任运成为七性的圣人（佛

---

① 二色身：由于有缘福德资粮究竟圆满，面对一切净及不净所化众生应现利他有贪报身及无贪化身的两类身形。

的异名)，因应化有情的缘故，由显现为身语意的各种相的状态分增长为相与随好的形象。彼亦是由佛的四智[①]开发的能力庄严了外相好、由清净的脉轮分庄严了内相好、由精液清净的“菩提心”分庄严了密相好，即为饰品殊胜的绮饰和本性所庄严。由于无漏五蕴[②]自然清净为五如来父体、五大种[③]自然清净为五如来母体、眼耳鼻舌等四根自然清净为地藏等四内心、色声香味等四境自然清净为媚等四姿态、见闻嗅受等四种自然清净为爱等四外心；四季自然清净为供花女等四女神、触能触所触触识等四种自然清净为四忿怒明王、常断我相见等四种自然清净为四忿怒佛母，所以无边的轮庄严便显现为坛和轮的形式。即如《秘密藏续》中讲道：“自证无中无边坛，四智放射是轮状。”和如《注释总纲》中讲道：“于究竟果色究竟，所住是坛与轮状。”彼等亦是佛自现的一切种智的本体幻网菩萨的游戏变化随时随地显现为净土和一切宝座等，而且每一根亦能做一切根的所作，是因为，由于智能不灭，所以遍布于无边法界，即在《狮子全勇经》中讲了

> 普贤佛面关照于十方，普照普贤佛身无前后，
> 目能完全观看满十方。

由于彼佛的境（所知）纯属佛的自心，所以亦超越诸十地菩萨的所行处，即是自相基位大光明的清净观分成为广大无边轮的情器世间，除了等同纯粹梦境外，丝毫也不成为质尘[④]自相。

---

① 四智：大圆镜智、平等性智、妙观察智、成所作智。

② 无漏五蕴：戒蕴、定蕴、慧蕴、解脱蕴和解脱知见蕴。

③ 五大种：土、水、火、风、空，即组成人身等的五种物质（元素）。

④ 质尘：由地、水、火、风等元素极细微尘所构成的物质基点。佛书译作蕴、依事、余依、有执、尘。

前后所讲此二大报身，也应当了知所依处和现分的差别。

（二）解说化身

1. **一般化身**，此中分三：

（1）自性变化，界相即此大报身佛，犹如影像映在晶石上，于稍许清净的化机诸十地菩萨显现，就是佛如来形色之王等五佛广大相好的本体者无量静猛姿态之身为自性、妙喜、具德、莲积和业极成等五眷属观察宣讲诸法和为了对治化机的五烦恼[①]，故以殊胜五净土、五身[②]、五法和五智等大转不可言诠、不可思议的法轮，由于此佛属于圆满受用身和眷属属于他相续，所以《日月和合广续》中明确讲了称作半现自性变化。

（2）调伏众生变化，在即彼的状况中调伏众生的化身，是为了在无余世界使众所化完全成熟，故而善巧无量方便，于是以不可思议的变化方式，一时在一切广大无边的十方世间示现了十二行[③]之情，就是殊胜化身，彼每一变化亦是于不同六类所化的根识而变化成随顺各自之种姓的能调者明智士夫六仁能后，成为不同六趣[④]的利生事业，即在《幻师论》中讲了

在天界是帝释怙，若非天是非天王，
人是降魔释迦怙，于饿鬼处是焰口。
走兽说成是狮子，在地狱是阎罗王。

---

① 五烦恼：五惑——结、随眠、缚、随惑和缠。

② 五身：法身、报身、化身、自性身、不变金刚身。

③ 十二行：十二宏化，十二相成道。化身佛示现一生经历的十二件大事：兜率降世、入住母胎、圆满诞生、少年嬉戏、受用妃眷、从家出家、行苦难行、趋金刚座、调伏魔军、成正等觉、转法轮和入大涅槃。

④ 六趣：六道众生——天、非天、人、傍生、饿鬼、地狱。

如是能教化所化的方便差别，亦是由大福身教化，由真实意教化，由不可思议神变教化，由智慧语教化，即以四种教化的大神变诸殊胜化身而正式出现，诸其他化身，也是间接出现，或者出现为相似者后而教化众生的。

（3）各种变化，由彼等化身之能力或神力发生的各种变化，是诸所有成为凡大饶益诸有情的本体，即是变化为由自性和行①发生的色身、精舍、林苑、神殿、荒漠和出现为如意树、如意摩尼、舟船、桥梁、大车、衣食、药物等色法（无生物）、饥荒时的大鱼、为病所逼时的海生虫、罗刹洲中的聪慧罗刹和泥泞中的金蜂等种种不定的形状和生的变化，即如《大方广总持宝光明经》中详广所讲。彼诸后者饥荒时的大鱼等是区别于金刚持制定的所谓大梵天劫。

2. **特殊化身**，一种大圆满不共的化身的说法有二：

（1）解说正化身，区分化身的别体，若按一种大圆满不共的说法，就是在此贤劫中，从人寿无量至百岁以上，是由圆满受用身的现分出现为十二化身，此亦是在初劫中，于处所名为兜率重叠本师是光明童子不可思议的正士，眷属是一千佛，教法是一切之本《声应成》，结集者是天子欢喜自在，助伴是天子极光明太阳，时间是在诸有情年寿能到无量之时；在处所娑婆世界本师是幼儿不动光，眷属是二十万空行母，教法是《身语意功德事业续》，时间是在人寿千万岁之时；在处所温湿聚集光堆本师是吉祥救难意，眷属是六十万菩萨，教法是《根除轮回续》《孔雀交颈续》和《吉祥四大种穷尽续》，时间是在人寿十万岁之时；在处所形成发生于胎中出现本师是童子娱乐游戏，眷属是一千夜叉和罗刹，教法是心部五本续和六分支续，时间是在人寿八万岁

---

① 行：使心造作活动的作用，即行蕴。

之时；在处所耆婆花园本师是第六佛金刚持，眷属是七代佛等，教法是六波罗蜜等，时间是在人寿七万岁之时；在处所大密游戏尸林火焰山本师是童子具力勇士，眷属是七位具云力的菩萨，法是《父续》《母续》等许多续，时间是在人寿六万岁之时；在处所具汝鲁声的罗刹洞窟本师是仙人忿怒王者，眷属是一千万罗刹，法是十部《大毗奈耶续》，时间是在人寿万岁之时；在处所灵鹫山王宫本师是阿罗汉金光圣人，眷属是无量具神通的圣声闻，正法是无量成万《毗奈耶》，时间是在人寿能到五千岁之时；在处所粟特璁眉茂盛的菩提树下本师是悲变的智慧，眷属是诸第八地的菩萨，法是宣讲了七部小续等，时间是在人寿千岁之时；在处所灵鹫山本师是饮光长老，眷属是七位具寿（佛家师长称呼弟子时的敬称），正法是宣讲了经藏、事部和八万教敕阿鲁瑜伽法，时间是在人寿五百岁之时；在处所金刚座菩提树下本师是父亲现觉王，眷属是密宗事部三怙主，法是只宣讲了了义，时间是在人寿三百岁之时；在处所太子祇陀林给孤独园本师是释迦牟尼，眷属是四众弟子，法是大转了四谛[①]法轮苦、空、无我、集、因与缘之相、道、应知、应证、应断、静和妙等十二次，时间是在人寿百岁之时，即是在十二如是不同处类中化身出现为十二位本师。由于彼等亦是净治诸众生之五蕴[②]的具足五圆满的体性者出现为十二次，所以总起来就成为六十不同法门的本体，事业之数，遍智隆钦亦结合差别讲道：“身的十二行，所谓在十二不同处所本师变化成十二不同的身色和标帜后出现来成为十二不同类化机的不同资粮无量利益十二不同事业之行，就是凭

① 四谛：释迦牟尼初转法轮所说总结一切生死涅槃、因果、应取舍事之四圣谛，即苦谛、集谛、灭谛、道谛，此四法，于圣智前确实谛实，无错乱故，名四圣谛。

② 五蕴：佛教认为人身并无一个自我实体，只是下列五种东西集合而成，即色蕴，指组成身体的物质；受蕴，指随感官生起的苦、乐、忧、喜等感情；想蕴，指想象作用；行蕴，指意念活动等；识蕴，指意识。

依身的威光，身所说教出现为增长之义。所谓在彼等身之时，语脱离十二不同法轮之行，就是语所说教出现为增长之义。所谓在那么多语之时，由十二不同心意脱离诸不同类众之十二种分别之行，就是意所说教出现为增长之义。一尊决定如是教的化身须具备九十六法门，具足彼等者，是称作教主；若未具有，佛出世是称作零散的教，彼等亦是从往昔的发心而获得。”

（2）解说佛教的三生，就是在与彼等变化的同时，三身所说教的大生自然显现为身语意的变化来成为利生事业，即是在此瞻部洲法身所说正教，就是由大圆满的神力自行发生百来个珍宝，从此等珍宝，所生的满手粗的“金刚手”；报身圆满受用的正教自然教，就是由等同子的神力自行发生一百零一珍宝，从此等珍宝所生的发出法性自声的四指高的经函；化身，就是由十二本师的神力自行发生一百珍宝；从此等珍宝自行所生的等同众生身量的色身。由于彼三者是无为，故无生灭而由神力自行发生，所以神变和功德无量，既是能使于世间已出现和将出现的诸佛化身的身语意所说教增长的所依，又是由见闻触使实体（既有形状又有实物者）成为自散之事业的主宰。由于那三种如是的生跳于以光明金刚杵光随作伏的化机所在的彼处，所以现在仍住于此刹土，如果未来跳到其他刹土，在此刹土大圆满的教法也就不出现。复次，此刹土最初形成时，佛教的三生是住于名为北方谄洲①。由于本师光明童子正士出现于此刹土时，是三生跳于此刹土，以身语意所说教教化之时，所以是住于不同之处，而在身所说教之时，“金刚手”是住于邬坚国海岛，能发生光、声和具比丘神变的无数变化；在语所说教之时，是于玛拉雅山金刚手大势至之处，为夜叉王等所礼拜；在意所说教之时，是住于金刚座上

① 谄洲：亦作小行洲。梵音译作舍摭洲。西牛贺洲北方岛名，八中洲之一。

方的虚空。经函，在身所说教之时，是住于金刚座上方高出五由旬的虚空，为诸空行母所执持；在语所说教之时，是和色身与“金刚手”住于一起；在意所说教之时，是住于极忿怒仙人的洞窟。色身，在身所说教之时，是由即此的神力和正身、化身、再化身等住于一起，是由彼等完成面容。在语所说教之时并不一定，是住于周游世界，成为一切人天之殊胜身体供养之处，一旦佛教遭到损害时，便身发光、口吐ཧཱུྃ（吽），眼生智火。意调伏的教时，是在三十三天的诸天之无量宫金刚手大势的重楼屋顶为名为平等性大吉祥佛所礼拜，住于广大神变之本体。复次，从人寿无量至能到千岁时以内，是身调伏的教，期间有三千五百年；从此至人寿七十岁，是语调伏的教，期间是一千五百年；从此至人寿十岁，是意调伏的教，期间是五千五百年，此等人寿，是以彼教调伏的年数，不是一般时间的长短。此中人寿超过十岁后，三生依次跳于南方具美庄严、北方广妙护、西方顶髻音等，彼等一切处亦有七出现期，七不出现期，即因十期轮流，佛教成为兴衰。此中七期，是名为坚实时、圆满时、大圆满时、二分时、三分时、斗诤时和大斗诤时。在彼等时的期间衰落，是不出现期，经中讲成了黑暗劫。在彼等刹土中事业完毕后，于金刚持制定的大梵天劫中所有一切皆于原始地获得解脱，情器世界空后，三生也就消失于法尔状况之中而不见，复又从化机界中显现和由变化庄严大梵[1]，这三生亦自行发生等，唯是于恒常轮中成为利生事业。复次，三身各有刹土身语意，彼等四种各有内外密三种，将每一种分成各四种的行是三十六种，共有一百零八行。在报身大日如来手心长出的莲蕊有无量土重叠成二十五层之状，在第十三

① 大梵：大梵天，初禅天之上层。体态美好，所有善根、威德等皆于其下二重梵天，故名大梵。

层大日如来胸前有此娑婆世界，故成为自性大圆满发生的分际等有成住坏空①的许多差别。在世界形成后，水风的天女等世间轮回的诸有情之意进入大宝芙蓉树，由从此树向十方发出莲花语声而鼓励，前生的无色（形）堪成熟的识住于所取②分的种子随眠（潜伏），当现前时其识就成为由三摩地变化的身后，由于非有非无等三界③渐次增长，所以无记④的法界本智现在亦在变动，因此就有众生临时错乱发生等众多不共的说法，唯当从遍智法王的经典中了知。

四、附则：其他说法的根由

是向·堪巴尼奔（智者十万太阳）和工桑智美沃色（普贤无垢光）详细解释了要门大圆满《阿底瑜伽续》的根本《声应成》《阿底大庄严》和《如意树增长广续》等的宗旨，所有晚近的前译智者随行如是解释做了解说，此中佛身与净土的论述，就是按照他们解说而讲说的。此外，出现的所有一切持显乘的诸巨经典、《金刚萨埵幻网经》和《出世五修部》等之说法的智者的稍有不同的主张既然无边际，所以不能归摄为一种，若欲了知，当从各自的论著正文和注释中了知。

---

① 成住坏空：世界首先形成，继续存在，最后坏灭，然后空无所有，是为一劫的四个阶段。

② 所取：外境、对境，引发感觉的事物。佛书所说色、声、香、味、触、法等六境或六尘，均是外境。

③ 三界：欲界、色界、无色界。

④ 无记：就其异熟而言，不成其为善或不善，从而可以平等取舍的事物，如一切常法、器世间，及有情所具五种根识等。

第三节　解说法相因乘的共同建立

解说彼相因乘共同的立，首先讲说因位三法轮的建立，此亦是能仁殊胜化身首先依次转了因乘的三法轮：初转四谛法轮、中转无相（无性）法轮、后转广分别法轮。

一、初转四谛法轮

为因本师凡初转法轮，都是观察了完全不净的有情界后，以无常、不净、苦、无我和不可意（难看、可厌）等厌离之语策励后，使舍弃十分贪恋轮回的心，所以成立为堪见胜义谛①，故成为大乘的道阶。就是本此意趣而在处所波罗奈斯降落仙人鹿野苑，为眷属五比丘②三次念诵苦、集、道、灭等四谛后宣讲了法理，就是小乘声闻独觉之藏四阿含③。

二、中转无相法轮

本师凡转中法轮，并不被转了那么多初法轮中断如来的精进，而是为因在彼之后以一切法皆是空性、无相和无亲的广大道

---

① 胜义谛：第一义谛，二谛之一。佛家四派对此有不同的说法：有部师说事物虽已破灭，或虽经分析仍不排除觉其存在者为真谛，如无方分及无时分二者；经部师说不待名言臆测假设，其本质即已存在且能经受正理观察者为真谛，如诸法自相；唯识师说观察实质的智慧所能察觉者为真谛，如圆成实；中观师说直接现量在内心与外境合二为一的情况下所觉察者为真谛，如空性。

② 五比丘：贤者五人。释迦牟尼成道后，于六月四日在波罗奈斯降落仙人鹿野苑初转四谛法轮，闻法自证近圆得阿罗汉果的五比丘：阿若憍陈如、頞鞞、十力迦叶、摩南拘和拔提。这些都是梵音，依次译为火器、调马、走汽、大名和小贤。

③ 四阿含：《中阿含经》《长阿含经》《杂阿含经》和《增一阿含经》。

理之语使理解佛理后破除了我执，故能破除一种戏论，通达差别胜义谛，所以是大乘的正道。就是本此意趣，故在王舍城的灵鹫山等处以自性极无的离言绝思、广大真如之理，主要为诸菩萨比丘宣讲了从色至遍智的诸法，就是大乘菩萨之藏，即广品《般若百千万颂》与《般若十万颂》，中品《般若二万五千颂》，略品《般若八千颂》等，以及从彼引申的，当知为多得不可思议。

三、后转广分别法轮

本师凡转末法轮，并不被转了那么多中法轮中断如来的精进，而是为因在彼之后以不退转的轮语和三轮遍净①之语使彼等有情进入佛境，故而破除了有无等见的一切所依后，正式宣讲非差别的胜义谛，就是大乘道的要义。就是本此意趣而在摩那耶山、金刚座和广严城等处，不定时地为主要化机众菩提萨埵将色至遍智的诸法精确地分成遍计所执性②、依他起性③和圆成实性④等三种，抉择为基、道、果之理后详广宣讲了如来藏的实性，就是《百千万品大方广集经》《华严经》《楞伽经》《大乘密严经》《大槃涅槃经》和《解深密经》等。复次，诸有部师承认凡经教法轮皆是见道，经部师则承认见道、修道和无学道三者为法轮，大乘师是承认所有五道为法轮。

彼因乘若以宗论而分，有两派：声闻独觉小乘和菩萨大乘。

---

① 三轮遍净：大乘菩萨证得第七地时，印证对境、能作、所作三者全无自性，名为三轮遍净。

② 遍计所执性：自取分别心所增益之假有。于一切事物遍起计度之意识，虚妄执着人、法，增益为我、我所及名言等。

③ 依他起性：依他因缘生起的实有事物，是遍计所执假施设处赖耶识，性属三界倒分别识，体为实有，于妄情中从因缘生。

④ 圆成实性：胜义中所有的真实法性。假有应破遍计所空的无为法，远离二取清净无分别智所缘而外别无所有，是圆成实。

声闻独觉小乘又分两派：分别说一切有部和经部。

声闻分别说一切有部承认一切所知为五事：色法、心法、心所法、不相应行法和无为法。其中色法，是说极微尘聚合的本体粗分（宏观的）事物，一经破灭或正常智慧排除，便觉执为彼的心是堪能舍弃的法，就是世俗谛的性相，一经破灭或正常智慧排除，但执为彼的心不能舍弃，就是胜义谛的性相，即如《俱舍论》中讲道：

经彼智排除，觉彼不存在，
是他胜义如，瓶水世俗有。

这是承认世俗谛虽于胜义中无，但为谛实有，因为承认一切事物皆是谛实有。心法，是说由带意的五门识①明见外境。心所法，就是承认由于心和想等一切五十一种心所主要和识一起随境而转，故是依于相应的所缘、相应的观察、相应的时间、相应的所依、相应的实物，由根观看外境，于是识便通达外境，心所亦通达外境的差别，所取能取便同时产生，所以是承认除了是心和心所了知外境外，不存在自证。不相应行法，就是承认等至②等和名词文字三时实有，就像瓶于瓶的过去时有，于未来时亦有，于现在时亦有一样，只造作业亦不失坏而实得。无为法，就是承认无为法虚空、择灭③和非择灭④等三种，道谛及其属品、意识及其属品等是无漏⑤，诸其余者为有漏⑥。

① 五门识：依于五种根门生起之识，即眼、耳、鼻、舌、身识。
② 等至：心一境性，心本善想转。又译作三摩钵底，平等安和。
③ 择灭：无间道对四谛分别抉择所证得之离系果，如见道所断苦谛等四种择灭。
④ 非择灭：对所遮法阻止其未来复生，为离系以外之灭。
⑤ 无漏：不问作为所缘或与之相应，均不增长烦恼之法，如道谛及灭谛等。
⑥ 有漏：一经作为所缘即能增长烦恼的事物。

声闻经部的主张大多和分别说一切有部相同，差别是，经部承认说："有部承认为的色，虽是无表色[①]连续断心等，但由于依色出现，所以不承认色只是假有和三时亦实有，承认诸根是识的增上缘[②]和承认诸境亦为能给识以相的所缘缘[③]。缘心与心所的所依五门识和心所生法[④]色等境，虽然不见色、声等外境，但如镜子能给以和自己的面容相同的相一样，由于在现在的一刹那前是由暗中的能给者给予了色等的境相，故是在现在的一刹那间出现为色等彼彼之相，由于在彼一刹那的未来时，在现在的能给者的外面给予了相，所以识便出现为外境之相而见为境，因此所取能取就成为有境，给此取名为悟境，即在《定量论》中讲了'领纳相似者，遍称觉外境'。感觉虽是识的本质，但由于能给相者，外面无有，故是错乱，心识能明白领纳一切——自证者[⑤]则不错乱。"又讲道："诸不相应行[⑥]也只是色、心和心所的时位，不承认是异体，三种无为法犹如石女之子，是无定有。"如是种姓已定的诸声闻独觉由于行为遵守了任一八别解脱律仪[⑦]和于四谛各修了无常等四项，所以通达了补特伽罗为无独立实体的我，由于熟习即彼，所以如果彻底修了五道，就能以修道金刚喻三摩地灭除三毒[⑧]及其种子和非染污的无知障二者后，以惩治的

---

① 无表色：不是显然可见的内外有形事物。

② 增上缘：对于生果能增强势力，如眼等五根对于生起自果眼等五识能增加效力。

③ 所缘缘：能使心识成境相，谓缘声、色等外境而后生起心识，各所缘缘。

④ 心所生法：心王所生，从属心王，随心王之主作用而对境生情者，如贪瞋等。

⑤ 自证者：自悟者，了相识。心识自己领略自己或明察自己者。如于见瓶之眼识上，所有自己领纳自己，心境不二或无自境相状之识。

⑥ 不相应行：不与心法同时而起，如补特伽罗及时间等，不与心相应，但与各自时位现起造作。

⑦ 八别解脱律仪：男女居士两种律仪、男女沙弥两种律仪、正学律仪、男女比丘两种律仪和近住律仪。

⑧ 三毒：贪、瞋、痴三种烦恼。

方式断除得绳[1]，证得有余无余的阿罗汉果。诸独觉由于给四谛和无常等增加了十二缘起之理而修习，所以修道的方法总的和前者声闻乘人相同，但是，诸凡声闻乘人承认断除能取——人我，又承认所取——境的事物无方分微尘为胜义的，诸独觉乘人则承认外境欺诳，除了只是心的感觉外，于胜义中不真实，但承认内能取的识为真实，这一点是和唯识派相同，即如《现观庄严论》中讲道：

事境分别断，未断能取故，
麟角所依道，正等摄应知。

由于如是在上品资粮道[2]以下，修习了无我后，于一座之上证得了加行道暖位[3]至无学道[4]，所以由于根器利钝的缘故，是将声闻和独觉二者分成不同的乘，而意乐（思想）和证悟类则无大的差别，所以藏（经论）也是同一。

大乘菩萨乘亦以宗论分成两派唯识派和中观派。

唯识派，就像经部否定有部所承认的识，若以时分和方分微尘来观察则不得一样，实际上触摸不到，而且暗中的实体也只是立宗而已，因是之故，如《三摩地王经》中讲道：“诺，诸佛子，此三界是唯心。”由于承认一切法为只是心的现分，所以取名为唯识论派。此派也随从末法轮的经教，承认一切法是遍计所执性、依他起性和圆成实性等的建立。若也分遍计所执性，则有

① 得绳：十四种心不相应行法之一，毗婆师说为使有情身中获得某一事物的一种实法。

② 上品资粮道：三品资粮道之一。修四神足，今生定入加行道暖位。

③ 加行道暖位：最初生起见道智火的预兆，犹如发火点前的温暖象征。四加行道之一。

④ 无学道：三乘各自应得究竟断证功德或已证得声闻，独觉和佛果者。

差别遍计所执[①]和相成就遍计所执[②]两种，前者由于是假立名言，所以作为诸法的自性或差别，假立为名称和记号，实际上是在本无中由心增益（虚构）的那些，后者是如二我。依他起性也有两种：不净的依他起和清净的依他起，前者清净依他起就是诸法缘生，即如经中讲道："是由无明缘生行。""能生唯此大苦蕴。"就是诸属于有漏五蕴[③]者。后者清净依他起，就是最极清净的诸佛之身、本智和净土等。前者既然由业和习气的他缘而发生，后者既然由离业障力的缘而发生，所以是如是假立的。圆成实性亦有两种：无变异圆成实性[④]和不颠倒圆成实性[⑤]，前者无变异圆成实性，就是实性的外境法界无变异自性光明的实质，即在《大乘密严经》中讲道："以阿赖耶[⑥]词，观察彼实质。"后者不颠倒圆成实性，就是说成了由于彻底修了无漏道后，正果就是清除了阿赖耶上的染污及其分支，所以即彼实质便不颠倒而现前。若分此唯识派，有实相唯识派和假相唯识派两派，前者实相唯识派承认如执为青色的眼识见青色为青是成立的，后者假相唯识派承认见为青色等一切，于外境和心二者之本体中皆无，是无明的习气给增益后如是显现的，除是心沾染了无明的识，非是异体，这一点稍许高出前一派。若分此派，有二取（所取能取）数量相等派、交杂不二派和破卵各半派等三派。由于以境和识二者来分，所以两派不同。假相派也由于承认心的本体沾染和未沾染无明的习气，分成了有垢假相派和无垢假相派两派。二取数量相等

---

① 差别遍计所执：遍计所执性之一。思维分别中现起的概念和现见的无有等。

② 相成就遍计所执：两种我执虽非客观存在，但依内心分别，假立其外境为有。

③ 有漏五蕴：色蕴、受蕴、想蕴、行蕴和识蕴。

④ 无变异圆成实性：圆成实之一种。虚妄事依他起性，虚妄遍计所执二者皆空，所得无遮之无为、真如，即无我、空性。

⑤ 不颠倒圆成实性：圆成实之一种。所取、能取二者已空，下余无二真谛实有自证慧分。

⑥ 阿赖耶：收摄处，储藏处。

派，有八识[①]论派和六识[②]论派两派。交杂不二派则有承认六识派和只承认心识派两派等由于差别，别派成了许多。此唯识派虽略高出声闻独觉乘，但未如实通达圆成实胜义谛，因为唯识假相派和唯识实相派两派虽然都通达外境之相为无实，但又承认无二智[③]自证自明为胜义谛和圆成实。

中观派，此派分两派：粗分外中观无自性派和细分内了义大中观派。

粗分外中观无自性派亦分两派：中观自续派和中观应成派。

中观自续派，由于有部、经部和唯识等三派堕入了实执之边，所以未从执著的戏论中退出，而此派由于承认了一切法是不堕入任何二边的中道性，所以是中观。复次，诸凡承认一切法于世俗心错乱的识中有，于胜义心不错乱的明智中无者，就是中观自续派的主张。若分彼，则有显现又有作用功能者是正世俗，显现而无作用功能者是倒世俗两种。胜义也有两种：承认苗芽不从自生等排除一种戏论的是差别胜义，承认苗芽不从自生，也不从他生等排除四边[④]之戏论的是非差别的胜义。性相，以能观察的智慧能破除者，称做经不起伺察，是世俗的性相，以能伺察的智慧不能破除者，称做经得起伺察，是胜义谛的性相。由于如是将有法一切世俗的现象无所破通达为无，故能了知无实有为无，所以外境和所知的事物二者皆空，就是承认只是一种不分成任何有无之增益的本智，即如《略释》中讲道："是以各各自证智。"等，以及所破能破的正理，亦由于观察因是以金刚屑、观察果是

---

① 八识：六识加上染污末那识和阿赖耶识，共八识。

② 六识：眼识、耳识、鼻识、舌识、身识和意识。

③ 无二智：远离常断二边的心识。

④ 四边：谛实实有为常边、名言亦无为断边、谛实实有名言亦无二者俱有为有边、谛实实无名言当有二者俱无为无边，即有边、无边、亦有亦无边和非有非无边四。

以破有无生、观察俱是以破四句生[1]、安立非遮[2]为因（能立或理由）是以大缘起，安立无遮[3]是以离一异等这样的因和正理而成立，所以不是非遮肯定所立幻化等，而是成立唯破除实事的否定无遮，即将明智比量的自性无生如虚空远离戏论当作胜义谛的性相，就是中观自派主张。由于此派成立为胜义中无，世俗中有，故有常断之过，虽然通达由心观察的明智之离戏唯是无遮，也不符合低劣之义，而且破除戏论的明智也未超出戏论的分支。

中观应成派，是以心错乱和不错乱二者的差别而分谛（真理、真实）为两种，即在菩萨圣者的根本定和佛的遍知一切种相的智境中没有任何显现为知与所知、境与有境[4]的能取所取，就像因未入眠，故不见梦境一样，即如龙树论师，讲道：

譬如因入眠，若见男和女，
无量宫等处，醒后彼不见，
如是世俗智，有别于慧眼，
离眠觉醒时，无知全不见。

有境，本智的涉入亦称做寂静，何时心和心所生的一切戏论中断而停止后，那个住于远离一切言说思议的法界大寂静之灭的者，是称做心不错乱的法性，即将月称所讲的

① 四句生：四边生，即多因生一果、一因生多果、一因生一果、多因生多果。

② 非遮：遮遣之一种。认识自境之心或称述自境之声，在已破目境应破之处处出其他事物者。如云："胖子天授白昼不进食。"说胖子，明其要进食；否定白昼进食，即引出其在夜间进食。

③ 无遮：遮遣之一种，认识自境之心或称述自境之声，仅直接破除自境之应破分以进行认识。如云："人无我。"在破除"我"之处，不引出其他事物。

④ 有境：有境者。能涉入自境而与之相应的事物。指一切能解说的声音、内心、感觉器官及补特伽罗。

因法性无生心亦无生，故如依彼以彼知真实，
因心现为境相故心境，如是依名言知彼合理；
烧尽所知干柴薪，消散是诸佛法身，
尔时无生亦无灭，心灭由身现前彼。

云云的彼类，取名谓通达胜义谛。此中之境，就是本性的实性法界自然清净，而假见——心错乱，由于凡夫沾染了无明的习气，故如患眼病者执翳障和发缕下落为真实一样，如是显现为六道众生之各种各样的种类、受用、苦乐、高低等错乱的所取能取之相和诸圣者在出定后与他人共同见为情器世界之相二者，是按照根残者所见之相和健根者建立为两种世俗，即在《入中论》讲了

假见是两种，根明与根残，
许诸根残识，待健根颠倒。

所以，轮回之法心与心所生，以及显现为境相等皆是世俗，而且虽然登地，也是心与心所不灭之分不净境的色等带相的六聚[①]。总之，此派是将全部成为所断者并入世俗品后建立为错乱的。彼世俗亦分两种：于根残者显现的是倒世俗，显现为健根者之境的是正世俗[②]。前者倒世俗虽于世间智前显现，但称做不真实，如重月和梦境等，后者正世俗既于世间智前显现又称做真实，如见月亮为一等。彼亦是在执为二的错乱心的分位现似真实，就像患眼病者见为发缕下落，健眼者则什么都无一样，即此于错乱的心现为种种者，对于圣者的根本定和错乱穷尽的佛来讲，则无任何

① 六聚：眼、耳、鼻、舌、身、意六识。
② 正世俗：对一切内外缘起道理，进行正确思维，从十善等而生起的一切因果。

所缘，所以不见幻象及其分支，即如前《论》中讲道：

翳障力之发缕等，凡颠倒事皆虚妄，
谁以健眼见本体，当知真实是如此。

和如龙树的《中观灭误论》中也讲道：

如是正智者，当以智日灭，
无知习气时，不见心心所。

远离一切所取能取戏论的本质，不是从声音言词等真正无分别和余者了知的，那种心与心所的无余污秽于法界中寂灭、超越虚妄分别、远离一切戏论、宗轮未达到的法性的实性，才是胜义谛的性相，即如《根本中观般若颂》中讲道：

非从余知是寂灭，不因戏论而迷惑，
义非不同无分别，此者便是其性相。

总而言之，诸佛圣者之远离一切障的甚深意、具寂灭性相之界、能通达彼的一切种智、普萨圣者之定慧[①]的本质和其后得之相胜观的所有变化等，就是胜义谛。复次，虽是以五因[②]观察一切法为无自性，但并非如自续派那样破除世俗谛后成立为虚假和破除戏论后成立胜义为无戏论等的轮番，而是将一切全不分成任何非有非无，以汇归于不可言说、不可思议之实性的这种无错乱的应

---

① 定慧：等引智，根本智。一心专注真实性上的无分别慧。

② 五因：五大因。抉择中观正见的五大因即五大理由：离一异因、金刚屑因、破有无生因、破四句生因和缘起因。

成的意趣破除一切认可的宗轮[1]，即如《回诤论》中讲道：

若我有少宗，尔时有此过，
以我无宗故，唯我是无过。

《四百论》中讲道：

有无和非有，任何类非有，
彼者虽久远，但不能说过。

《宝炬论》中讲道：

认可的事物，极微亦非有，
本来无生故，犹如石女子。

若谓那么，二谛的建立亦成无有。答：实性虽然超出二谛等一切二法，但只在增益世间为现象中如是模造的，即此并非按宗论的实执而认定的，即如《入中论》中讲道：

正如汝许依他起，世俗我亦不承许。

和如《三摩地王经》中讲道：

诸无文字法，凡闻与凡讲，

① 宗轮：佛教内外各派，各自心目中依教、依理树立对基、道、界的一定见解或理论。

亦是无变异，增益后讲闻。

就是入定于如是的法尔，以智慧空性和方便大悲双运而修积集智慧资粮和在出定后以了知一切法为如幻积集福德资粮，从此便逐渐证得法身和色身二者，即在《宝鬘论》中讲道：

一切佛色身，从福资粮生，
大王佛法身，由智资粮生。

彼亦是汇归为基中观二谛双运、道中观二资粮双运、果中观二身双运。

细分内了义大中观派，阿阇梨甘丹的中观论著《中观宝炬论》中讲了“应成派和自续派的中观是粗分外中观，是以说成闻所生慧和外道辩论时、造大论和创立大学科的经典时所讲的，修习细分内中观之时，是指唯修瑜伽行的中观。”就是把中观讲成了内外粗细两派，其中的后者，就是以末法轮的意趣不退转和三轮（身语意）遍净之语将一切法宣讲为三性[①]之义诸广大类，是补处弥勒详细解释了意旨，彼亦是将前面所说唯识派的空所依事[②]解说成了依他起所破遍计所空的圆成实，此中将法性承认为圆成实所破遍计所空，就是将分别为依他起的蕴、界、处讲成了遍计所执我和我所空之处，而空所依事依他起所空之处，就是法性圆成实，即彼空所依事永远非有，体性污垢、有过失的事物和有差别的轮回法是客（临时的）相空，而本来存在于任运成就中的涅槃的功德体则不空，即如《宝性论》中讲道：

---

① 三性：此处的三性，是指瑜伽行的三自性：遍计、依他、圆成。

② 空所依事：空性所依。据以论证抉择空性之处，即事物。

有差别的相，是客故界空，

无差别的相，无上法非空。

以及如其注释中讲道：“若谓此是说什么，何故此自性遍净如来界无任何所破杂污的理由，因为远离客尘就是此的自性。于此安立应清净的理由非有少许，因为无差别的法清净的法性就是自性。所以，如来藏就会远离有差别，是一切烦恼器空。不会远离无差别，不可思议的佛法，由于超过恒河沙数，故不空。”此亦是将遍计所执性讲成了相无自性、将依他起性讲成了生无自性和将圆成实性讲成了胜义无自性，其中前两种，就是虚假成为客的所取能取诸戏论分自性空。后者胜义无自性，由于真实自性无性自性空（有及非有皆自性空）自然清净，所以由空分住于法身的功德，由现分住于佛身、净土和越量宫等依存处，由于由智慧分成为十力[①]和四无畏[②]的称依处，所以将离系因和离系果本来住于任运成就中之佛的自性称做如来藏。此如来藏不存在于生灭、变迁、增减和因缘等之界，亦非名言和言说思议之境，是住于永恒无染，即在《大庄严法门经》中讲道：“如是自性清净客生烦恼生而不能染。”和如补处弥勒讲道：

无为而任运，非以他缘知，

成就慧智能，是具二利佛。

否则，若执一切法为纯自性空，毫无例外，法身也成为单空，而

① 十力：如来十力：知处非处智力、知业报智力、知种种解智力、知种种界智力、知根胜劣智力、知遍趣行智力、知死生智力和知漏尽智力、知静虑解脱等持等至智力和知宿住随念智力。

② 四无畏：正等觉无畏、漏永尽无畏、说障法无畏和说出道无畏。

且佛身本智和净土等也就成为无，以及凭依彼的积集资粮和净治垢障也成为无，而且所讲的以因乘和果乘二者，在何处以何道净治污垢的所有方便也就不成立，即由于无所净基[①]，故不需要能净；由于本智空，故不成为成办利他和智慧；由于仅在世俗中也无不净的依他起，所以完全成为清净的依他起处的诸功德也成为无；成为系缚与解脱之本的我成为无；各各自证的法就成为无等有多种过失，而且经中讲成是产生恶见之源的本体，即以《圣宝积迦叶所问经》中所讲的“迦叶，彼等相信见补特伽罗为空性的空性者违背我此善说，说成最极违背。迦叶，见为补特伽罗，唯依翳障容易。增上慢见为空性，并非似彼。彼所以者何？迦叶，从一切已成的见所生，若是空性，迦叶，我说诸凡唯观为空者，彼不堪救治。”等就能了知。若谓那么，是否不空？答：也不是彼，即在《楞伽经》中讲了“云何一切法第一义胜智大空？谓得自觉圣智，一切见与过之习气空。此者是名一切法的第一义圣智大空。”如是第二义（胜义）这个他空之理，从中法轮的经中亦能获得，即在《般若二万五千颂》中讲道：“于彼云何名为他性空[②]，是谓诸如来出世或诸如来不出世，法住性、法性、法界、法无过性、真如、无误真如、非他真如和实际等是住于真如。彼等如是法性诸凡他空，彼者是称做他性空。须菩提，此者便是诸菩提萨埵之大乘。”以及《宝性论》中亦如上面所讲，详广讲道：“有差别的性相者。”等即彼如是的界，于有情的心中如宝藏存在于地界一样，本身体性虽未沾染污垢，但行相则住于和客生生死轮回相同，是住于如水和冰的譬喻，即在《三摩地王经》中讲了

① 所净基：未经修治的不净五蕴等。

② 他性空：世间以外，其他即世间的无分别慧所通达了知的空性。

清净澄光明，不动与无为，
此即如来藏，本有的法性。

以及龙树论师的《法界赞》中讲了

地中所有水，无垢清净住，
圣智亦如是，惑中无垢住。

此等就是将了义实质的存在之情讲成了不可思议，即彼如来藏，观待自身性，则无有寂和优劣，是平等性。经中详广讲道：

彼真如清净，不遍于一切，
因是如来性，众生是其藏。

就是将法性开许为无变异的圆成实，因为《宝性论》中讲道：

如前后亦然，无变异法性。

彼客尘，若以分位而分，成为三种，即如《宝性论》中讲道：

有不净杂净，以及善净等，
如是次第说，众生菩萨佛。

和如其注释中讲道："如是于不净位时是名为有情界，于清净位时是名为菩萨，于最极清净位时是名为如来。"同样，以不同的三乘[①]和十地五道[②]等前后的差别建立为诸不同者，就像众生现似优劣、声闻、独觉、菩萨、佛和圣者等上下优劣这一切，虽然也显现为譬如陶器、木器和珍宝器等不同和优劣，但是，彼等器皿内的虚空则无优劣而相同一样，法界即彼胜义谛自然光明，全无优劣和增减而周遍于一切，即如《宝性论》中讲道：

如空遍一切，而空无分别，
心性无垢界，如是遍一切，
彼是真共相，通是究竟德，
色相为低劣，中间胜如空。

若谓那么上面所讲三个分位是什么？是以即彼实质脱离和未脱离能障之垢的差别分成轮回和涅槃的，即如该《论》中讲道：

烦恼网覆盖，定说谓有情，
彼若离烦恼，诠说谓觉者。

又彼三个分位，被大障暗蒙蔽的凡夫只有部分功德；相比之下，实质的污垢，由于消除力对治能力的大小，故依次微薄，所以声闻独觉阿罗汉的功德就高出，他们也未断除一切无知；相比之下，诸较上者登地的菩萨则显现为圣者；更胜者，是显现为远离一切障的佛圣者。因是之故，界即彼胜义谛，声闻、独觉和菩萨等下三圣者则未如实明见实性，即由于依止资粮道和加行道，所

① 三乘：声闻、独觉和菩萨三乘。
② 五道：资粮道、加行道、见道、修道和无觉道。

以除了只是伺察意[①]的胜解外，不见为真实，在见道位和修道中只见少许，但是，犹如孩童除了只见桌帷上的日光外，不见普照的太阳，以彼道除了只见界的部分功德外，则无见到全部之时，即如上面所引：

非语言行境，属第一义谛，
非证悟处故，超出譬喻故，
最上胜妙故，不属于有寂，
诸佛母圣人，亦不可思议。

在佛地，自性是什么，现前后便完全明见，即如《宝性论释》中讲道：

于此近似云隙空，汝是一分智慧者，
慧眼清净诸圣者，皆亦不是见一切，
薄伽梵清净法身，智慧广大无边故，
所知无边遍虚空，由依彼等见一切。

若谓由此看来，由于有情界天然存在于自然光明界，所以诸有情就成为积集了二资粮、断除了二障的佛。答：不是彼，理由是断德有两种：自性清净和远离客垢。自性清净，就是法性自身体性本来存在于广大清净的空性而无变异，即在《入一切诸佛境界智光庄严经》中讲了“妙吉祥，为因心是自然光明，是因为，由于彼是一切客随烦恼[②]，所以随烦恼已尽，因此不是自然染

① 伺察意：七种心所之一。全无凭借任何经验、理由以实际排除增益之定知，而一概重新耽著真实自境之计度心。如仅依笼统的语言获得了知闻所生识等，一切不理解原因而对于真实对境进行观察之心识。

② 随烦恼：随惑，小惑。亲近随顺根本烦恼，使心恼乱的悭等心所生法。

污[1]。诸凡自然光明，彼者唯是无染污。彼无染污者，不存在以任何对治断除烦恼的方法。”《般若二万五千颂》中讲了“彼通人作如何想，彼是说：‘任何有情有否成为生或灭者。’尊者须菩提，无有斯者。若谓彼所以者何，因为有情从最初就清净。”又在该《颂》中讲了“为因色自然光明，所以清净无染污。为因受、想、行和识自然光明，所以清净无染污。为因乃至一切种智自然光明，所以清净无染污。”等如此详广所讲，为因唯是超越了识法和真正脱离了一切障，所以彼自性的断德，在胜义的法性中本来光备，因为法性即彼圆成实性是自然清净。

第二种断德远离客生之能障，是以与其相应的对治来破除，不以道净治，本有的功德不现前。如前面所讲，虽于有情的分位时现前，也不因彼，此见解就成过失，因为不承认诸有情为远离一切障的佛。

同样，证德也有两种：以自证通达本来法性，是自然智；以修道之力通本来法性，是他生智。

自然智，能通达彼胜义法性者各各自证慧，是自然智出世的性相，即如经中讲道：“自悟悟他悟一切，全知全见是圣贤。”原始的断证二德完备胜义实性自身本性，即如至尊弥勒讲道：

此中所破无所有，所作安立少许无，
于真实性见真实，若见真实得解脱。

第二种证德他生智，以修道力通达的是随增性[2]，由于以根本定积集了智慧资粮和在出定后积集了福德资粮，故将最后证得离系

① 染污：杂染，烦恼。六种根本烦恼和二十种随烦恼及其因与种种等起。

② 随增性：佛性之依于造作可成佛身者。以闻、思、修为缘，造作长养，从而增长广大之性。

力的功德设立为无颠倒的圆成实，即如《经庄严论》中讲了“前后无差别，复无诸障垢，佛许是真如。”此中即此世俗自性空和胜义他空[①]之理，在中法轮和末法轮中如其所应已讲说，特别是空所依事如来藏深明无二智的存在之理，在第三时教的诸藏中已详广讲说和将一切法讲成只是心的现分。此外，往昔的一些阿阇梨由于出于某种特殊需要，承认心为胜义，所以出现了这个当今公认为四个宗派之一的名为唯识派，而意义则不够如实，将一切法讲成只是心的现分的那个心，有开许为阿赖耶识[②]之品和开许为法性圆成实之品两种，本于前者的意趣，是因为，由于是错乱的境和有境是世俗，所以不可能恒常，因此不讲成胜义谛，即在《智光庄严经》中讲道：“舍利子，所谓心，就是心、意识、意、意生身[③]、意根[④]和意境，此者名为心。彼云何名为空性，舍利子，心者即心空，彼者无任何作者，倘若有一些彼的作者，就成为由彼造作，他人领受那样。心不造作心。”虽然讲成只是一切法的现分，但无将彼讲成胜义谛之品，而是将超越一切心、意和意识等的本知讲成了胜义谛，即如《楞伽经》讲道：“由于心、意识、妄想和想等成为无，故于无生法获得忍。大慧，为因开示了无相无妄想法，故此第一义无次第与次第结合。”和如偈颂讲道：

远离心意识，及与想妄想，

---

① 他空：藏传佛教觉囊派之见，承认通达外境内心无二无别的智慧为圆成实，此慧不染其他世俗事物，如依他起及遍计所执，名为他空。

② 阿赖耶识：藏识。八识身之中，无覆无记的心王，是留藏习气、一切异熟及种子依存之处，功能了别对境自体。

③ 意生身：应净治处中有三身之一。死后尚未受生之前，即死生中有，以香为食，心如幻化，诸根圆满，通行无阻，称为意生身。

④ 意根：六识身随一灭尽，即成意识生起之处。如认瓶眼识灭尽无间，即是认瓶意识第一刹那之意根，意识第一刹那灭尽无间，即是第二刹那之意根等。

得无思想法，声闻是佛子，
寂静胜进忍，如来清净智。

复次，唯识派的任何宗论师承认为的胜义谛并未超出识，而且那是生死有境之未成熟的识，因为不能胜出世间。胜义谛，是无漏界和通达彼的离障智诸圣者之各各自证超出世间的性相。彼二者的差别，大乘经中是以“大慧，彼智有三种，谓世间、出世间、出世上上。彼生灭者是识，不生不灭者是智。复次大慧，堕相无相、堕有无和种种相固所生是识，遍超相与无相之相是智。复次大慧，如是等相是识，诚退相是智。此中三相者，谓知自和共相、知生灭和知不生不灭。对于出世间智，贪著堕于自相与共相者，乃一切声闻与独觉之相。此中出世间上上智，谓诸佛菩萨分辨无相法，见不生不灭，离有无品，了然如来地人法无我，缘自得生。复次大慧，无贪相是智，于种种境贪著相是识。复次大慧，三事和合具生相是识，无事方便自性相是智。复次大慧，不得相是智，于以自得圣智所悟之所行处不出不入，故如水中月。尔时世尊欲重宣此义而如是讲道：

造集业为心，善分辨为智，
慧达无所有，逮得自在力，
心与境相属。

等做了详细的讲说。

同样，由《宝云经》中讲的“此法谓正超一切文字、正超一切言说、正超一切词句之所行处、正超一切语路、远离一切戏论、远离一切取舍、远离一切分合、远离一切分别、非所观察、非度量所行境界、正超度量所行境界、无相、离相、正超相所行境界、正超凡夫所行境界、正超一切魔所行境界、正超一切烦恼所行境界、正超识所行境界、非处、不住、寂静、圣智所行境界。是彼等的各各自证、无垢、不染、清净、胜妙、殊胜、最上、优异、恒常、坚实、不变、不灭的有法。若诸如来出世，若诸如来不出世，此法界毕定住。”等所详细讲的胜义圣智不可思议的诸理，在唯识派所承认的道中无有，是因为，由于承认所取能取无二智①即彼自证自悟为佛的旺盛因并承认有境依他起为谛实，所以诸凡承认识为实有胜义者也难文从义顺地通达法无我。

如是亦如《楞伽经》中讲道：

是唯识无相，无相故无生，
此等中观道，我与余亦说，
了知为唯识，遍除外事物，
破除妄想故，此道是中观。

即此第三时教的意趣，所以符合了义大中观，是诸大菩萨的注释和大乘论师开派二师及其追随者在诸自己的典籍中明白讲了的。但是，虽然容有一些论师出于某种需要讲成其他建立，然而他们是怎样的圣士，实难凭信，若成立为住于圣者地②，就有以别的用意而如是讲说之品，所以我等士夫应当了知切勿一概认定后，造集谤法的恶业是至关重要的。倘若因为，此中讲了三自性③，就说是唯识派，但是，《中般若颂》中讲道：“弥勒，凡是遍计所执之色，当观彼为无实。凡是虚妄分别之色，由于彼是虚妄分

① 无二智：远离常断二边的心识。

② 圣者地：远远超出凡夫道中一切功德所依之地，即见道、修道、无学道所摄诸地。

③ 三自性：遍计所执自性、依他起自性、圆成实自性。

别实有，故观为实有，然非进入自主。凡是法性之色，彼非无实亦非实有，当观为是以胜义广分辨。”以及《八千颂摄义论》中也讲的：

“般若波罗蜜，正依于三教，
唯是遍计与，依他圆成实，
以说无等句，破一切遍计，
以诸幻等喻，正宣依他起，
以四种清净①，遍宣圆成实，
般若波罗蜜，诸佛未说余。”

等三自性之理，中时教也做了详广讲说。同样，另外在论师龙友的《入三身门论》中亦归摄为以三自性证得三身之因，以及在大中观师益希达瓦（智月）所作的彼《论》的注释中也说成了同一义理等在一切中观巨论中所做的三自性的一切建立，也有人说：“在中观之理中无彼，纯是唯识之理。”只是他们未见如此如此的正文而已。另外，《楞伽经》中讲的

“依于唯识理，不观察外境，
依于无相理，始知超唯识，
依于缘真实，又超越无相，
非有相瑜伽，不能见大乘。”

就是讲成了权且说成唯识后，最终正超彼后，将中观说成无相，又超彼后，讲说有相中观，若未达到彼，则不见大乘的深奥义。

① 四种清净：四离：自性清净、所缘清净、成办清净和证得清净。

总之，将以“心”这个词所讲的一切说成唯识也是错误的，在真如、实际、自然涅槃、法界、光明心和普贤意等远离一切边的种类中都有以“心”这个词所讲之品。《大般若经》中所讲的“须菩提，彼心即无心，心性是光明。”就是讲了超越轮回的心和超越心所的光明的心性，不应误解成未超识的唯心。后者的性相，由于经中讲道：

种种心所生，属妄想习气，
由人见外境，是世间唯识。

所以是宣讲了世出世的唯识的特性，这和前面所讲的识本智的特性是一个意思。同样，以最极甚深的诸大乘经论中所讲的其他名称而解说的心的诸含义也应当了知为如是。不仅如此，而且由于无漏界、不可思议界、胜义善、法性永恒不变、胜义实性真实、本来解脱身、远离一切四边戏论和远离二我等无别于大仁能之法身的超出恒河沙数的众功德亦完全超出识法而住于任运成就中，所以行相和世间唯识派大相径庭。总之，由于标准无偏私的两种智慧之故，所以两个空理亦符合已成数决定为根据不同轨辙的四个宗派之顶的中观而无差别。对于解释了义的密意，以佛授记的两位大论师龙树无著各自的论著就能明了。与彼解释相同，斗诤时的一切智宝生佛静命、清辨论师、金洲大师和觉沃杰（阿底峡）等也曾解说，而且阿阇梨狮子贤也承认，因为若以彼解说来讲说《庄严经论》的密意，就会认定唯此无二智是真实存在的本体后，承认此所讲为瑜伽第三地①之修所成的瑜伽或任一思所成的次第；因为将对真如的认识说成本智和因为自性身的注释

① 瑜伽第三地：现证谛实空瑜伽地。

中将其余三现象身说成了法性。因是之故，为了以中法轮中正式所讲的空性断除诸有情的与心俱生的我执、诸外道依宗轮新立的我见和自宗实事派执着的戏论，故承认了义为纯无遮，而且将全然不修讲成了修空性和将全然不见讲成了通达真实性，所以明见了彼彼之义，故是能如理通达无我的悟境之见。相执虽然难灭，但是，以闻思所生的智慧破除时，应成派和自续派的智慧，在断除戏论上是敏锐的和以体验抉择所修时，第三法轮所讲的即此大中观之理是最极深奥而广大的，因为法界自然清净即此胜义自然智就是一切法的原始实性，凡此原始实性，就是存在于以各各自证体验中的本智，即由《罗睺罗佛母赞》中所讲的

> “离言绝思智慧度，无生不灭虚空性，
> 各各自证智行境，三世佛母我敬礼，
> 深寂离戏光明无为法，犹如甘露一法我获得。”

等表明了这个不可思议的本智，而且由于明见即此的自性，故称做现见胜义谛，仅仅无所有的空性不堪为胜义谛，因是之故，由于法性圆成实就是无二的真如智，所以正超识法，是以佛法身和自性身的这个词而讲说的，也应当了知密教所讲的三续[①]的建立、本尊、密咒、金刚主、大乐、完全净妙的空性、原始身语意的所依不散的大明点等因大乘果大乘的所净基、能净、净所生果等的建立和基、道、果的诸不共建立亦存在于与称做唯识派的宗论相违的法中，也不存在于如自空见[②]所承认的道中，而是完全

---

① 三续：萨迦派正修道果时，总集密咒金刚乘中诸基、道、果成为三续而修之。基位为因续，持生死涅槃无二无别之见；体位为方便续，修四灌顶相属之道；究竟位为果续，现五身五智之德。

② 自空见：觉囊派所说世俗分中诸法自体无实的见解。

符合诸十地大菩萨所解释的和诸密教续部所讲的彼此观待、互不相违的末法轮之密意，因是之故，第三时教的密意随时随地都和世间唯识派论不同，虽然完全成立下下乘次第之所作依次归入上上乘之中并不相违，但是，必须明了上乘较下乘特别优异是为佛教大宝之特点，若非如此，初法轮宣讲了苦、无我、不净和无常后，中时教抉择了一切为空性，又在末时教中讲成条、净、常和神我的意趣，就不会以深信法四依[①]的智慧来接受，若按照语言来选取，应化有情就会糊涂和成为观察教法为相违的虚妄分别者，本此意趣，如《宝性论释》讲道："总而言之，是安立此四种补特伽罗为无眼得见如来藏。云何为四？谓凡夫、声闻、独觉和初入乘的菩萨，如云：'薄伽梵，此如来藏，不是诸堕坏聚见者、诸欢喜颠倒者和于空性诸心散乱者的所行境界。'"复次，即此道理，在一切经论中都有彻底成立，但这里暂述此许。

若将彼等教法建立为了义和不了义[②]两种，以彼等三转法轮能消除障蔽何者的粗分、细分和极细微客尘的诸相的方便，除了有多有少外，实际上对于净治单独如来藏上的污垢，三法轮是相同的，就是由初法轮所讲的无常等能作厌离轮回而进入涅槃之门的因，由中法轮所讲的三解脱门[③]能成为世间我见等相执的对治，以末法轮的不退转语能理解广大的善逝之理。本此意趣，《总持自在王请问经》中是以"善男子，如是譬如那个精通陶冶珍宝术的高明珠宝师从珍宝类中取来完全不净的珍宝，泡入浑浊

---

① 法四依：学道时应当选取或依从的四事：依法不依人、依义不依语、依智不依识、依了义经不依不了义经。

② 不了义：未了义。为诱导异常徒众，以世俗之现象为主，指补特伽罗、有情和蕴、界、处等，及其生灭往还，能渐次以言说思议称量而增益者，以及开示此义之佛典及其注释。

③ 三解脱门：三三摩地，亦作三三昧。证得解脱的三种方法：空解脱门、无相解脱门和无愿解脱门，亦称空三昧、无相三昧和无愿三昧。

的盐水中，此后用发丝织物全部擦净。同样，在此之后，在食物汤中洗净，再用羊手毯子全部擦净，使其彻底干净。同样，在此之后，用上等药汗浸泡，用细纱布全部拭净，使其完全洁净。完全拭净，远离污垢者，是称做上品吠琉璃。同样，首先以无常和苦等厌离之语将有情投入教化，在此之后，以三解脱门使通达如来之理，在此之后，以不转退的法轮语使进入如来境界。若已进入而通达法性，就是无上福田。”等做了详广的讲说。同样，将此三次语教分成了义和不了义，亦是依于《解深密经》中所讲的：“薄伽梵为入住声闻乘诸人转第一开演四谛[①]的法轮，此亦为有上、有时分、为不了义、为有诤论处。薄伽梵以诸法无自性开端，为正入大乘诸人转第二开演空性的法轮，转此法轮亦为有上、有时分、不了义、为有诤论处。薄伽梵从诸法无自性开端，为正入一切乘诸人转第三具广分别的稀有妙法轮，转此法轮是为无上、为无时分、为了义、为无诤论处。”等的门理，做了了不了义的建立。如是将中法轮立为不了义的理由，就是由于某种特殊需要，此法轮故将善逝力等胜义功德诸非自空者亦大多宣讲为自空和广分别彼等，而以不宣讲成无内部相违等而讲了有上等。第三法轮，由于诸世俗法是自空，胜义法是他空，故是以如实广分别彼二者之理后所讲的理由立为如是的。如果由于中法轮讲了般若波罗蜜多（即智慧到彼岸），就说中法轮是了义，由于与彼相反而讲，就说末法轮是有不了义的意义者，就是不善观察。不生不灭本来寂静等文从义顺的般若波罗蜜多，唯在末法轮中讲得最详细，而十分甚深之理，是在金刚乘中讲的，就是以不明讲、明讲和十分明讲即此般若波罗蜜多的理由，讲了有上无上的差

---

① 四谛：四圣谛。释迦牟尼初转法轮所说总括一切生死涅槃因果、应取舍事之四圣谛，即苦谛、集谛、灭谛、道谛。此等四法，于圣智前，确定谛实，无错乱故，名四圣谛。

别，并非般若波罗蜜多的体性有差别，诸凡以如来藏、法界、光明心、自然清净类、正边际和无性自性空等名称所讲的一切都是同一自然无二智，即彼就是般若波罗蜜多，因为阿阇梨陈那讲道：

慧度无二智，彼者即如来，
所立具彼义，正道是其名。

所以，一切经教和道理都成立末时教为究竟了义，是佛本人区分了了义和不了义，此外如云：

比丘名无著，精通彼论义，
广分别多种，了不了义经。

就是由佛授记为了不了义的分辨者即彼圣无著将末法轮立为究竟了义。虽无中法轮是了义，末法轮是不了义的任何经教，但可能是诸承认为唯识宗者将即此末时教做了那样的建立，然而则和上面所引的陶冶珍宝的譬喻，病人的药和学习文字的譬喻等所讲的次第相违，佛本人与圣者无著所做建立也成为不需要等过失是无边的。不仅如此，还应当思维为诸化机首先宣讲了不了义，中间宣讲了了义后，复又重诵不了义而宣讲有什么受取密意之理和需要。应当了知，由于彼过失，就成了安立究竟了义为实事师的宗轮、佛和诸大菩萨向世俗教的像诸教和舍弃了此心要法等罪过是凶猛的。

复次，按照依于三乘的门理，了义归入末法轮，也成为究竟了义，即在《不退转法轮经》中亦以“此后彼薄伽梵的服侍者那个名为妙音的大菩萨从莲垫起立白佛言：世尊，此婆娑世间有几多？佛告曰：善男子，在此世间以西一侧有世间超恒河沙数。白佛言：世尊，在彼世间是何世尊说法？名为释迦牟尼佛。是如何说法？是从三乘开端。何为三乘？是从声闻乘、独觉乘和大乘等彼三乘开始而说法。佛世尊说法相同否？善男子，诸佛世尊所说法相同。诸佛世尊所说法有几许相同？佛告曰：诸佛世尊所说法符合不退转的法轮语。”等做了详广的讲说。若区分彼如是无上大乘佛的种姓，由于《宝性论》中讲道：

如藏与果树，知彼是两种，
无始住本性，正取是第一。

所以是自性住种性[1]和修持的种姓两种，前者自性住种性，由于《涅槃经》中讲道：“善男子，此中心之法性自然光明无自性者，自然清净之心不论如何显现，悉与攫以相好增长之德无不相同，但以现象和空性而分。”所以，此若再分，由于法性自性住种性无漏界自性身之离系因或离系基是任运成就，故如大宝身，有法自性住种性受用身的离系因是如转轮王和其影像现分化身之离系因是如金身像，虽然由于与成为三究竟果身的依存处分相反，故成为三种，但是实际上，彼三种就是本质无别的法性现空双运离戏大平等智天成法身大无为法，由于是总体穷尽为现空不分开的大无别，所以喻同如来本身，即在《宝性论》中讲了

以出世间故，此世喻不得，
故说如来界，此二唯相同。

即此离障现前时，就是大乘的究竟灭谛具足二净[2]自性身。后者

① 自性住种性：一切有情可以成佛或成就自性身依住之处，即染污心的真如法性。
② 具足二净：所知、烦恼二障并净，意指佛果。

修持的种姓，就是凭依界智或法性和有法自性住种性此二者觉醒，修学能除其上之诸客尘的发心等临时有学道的简要方便二资粮双运，即在《华严经》中讲道：“喏，诸佛子，此名菩萨种姓者勤求法界，是诸明见如虚定广大自然光明后，随学福德与智慧广大资粮者。”所以，前者是离系因，后者是能除其上之垢的道。道谛虽属离系因，依附阿赖耶，但由于凭依了以彼道谛所得之分离系果类或实质，所以经中讲成了能作无变迁的正解脱之因。

以什么能知为有如是的自性住种性？一般来讲，如有烟知有火，就是以种姓觉醒的征相来比知有此种姓。自性法身之种姓觉醒的征相，《入中论》中讲了

虽于凡夫时，亦闻空性后，
内心极双喜，欢喜再再生，
极喜所生泪，润湿己眼睛，
身上诸汗毛，感得遍竖立，
彼有能证得，正等觉慧种，
彼者是亲示，真实之法器，
当于如是者，宣说胜义谛。

色身有法的种姓觉醒的征相，在《庄严经论》中讲了

加行前悲心，信解与能忍，
善亦正行者，说为种姓相。

彼种姓觉醒的益处，亦在该《论》中讲道：

久已成恶趣，但速得解脱，
虽病少受苦，厌使有情熟。

所以，彼种姓觉醒一次以后，便不生于恶趣，纵然生于恶趣，也能以线球反弹的须臾获得解脱，彼亦苦少，以强烈的厌离心亦能使有情成熟，如经中讲的即此本师于地狱中成为拉车的力士时，由于大悲的种姓觉醒，故而立刻获得解脱，生于三十三天，从彼往生，在瞻部洲变成制陶师之子光明童子，曾在释迦如来（上古释迦佛）前发菩心，此外如降生为友人之女等的本生一样。

众生若无此如是的种姓，全都受苦，所以彼等亦不成为厌离，有些也不发生取舍生死涅槃的智慧，虽然欲求种姓和解脱，心中也不可能出现，相比之下，谁都未宣讲，有些士夫却对他人受苦心生悲悯和由于自己受苦，故而出离等也是由于了知了无始以来法界①为善力，即在《宝性论》中讲道：

如若无佛性，不成厌离苦，
欲愿涅槃与，希求愿亦无，
此见有寂之，苦乐与功过，
仍由有种姓，无种姓无生。

经中所讲的何处无种姓或种姓断绝，是给诸种姓未醒者加了遮止词（否定词）“低劣”，无自性住种性的众生一个也没有，即在《如来藏经》中讲了“喏，善男子，此是诸法的法性，若诸如来出世，若诸如来不出世，此诸有情固有如来藏。”和在《胜鬘经》中讲了“如来藏通一切众生。”所以，凭依因和种姓觉醒，发了大乘菩心后，由于主要在根本定中串习了无分别智，故能消除障蔽法身之垢，由于在后得位中慧心与如幻结合，善巧了方便，故能受用二资粮，所以消除了障蔽二色身的污垢后，不从究

① 法界：十八界之一。受、想、行三蕴，无表色及一切无为法。

竟离系果不可思议的无漏功德拥抱的法界的自性身或如空中月的他相色身之依存处佛陀自相的另外三身寻求，就能使本智自己自现，即在《宝性论》中讲道：

谓自性光明，凡此如虚空，
远离客染污，所知厚云覆，
具佛无垢德，常恒不变佛，
不分别诸法，依智能得彼，

非初非中后，无分别无二，
远离于三界，无垢无分别，
如是法界性，禅定师能见，
超无量恒沙，具无比功德，
如来无垢界，永断习气过。

从彼出现的二色身，就是依于因化机的器净、缘宿世的发心和串习二资粮的俱有缘，将此自然无漏智比作水中月之理，从显现为化机所见的他相的分上立为成熟果，即在前《论》中讲道：

种种胜妙法，光明以为身，
令众生解脱，为此常精进，
所作不思议，如如意宝王，
能现种种形，而彼非实体，
令世间进入，即此寂静道，
教化使淳熟，授记是因色①

① 因色：即四大所成色，分为土、水、火、风四种，又名四大种。

无论是何者，此中有其相，
犹如虚空界，此中之色界①

龙树论师讲道：

无垢佛法身，转化智慧海，
犹如种种宝，彼生有情利。

总之，大乘师说，在此时除是唯佛的所行处外，化机不见，是法界的三身唯一不二的法身存在于内界细微的本智中和由其神力与化机的誓愿于外出现为他相，显现智慧与事业清净的二色身，当知如空中月和水中月和如《宗轮藏》中以转轮王的影像出现于金山的譬喻讲了由于二种姓本有佛三身，故由佛地之随增性现分受用身和其空分法身自性住种性二者无别的神力显现化身为化机所见的他相。不如是理解，由于执自性住种性为无遮单空无为法和执随增性纯为道的新生有为法，故在究竟果位时，有学道的证悟便中断，所以声闻的灭就如灯熄之喻一样，便出现那种执任何佛身与本智也不建立之理，如是则仅大乘灭谛的气味也不发出，由于基堕入戏论之边、道不为大乘的二资所需、果三乘的涅槃无差别和不能跨越缺少究竟果的悬崖，所以，既然连胜义的佛也不能证得，因此，鉴于此理，遍智法王的《如意藏》中讲了

不知此道理，任意判断空，
语中虽然说，有无与离边，

① 色界：须弥山顶上空中，自初禅至四禅天所居天人，光明身莹澈妙好，离欲界贪，未离色界贪。

不知离系基，是三有顶见，
若由此教法，外境起变化，
便可以灰涂，虚空中有情。

就是将邪见归入了说理派，以及如《道情歌集》中讲道：

射箭说空中含识（有情），永远非有得解脱。

如果认为在有学道中由因二资粮能使前无新生，佛法身或自性身和受用身就成为有为法和无常，如是则讲成因属于孤独、不断除有变化的毒箭（病痛）、遍空智不是金刚身和观金刚身为无常的无量过失，由于以此为代表，过失无量所以大乘的教义反成为余义。

所以，二种姓也除了只是由一个本源之现空的反体而分的外，是将体相或自性建立为无别无漏大无为法，这便是遍智法王的无过失的意趣，大乘师讲道："此亦由自然清净自性无垢的心性佛的圣智本有的心的自性光明的现分存在于任运成就的佛色身之功德之中，是以九种譬喻开示的，而空分法身的功德，一切显密经续中是讲了如虚空的譬喻，彼二者分不开，就是无始的善净法界。虽然由于无变异故取名自性住种性和由于消除污垢后，功德明显增长故取名随增性，但是，根本就是自证智光明。"同样，在普照绒宋巴的著作《三昧耶广大经》中也是如此，如金刚不灭者，由于从依止无始时者的菩提心、种姓和善知识之力而发心起，直到金刚喻三摩地，其因位心和果的体性犹如如意树与如如意神珠宝的法身连同行的心，由于自性无别，故将如金刚不灭称做普贤心，将基、道、果三者不分开的自然智讲成了菩提心或种姓。从此为代表，法王德达岭巴昆季等旧译派（即宁玛派）

所有班智达和得成就者都随顺彼理而承认，详情当从一切智米旁·绛班益巴的经典《如来藏总义》《他空承许·狮子吼声》和《原始心修法及其分支》等中了知与彼相同，众生怙主阿底峡亦在《法界见歌集》中讲了

如孕妇腹中，有子亦不见，
如是杂染覆，法界亦不见，
法界故非我，非男和非女，
脱离诸所取，当观如何取，
不净无常苦，三事使心厌，
宣说空性经，是佛如是说，
彼皆破杂染，彼界不能毁；
法界无因缘，性如虚空界，
无有生老住，无灭无为法，
佛与法无别，如是得彼种，
无欺诳无害，本来自性静。

就将遍计业惑所空，无别于无漏功德的法界现空双运无为法建立为种姓。底哩巴从色究竟天请来的名为《正量经》的空行母秘诀中讲了

是如明灯烛，上师若善立，
佛智便明显。

底洛巴传授给纳若巴的《恒河大手印》中讲了

譬如虚空性，超形与颜色，
不被黑与白，沾染而变异，

如是心实质，超形与颜色，
不被善与恶，黑白法沾染，
譬如明亮净，太阳的实质，
永不为千劫，黑暗所障蔽，
如是彼自心，实质光明者，
千秋之轮回，皆不能障蔽。

阿阇梨尼美多吉所著的《十真实》教主弥勒巴的教授类中讲了

欲知真如故，非有相无相，
不辅以师语，中观亦中等。

大婆罗门（萨罗诃）传授给教主玛尔巴的《道情》中也讲了

空性悲无别，原始心不断，
本净的真如，见虚空和合。

尊者米拉日巴传授给尼瓦仁钦的耳传《实事显扬》中讲了

一切有情亦，本有此要义，
有情即佛因，由因种下果，
非今本已种。

等就是总述，《昂宗耳传根本·长寿三部问答·金刚歌》中讲了

按照胜义谛，障故佛亦无，
按照世俗谛，轮回与涅槃，

佛说一切有。

就是暂时分成不同的二谛后，最终着重讲了“有是实事有，无是空法性，本质无别故，非自证悟他，咸是大双运”这个非差别的胜义谛，此后文从义顺、直接了当地宣讲了无垢圣智的理解：

如是通达的智者，见原始智不见识，
不见有法见法性，从彼自然生悲心，
力与无畏和总持，诸凡此等佛功德，
神珠宝状我获得，是我行者的悟量。

向仁波切在《究竟胜道》中讲了

究竟了义藏法身，自性清净光明界，
三世佛出不出世，圣众通达不通达，
任诸能仁讲不讲，任注作者释不释，
法性光明离戏净，本来任运无增减，
如被世间成灭火，焚烧虚空猛破坏，
无量劫中虽损害，虚空无损无增减，
乌云遍蔽日光明，所罩黑暗云散时，
现似转明的增减，太阳实质无增减，
法身不变如是住，除自心外无余者，
种种轮回由心生，不悟自心幻象扰，
生死情器苦增长，真悟自心离忧苦，
本智无边大乐生，悉从自心所派生，
故若认识己本性，知一切有情本性，

知彼遍知涅槃法，全知诸法超三界，
知一法通一切法。

胜者噶玛让琼多杰在《甚深内义自释》中以《宝性论》和《摄大乘论》的经教，详细解说了种姓的类别后，又以“若有人认为彼随增性是新，并非如是。”等将自性住种性法界和随增八识彼清净智阐释为法界和本智二者后，以《辨中边论》中所讲的经教“承认清净如，水金虚空净。”将彼二者亦成立为自性清净，而且如两部略论中也明白所讲的那样，尊者敦巴亦将与六十四种功德法无别的法界空性承认为完全净妙的空性；如噶举派公认的司徒遍智的观解；萨班[①]在自宗的承许《究竟赞释》中讲了心的本性虽然自然清净，但心的性相被客尘障蔽之理，由于彼污垢是客，故可消除，由于消除了彼，故成为觉者之理，尔时观待法尔，则无变化，是《理聚论》的意趣，观待功德现象，则有变化，是《赞颂集》的意趣。承认彼二者不因要义而相违，和将承认佛无本智立为他宗后，将自宗的承许讲成了佛非无本智、非无身和彼二者无差别；以尼木禅师在《问答集》中讲的“若证此心为空，则不能计为三藏四续，以其与声闻之灭尽同分，若计为通达为双运，可以建立。单一的心空分三空不具备，明空双运具备种子，若彻悟双运之义，则现前齐备。”为表，就是说“抉择为离戏后修习为双运。”和说“因位的见有毒，果位的见

---

① 萨班：是萨迦班智达的简称，全名萨迦班智达贡噶坚赞。萨钦之孙，是萨迦五祖第四祖。幼从其伯父吃剌思巴监藏广学显密教法，23 岁起又从喀且班钦·释迦室利等遍学大小五明，成为西藏获得“班智达”称号的第一人。有《三律仪论》《正理藏论》《智者入门》《格言宝藏》等多种著作。1244 年，应窝阔台次子阔端之请，携侄八思巴、恰纳相见于凉州，即今之甘肃武威市。于 1247 年商定在西藏设官征收贡赋等条件，先后两次致书卫藏僧俗首领，说服卫藏归附蒙古，是为元代中央将西藏地方正式纳入治下之始。

无毒。”承认前者只是以闻思理解的观空离戏，彼不起作用，后者是乐空双运和明空双运，从灌顶和二次第[①]发生，本质和佛地智相同等是为诸萨迦派师普遍公认的。此外，在圣人宗喀巴大师的《圣道三要》中讲的

> 见凡一切有寂法，从因生果永不虚，
> 凡所缘境意无有，彼入佛陀所喜道；
>
> 现象缘起不欺与，不许空的二理解，
> 乃至住为各别是，尚未通达佛密意；
>
> 何时若见无轮番，同时缘起不虚妄，
> 境的执着信念灭，尔时见观察圆满。

就是强调了现空双运非差别的胜谛；遍智堆波桑杰[②]在《山居法了义海》中所讲的等等也除了只是暂时将现观二者强调得有主有次和二谛建立的界限不同等宗派的细微承认的差别外，实际上在二谛一味非差别的究竟胜义不可思议的广大本智界中得见法性谛的诸大圣之心中密库则如水和盐既然无别一味，所以不是一般凡夫智力所量（理解）的境，应当随念依怙阿底峡所讲的

---

① 二次第：修习密法的生起次第和圆满次第。

② 堆波桑杰：即堆波瓦·喜饶坚赞（1292—1361）。译言慧幢，觉囊派著名大师，初奉萨迦，兼学噶当教法，后于公元1320年到觉囊寺从克尊·云丹嘉措（1306—1327）学法，1324年继任觉囊寺座主，建万佛一见得胜塔，1334年命弟子萨桑麻迪班钦及洛追班译师校订《时轮金刚》藏文译文，并据以作《时轮金刚无垢光疏之疏释及摄义》。著有阐述觉囊教义的《了义海》《第四结集》《究竟一乘宝性论注》《现观庄严论注》《佛教总释》以及灌顶仪轨、修法、历算等多种，使觉囊派兴盛一时。

为因彼如海，以诸词喻智，
不知底彼岸，是故极深奥；
不应诽谤法，当喜凡胜解。

以及《胜乐略续》、慈氏诸论和《宝鬘论》等中所讲的诸义理，而后护持此等（认知），这显然是十分重要的。因是之故，瞒过共同词句后，不论怎样解说也不相违，所以，若概述要义，在粗分外中观应成派和自续派的品类中，中法轮的主要所讲，就是暂时抉择一切法无自性和世俗缘起的现象二者为不相违后，确立为究竟非差别的胜义，而细分内中观的品类，是在根据即彼之上，成立末法轮所讲之义以见抉择所悟的境那个法界亦非仅仅一分无遮的单空，而是和佛身与本智庄严相同样的自然无漏无为法，此二派有此差别。但两派皆于修定中一心专注远离破立的法界，在彼中破除一切所取能取相的戏论，两派则无差别，而在出定后，前一派是将空性建立为胜义和将现象建立为世俗而区分二谛的，后一派是就实性和现象相同不相同而建立二谛的，两派有此差别。

复次，由于若不抉择前者，后者不能抉择，所以，首先《中观理聚论》的意趣，按照应成派，是抉择诸法不生不灭、本来寂静、自然涅槃、双运成为圣智之所行处的究竟非差别的胜义，而若确定了彼，按照慈氏诸论和《赞颂集》的意趣，由于佛身和本智诸无漏法体性亦和彼法界相同，所以不存在不成立为自然无为法之理，而且法界现空双运不相违也为上述的观察二谛的观察究竟之理所成立。由于即彼不于现在的有情显现而于佛地现前显现和现在的习气此幻象于有情显现，成佛时不显现二者犹如入眠与未入眠的现象和未醒与醒时的梦境，是由正量成立为名言，所以这个建立二谛的后一种界限亦能容易理解。由于这种如是成立为谛实、不谛实是在观察名言中进行的，所以不是在观察义理中成立为实有的这个要点，应当按照《他空承许·狮子吼声》中所讲来了知。由于是以如是之理成立法界现空双运即此非差别的胜义为究竟一乘之本，所以在密教中是将即此讲成了厄旺[①]、因位相续[②]、金刚主、大手印，是一切种最胜、原始心和自然智等，因为若能如是理解，无可辩驳，即此便成为究竟了义。由于此理和密教外续[③]中所讲的我真实、胜义无相的神力金刚界佛与内续[④]中所讲的摩诃瑜伽的真实无别远离心的所行处、阿鲁瑜伽的界智无别、究竟大圆满的本净任运双运原始基的存在之理等是同一义理，所以若不首先抉择即此，诸后者则不能抉择，若彻底理解了此理，就能获得诸后者亦不难依次抉择的伺察力，是故，如是了知道理，无论如何也是重要的。是故若善观察，如果凭依粗分外中观或智慧因中观，清楚分辨二谛的性相，抉择了二无我之义后，发生了远离疑暗的定解的话，修定时就能渐次确定为细分内中观或双运果中观广大无二智之义理而修习，而且两种了义中观全无不符合究竟密意。应成派说，心成为二现或识之所行处的差别胜义只是临时进入的门，不承认为究竟，而将别别自证智成为圣者之所行处的双运非差别的胜义即此远离言说思议合乎标准的般若波罗蜜多讲成了唯一胜义谛。同样，他空

---

① 厄旺：ཨེ字表智慧空，ཝཾ字表方便大乐。“厄”字表此真如亦是法性之心，故是有相，有种种相，有最胜相。此名空性，亦名一切种相，亦名一切根。心之法性，亦即法性之心。“旺”字表示心之法性具备三种特点：由众生直至成佛皆无变异，是能各自了别之内证分，是最不变异之大乐。此名真如，亦名因位金刚持，亦名第一佛。

② 因位相续：自众生乃至佛之间，心识本性，犹如虚空，安住不变。显教经中名为自性种如来藏等；下三部密教经中名为我真实、菩提心、普贤心等；无上瑜伽部中名为厄旺双运。

③ 外续：宁玛派以事部、行部、瑜伽部三者为外续。事部是释迦牟尼所讲，行部和瑜伽部是毗卢遮那佛所讲。

④ 内续：宁玛派说大金刚持佛在广严法刹土所说内无上密乘。所谓无上密乘，是原始怙主普贤现为报身象，对诸净地菩萨所讲的法。

见者也是因为，由于在观察名言中带境的识是虚妄世俗，犹如电与云，彼中不真实，而带境的智是恒常坚固无变化，所以远离破立的法性究竟不欺诳，因此，既然建立为胜义而修，所以是同一要义。有无宗派的承认，也是自宗的大遍智（堆波瓦·喜饶坚赞）的主张讲成了在将大乘圣者的等引智或胜义作为对境[①]时，由于此中不可能有无遮和非遮的感受等任何戏论，所以在双运离大平等中不应做任何宗派的承认，而出定后将名言作为对境时，按照正量经教如何所讲来分辨基、道、果的建立则无疑承认。如是所讲的这个要点，对两派也不相违，因为两派都是在观察名言或入定中破除了有无等一切戏论的相分别后，诵持而平等摄持远离破立的离戏大平等和在出定后于观察世俗名言中审慎分别各自宗派承认的二谛而承认的。应是之故，应当依义，不应只随从于语，因行破立的繁文缛节而劳累。所以，由于执着任何现空为单一之品，不能破除边执的恶见，是故，应当将法界现空双运究竟非差别的胜义完全抉择为有寂平等性，而抉择即此之理，亦如《如意藏·第十八品》中所讲，显现为名言的一切法，虽然实际无有，但是，由于错乱的习气之故，便于前无后无，现在本无中显现的幻象空色，就像被达杜罗[②]麻醉了的眼见为发缕下落等一样，由于实际未曾有过，所以分现空为不同的事依则穷尽，而且是因为，既然胜义自然光明的佛身和本智等亦和无漏的法界非不同，相同的自性本来平等性远离了三时变化，所以不分现空为不同。由心假立的二谛也只是名言，由于实际上无自性，故应将广大无别的清净理解为有寂平等性，即在经中讲了

① 对境：心之所明了、现见及证悟者。指一切物质、精神，以及不相应行的实体的和虚空等非实体的事物。

② 达杜罗：梵义为九种表象。青、白、杂三色良莨菪总名。

因超世俗间缺差别境，超假二谛故戏论息，
谛不分无成立不成立，法界现空自性无二故，
说成彼谛亦谓分不开。

此中如果将世间可能有的一切事物，由于实况和现象的缘故，就根据正量建立为二谛①的话，由于经中讲道：

如是幻象一切轮回法，不实虚妄故是世俗谛，
承认深寂光明涅槃法，无变易本性为胜义谛。

所以是先行上面所讲的抉择二谛为无别离戏大平等后，将如是的实况和现象现完全成为相同的境和有境建立为胜义和将实况与现象不同的境与有境二者建立为世俗，这是由于在名言中虚妄不虚妄的缘故而需要如是建立的，因为若非如此，就连执螺为白色和黄色二者也不会立为真假，因为若非如此，一切名言的建立皆成错乱。所以由实况与现象相同之力成就的一切涅槃法就是胜义，而由实况与现象不同之力发生的一切轮回法就可以建立为世俗，因为若依观察名言而观察，一切佛身与本智之相就不是由错乱的业惑而发生，而由正智的势力发生和未沾染障蔽，所以成立为谛实不虚。由于诸轮回法与彼相反，故称做无实有。此中的谛实不谛实，是由观察名言的量②成立为虚妄与不虚妄，由此看来，就是将实况与现象成为相同有境称做智，因为无所取能取，将执实况与现象为不同称做识，就是所取能取者。由于实况和现象相同之境无显现正量的所以永远不能破除，故而坚固，若举世间的譬

① 二谛：世俗谛和胜义谛。
② 量：真切认识自境，重新认识自境之心，如真现量及真比量等。

喻，是如执绳为绳之心。若见正量抵触实况与现象不同之境，则破除，如执绳为蛇之心，不坚固。所以，《菩萨无尽慧所说经》中讲道："所讲的智常和识无之义亦是彼。因是之故，这与法界无二的智，就由于和法性无不同，故成为常。"《华严经》中讲道：

譬如诸世间，劫烧有终尽，
虚空无损败，佛智亦如是。

《离戏义显广续》中讲道：

我说一切经续中，无变异与无为法，
若诠说金刚喻句，说成大自然本智。

《金刚藏释》中讲道：

如瓶虽坏灭，虚空无坏灭，
如是心虽灭，本智无坏灭。

圣者龙树讲道：

犹如火浣布，众污故不净，
智火烧垢后，此者非清净。

此者观待有法，虽然现似生灭，但彼是有错乱的识中现起的感觉状况，所以彼不能抵触法性不错乱的实性胜义，就像由于器皿的缘故，虚空虽然现似增减，但彼不能成立虚空为有法和无常一样。

如是的法性或本智自身体性，由于本来未沾染恶尘，所以清净；由于自性无变迁，所以恒常；由于永不为苦所制伏，所以安乐；由于遍于一切生死涅槃且我与无我的戏论息灭，所以是正我，即具有一般夫所知界成为彼岸隐蔽事的四种功德法，即如怙主弥勒在《宝性论》中讲道：

净我乐常故，彼岸功德果。

和如《妙吉祥真实名经》中讲道：

自性清净清净我，无始无戏论的我。

不仅如此，而且由于法性自性清净之故，若将由彼发生的有法属于蕴、界、处的这一切内外法也作为究竟实况的话，就是本已成佛为佛身与本智之本体的自性住于平等性中不起不动，是因为，由于究竟佛的眼远离了一切障，故能如是明见。《华严经》中讲道：

我与诸有情，自性遍善住，
无有不住取，彼等谓善逝，
色与受和想，及与识和心，
无数诸如来，咸成火能仁。

《时轮根本续》中讲道："诸有情是佛，其他大佛此世界中非有。"《秘密藏续》中讲道：

喔唷，十六千世间本静，此三世间是净土，
五浊[①]本身具乐处，五蕴本身正等觉，
一切皆是最胜藏，佛于他处不觅法，
除此所谓别的法，佛虽寻求亦不得。

若谓那么，是否佛将蕴等也不讲成一切苦的事相？答：这是出于某种特殊需要，即如弥勒讲道：

所谓我亦说，谓无我亦说，
全无我无我，诸佛亦宣说。

就是佛虽不分别的，但讲成我与我所，是迁就世间，虽然无我我，但按照凡夫中有而理解并不相违，如大乘公认的那样，虽将万物理解成佛身与本智，但由于于不净有情的妄情中现似一切苦并不否定，所以那样理解后，宣讲了如是道理并不相违。同样，有情若是佛，有情在地狱痛苦时，应成佛有苦等；但不成立，是因为，由于胜义中无轮回，在世俗现象中那个生为彼的者不是障蔽已除的佛，所以是由自心具有的障蔽的势力所致，故感觉幻象为如梦境，所以无过，而在实况中无苦等，即在《幻化广续》中讲道：

若无了知真实自证慧，见佛净土亦为恶趣处，
若通达妙乘平等性义，恶趣处即奥明兜率天。

是故，由于一切不净轮回之相是幻象，所以并非如轮回中显现，

① 五浊：五渣，五滓：寿浊、烦恼浊、众生浊、劫浊和见浊。

而且由于清净涅槃的佛身与本智的一切相是不错乱，所以应当唯依此二者来了知名言正量的成立之理。

复次，地狱等这一切不净生死流转之相，是由于有罪恶心的缘故，出现于自己的妄情之中，这在《入行论》中讲了

炽热地上炒，火烫由何生，
如此彼一切，佛说是恶心。

清净的佛刹土身庄严等，是由于自心清净而显现的，对此显密意趣是一致的，而且以婆罗门热巴坚和舍利子二人辩论此刹土净与不净亦能了知，特别是如诸密教无上续部中讲成了由体内的脉、风、明点界和心性净与不净而出现。所以一切法除了只是由自心的寻思给假立的外，实际无有，但是，即彼寻思假立的境，在各自的心中由暂时缘起的势力使真实出现，是称做正量成立的名言，即将随遂造积业，习气随遂恢复的当下我等比如火，由于火性显现为热亦为正量所成立，所以谁都不可争辩说火不是热。如是善恶等也相同，在胜义中并无一概如是断定，因为野兽和灭火者等不见火为热和以诸受得灌顶者能将事物开演为种种变化便了知，而且若善观察，如经中讲了“一事意异故，见为义不成。”对于自己的这一身躯，也是若由体内的寄生虫、外面的兀鹰、美女、佛和自他怨敌等众多者来看，就是处所、食物、净、不净、我所、他所、悦意、不可意和居中者等看法和感觉就不同，若由圣者来看，身则自性非有等，在究竟佛地则讲成了清净色蕴毗卢遮那的体性等，就是如是成立为不可争辩的，此又若善观察，所谓身，也若寻求，则不可得，而且也不成为极微尘，这是由现在再观察达到了要点就能了知，因是之故，既然由于将即彼确立为他人之身等一切内外诸法，就能抉择为无自性，所以应当了知为

在胜义中彼一切也无自性的差别，是法性大平等，但是在名言中则于当下平凡的有情显现，这由于是不净的虚幻景象，所以并非如此中显现的那样真实，而且由于修道菩萨的感觉也仍要日益清净觉知，所以在此中非坚固，而且由于未发出较究竟佛地的那种理解更高的效力，所以不成为究竟实况，故当如是决定。总之，由于诠际离言说、寻际不分别、识际即是智、有法际达到法性，所以法性不可思议的本智，由于超越了所取能取相的所行处，故是成为广大自性清净[①]。若谓那么，修道就无意义了。答：不是。由于诸有不如是通达，所以这种如梦的幻象便骤然出现，是为了消除如是耽着的错误分别的习气，故而修道，所以，并非因为耽着了诸道法和果法为真实，就像魔术师所变的士兵能清除途中的怖畏和医治患涎胆者的疾病一样。因是之故，若按照究竟所悟，就应当将属于世俗和胜义的一切法自性无差别抉择为本已成佛的自性离戏清净大平等，而不应耽着而堕入一般的智力理解为片面的有无、现空、净与不净等二法的任何戏论之品。总之，如世尊讲成了依法不依人，依义不依语，依了义不依不了义，依智不识，以经教、道理、诀窍、正量无颠倒观察所知二谛之实况的结果，犹如从乳中提出酥油，从酥油提出醍醐，是应当会将如来的善说一切显密经续的密意归摄为一个要旨，所以法相因乘的宗论顶峰，就是中末二法轮的了义精华集《宝性论》等慈氏诸论和圣者龙树的《赞颂集》等中所讲之义妙乘大中观，即如《楞伽经》中讲道：

五法三自性，及与八种识，
二种无我义，悉摄诸大乘。

---

① 自性清净：本来清净。心识本质未受烦恼染污的法性。

和如《中般若经》中讲道：“弥勒，诸凡遍计所执色，当观彼为无实有。诸凡分别的色，为因彼是虚妄分别的实有，故观为有，然非纳彼为独立自存。诸凡法性之色，彼亦非无实，亦非实有，应当观为是以胜义而广分辨。”

如是分成现象世俗谛和实况胜义谛两种后，便确定所量正法①宝库的建立，能量彼的宝钥的建立分二：

其一，不了义和了义的建立，一切法的法性真如界心性光明的悟境自性清净而无变异，超越生、灭、住的虚空的体性，就是了义，宣说了义的无余经论是属于了义。有法一切显现，显现为生、灭、来、去、净、不净、蕴、界、处等各种各样的项目犹如梦境，是以言说思议的方法观察而增益后，所宣说的一切，是称做不了义、宣讲不了义的一切经论是属于世俗。譬如说心性如虚空，依言说思议，自以为是的，就是世俗，诸凡胜义性，彼是了义，如是真实。如《中观不可思议赞》中讲道：

诸法之空性，亦说谓了义，
凡说生与灭，有情命等是，
不了义世俗。

如《三摩地王经》中讲道：

当知善逝宣说空，是为了义经差别，
凡说有情数取士，知彼法为不了义。

---

①　正法：妙法，微妙法。缘以为境，即令一切有情障蔽永尽之方便。此有教法和证法二类。

如《大方等大集经第十二无尽慧菩萨品》中讲道："何等名为了义契经，何等名为不了义契经。诸凡契经，为令入道故宣说，此等名为不了义契经。诸凡契经，为令入果故宣说，此等名为了义契经。诸凡契经，若有由其种种名声宣说有我、有情、命者、士夫、补特伽罗、意生、儒童、作者、受者、于无我中显似有我，此等名为不了义契经。诸凡契经，若有宣说空性、无相、无愿、无作、无生、不生、无实、无我、无有情、无命者、无补特伽罗、无主、无诸解脱门，此等名为了义契经。此者名为依了义契经，不依不了义契经。"总之，本性的实况和宣说彼的诸契经，是名为了义和了义契经。一切将令入此本性的方式，以众多方便引转有情心的法，宣说为不净错乱和其差别的，是名为不了义和不了义法。

其二，密意秘密[1]之理，此中分二：

其二（1）密意：就是稍许增益（虚构）后，有所解说，而将非直说之理讲成有特定的目的者，因为《经庄严论》中讲了

平等与别义，以及别时与，
数取趣意乐，知意趣为四。

所以，平等意趣，就是如意念法身平等后，而说于过去世我为毗婆尸佛。别义意趣，就是如意念三无性[2]后，而说一切法无自性。彼亦是遍计所执是相无自性，因为实际上不成为真实；依他起是生无自性，因为不成立从四句生；不从己生，因为己生和刹那生，实体相违；不从他生，因为若观察自相，他不成立；从俱

① 秘密：隐含义、隐约义，言外所指的含义。佛书译为秘密意，或经译秘密。
② 三无性：相无自性性、生无自性性、胜义无自性性。

生，由于实体相违，故不成立，由于无因，故不可能生。既然一切如何显现的此许生等是只在梦幻中缘起，所以是立刻显现，即在《佛说大乘入诸佛境界智光庄严经》中讲了“妙吉祥，梦境显现，非真实。同样，一切法亦显现，非真实。”后又讲到幻化、阳焰、寻沓城、水中月、影像和变化。圆成实是胜义无自性，因为是胜义，而且本身无不净等戏论的体相。如《解深密经》中讲了“就是意念相无自性、生无自性、胜义无自性后而说一切法谓无自性”。别时意趣，就是如仅以记取无垢月光如来的名号而说证得成佛。此亦虽以彼一项不能证得，但由于造积了在此之前的许多资粮，所以是总有一天能成佛。数取趣意乐意趣，就是如对诸耽着戒律为第一的见者，轻毁戒律后，称赞施舍。

其二（2）秘密：依对方之喜好，故为令入正道或事境，便依据其名或稍有的有分（大小、体积）而解说成合理，但不合义，因为《经庄严论》中讲了

所谓令入节，相节对治节，
以及转变节，是名四秘密，
声闻及自性，断过亦语深，
次第依四义，秘密有四种。

此中令入秘密，就是如有些声闻种姓者畏惧空性后不入大乘，为令入，故讲说了有色，于是闻者理解为实际成立后而进，修讲者将一切现象意念为有如梦境。相秘密，就是如为使了知无自性的实况，故说一切法无自性。三无自性，就是遍计所执相无自性性，依他起生无自性性，圆成实胜义无自性性，前面已讲。对治秘密，就是如有些人意想释迦牟尼由于身量矮小且寿数不长，故

低于其他佛而说过去世我成为毗卢遮那佛。闻者理解为等同色身，而讲者则意念为等同资粮圆满、等同证得法身、等同成为利生事业等三者。如《俱舍论》中讲了

一切佛等同，资粮与法身，
利行而非议，寿种姓身量。

转变秘密，就是由于此法容易理解，故为消除认为是一较其他法低劣者之过，而讲成极难领悟，即如《因缘品》中讲了

父母所应杀，若灭国王与，
二净游方者，彼人成清净。

此亦是由于对轮回有作为，所以爱和取就是父母；由于阿赖耶变成种种习气的所依或因，所以是国王；婆罗门持萨迦耶见，沙门持戒律和戒禁取①见，就是二清洁者；内处②连同所取能取的八识，就是游方者。灭除了彼等，若清净，就是成佛。

复次，种种密意和秘密二者是同一体性，而支分又有不同。彼二者的差别，译师洛旦喜饶承认说：“除了讲者思维的义外，闻者能从讲者的语中悟出别义，就是密意，闻者能领悟讲者思维的彼义，就是秘密。”《摄大乘论释》中讲道：“密意只是于意中建立，观待对方所取则不承认，秘密则观待对方所取。”应当将此二者了知为亦不相违，是因为，由于彼亦观待少分后解说成彼的有分，虽不观待对方所取或所取境也是密意，而当他人询问即

① 戒禁取：信守狗戒、牛戒、披发、剃发等非理之戒法，而执为能得解脱之道。
② 内处：四大为因所造清净有色，即眼等可见有对色和意等不可见无对色。

彼时所有义理不圆满，据点以仍停留于用意，因此称做密意。为了饶益他人，依据少部分宣讲成与他的感觉一致，称做秘密，是因为，由于讲者也讲，对方领悟彼后而依止，所以才能作圆满领悟出别义的所依，而且唯住于也不成为虚妄，此等便是阅读佛经的钥匙。由于存在词、义、意趣和特殊需要等许多阶段，所以会以此理来分辨诸深奥的正文，是十分重要的。

第四节　总述九次第乘的建立

我等之本师即彼方便善巧、慈悲为怀的佛祖虽然将随顺无边化机之种类、根器和意乐的胜解而赐教的无量深广法门暂时做了三乘和九乘等的建立，却开示为一时以彼彼乘引导所化化机的方便后，将彼等最终讲成了一切佛的同一条路——只是导入金刚妙乘的憩息平台，因为以彼等道后之乘虽然证得了随顺各自的一果，但彼不顶用，尚有在上者，上面还有道路。如是亦和《秘密藏续》中讲的“虽立诸地之差别，然是趋赴密藏道。”与《妙法莲华经》中讲的“仙人说三乘，佛善方便乘，一乘非有二，为憩说三乘。”道理相同。憩息之义，如《楞伽经》中所讲“是轮回路疲劳者，休息之义非即彼。”就是为了一时休息而讲的，声闻、独觉和菩萨虽以不同的事部乘①和瑜伽乘②各证得了出离各自的异品轮回和二边等的涅槃果，但仍须进修唯一无上果乘，因为正等觉是从殊胜乘发生的。因是之故，不入彼乘不得究竟果。如是亦在《文殊师利幻网经》中讲了

① 事部乘：旧派密乘所说九次第乘之一。本乘入门，依水灌顶及冠冕灌顶成熟身心；见，证悟自心为空明离戏论智，明见世俗现分为清净本尊，故名法性清净本尊；修，修四真如；行，沐浴清洁等外业为主；果，证得三明持金刚地。

② 瑜伽乘：内心修习为主的瑜伽乘。

三乘起出离，安住一乘果。

《胜义念修集》中也讲了

佛说声闻乘非乘，如是独觉非佛地，
具德金刚乘佛乘，彼二造成中下乘，
是故若舍无上乘，不得所求无上觉。

一般来讲，梵音“雅纳”一词，义谓“运载”，译成了“乘”，所以依此能行愈益高上之路，因为与彼相同，故是乘。

复次，在前译金刚乘的成规中虽然称做九次第乘，但是非有法不同的九次第，因为声闻乘和独觉乘除了只正式讲了道和果解脱的部分外，并未将解脱的道果讲圆满，而且虽以自果圆满后又须进修大乘也不能独立，所以还是归入大乘。在波罗蜜多大乘和密乘的外三部①中虽然讲了究竟果的建立，但是并未将能趋入彼的道讲圆满，由于密教无上乘则讲了全部，所以不仅优越，而且由于瑜伽以下的因与果乘之道和一切果的种类等皆于无上密乘中齐备，而彼二乘中则无无上密乘的不共的差别法，而且能代替彼者也未建立的事理之故，所以，在生圆内密三乘中总括了一切。

九次第，如《知识总汇》中所讲

胜义决定乘，定见为三种，
集引苦明行，运转方便乘。

① 密乘的外三部：旧派密教说事部、行部、瑜伽部为密乘外三部，由于如理行持沐浴、清洁等诸婆罗门苦行明觉，故名苦行明觉乘。

由于将三种乘的每一种亦分成各三种，故是九乘。

一、集聚招引乘

此中分三：

（一）声闻乘

是将法我和所取能取抉择为胜义后，以希求自己寂乐的思想，接受八解脱律仪的任一戒律，戒除释行，以三摩地将心修成堪能（能作事），以修四谛十六行相①的智慧，证成预流果至阿罗汉果。

（二）独觉乘

是观想刹那识为胜义，在同声闻一样修了四谛十六行相之上，增加缘起甚深道而修，故而证得果独觉和阿罗汉后，由身表②展示法。

（三）菩萨乘

是将一切法抉择为无我后，以利他的思想躬行十波罗蜜多③和四摄事④，以无分别的三摩地在有学道中修习三十七菩提分

---

① 四谛十六行相：苦谛四行相：无常、苦、空、无我；集谛四行相：因、集、生、缘；灭谛四行相：灭、静、妙、离；道谛四行相：道、明、行、出。

② 身表：随心所欲身亦如是表达。如行走、本生等。

③ 十波罗蜜多：超脱三界苦海，次第证得十地果位之道：布施、持戒、忍辱、精进、禅定、智慧、方便、愿、力、智等十波罗蜜多。

④ 四摄事：四摄法。菩萨摄持众生的四种方法：布施摄，随愿布施法、财；爱语摄，善言慰藉；利行摄，随顺众生意乐行利益事；同事摄，随顺众生意乐，同其所作使得利益。

法[①]，故承认证得果无学道普光地。由于彼三乘能表和合果的道，所以观待性相和究竟密乘的涅槃双运智，就是结合其因之约一半的道，因此是依于因和内部的差别而名为三乘。

二、苦行明觉乘

此中分三：

（一）事部

就是事续中承认由于先行了水和冠冕的灌顶，故领悟我真实在胜义中为远离四边[②]的清净后，依于本尊真实六尊[③]的门理，观想迎请智尊降临于自身起为三昧耶尊之前，为仆随主人之状，修习专注和念诵声、心、基的真实和住心于火、住心于声、声际之真实等三者的静虑，并由于主要行持了沐浴和清洁，故登三部金刚持地[④]。

（二）行部

就是行续中承认在水和冠冕灌顶之上敬礼和又授予灌顶后，行，按事所讲而行，修，观想在自己起为三昧耶尊之前，智尊为弟兄或助伴之状后，由于念诵和三昧地修成坚固，故登四部金刚持地[⑤]。

---

① 三十七菩提分法：四念住、四正断、四神足、五根、五力、七觉支、八圣道支。

② 四边：谛实实有为常边、名言亦无为断边、谛实实名言亦无二者俱有为有边、谛实实无名言当有二者俱无为无边，即有边、无边、亦有亦无边和非有非边四。

③ 六尊：空性本尊、文字本尊、声音本尊、色本尊、手印本尊、相本尊。

④ 三姓金刚持地：密乘事部中说由与本尊身语意三平等和合，七生必证身种姓大日如来，语种姓无量光如来，意种姓金刚不动如来等三姓金刚持地。

⑤ 四姓金刚持地：密乘行部中说如法修习念诵，经历人生五世，即于三姓金刚持上，增益宝生种姓，证得四姓金刚持果。

（三）瑜伽部

即在瑜伽续中承认在金刚弟子的灌顶之上又授予阿阇梨带结行的灌顶后，观想在胜义中无相的法性神力为世俗金刚界佛，并依于五现证[①]和四神变[②]的门理修自为天而召请智尊使融入，以四印[③]加封后进行供赞和念诵，此后解开手印，启请功身，就是方便瑜伽，修习心真实，就是智慧瑜伽。由于主要念诵内三摩地，并将清洁等外行也依为助伴，所以果是于密严刹土证得解脱。由于以彼三种来取舍彼彼以及断对治[④]和外法相乘道相同，所以称做外能忍三密乘。

三、运转方便乘

此中分三：

（一）取名谓无上瑜伽部的密续大瑜伽

承认以简要四灌顶[⑤]甚深有效的灌顶使成熟后，由于领悟了一切依法（前陈宗依与后陈法）为心性现空无别最胜大法身，所以修道的方法大瑜伽，就因内部区分而分成了父续、母续和无二续等三种，其中《密集》和《阎摩德迦修法》等诸父续中的方便生起次第的戏论和圆满次第秘密灌顶的修持，由于主要是修

---

① 五现证：密乘生起次第修证本尊五法：月轮现证、日轮现证、种子现证、手帜现证和全身现证。

② 四神变：密乘瑜伽部四修习：等持神变、加被神变、灌顶神变和供养神变。

③ 四印：密法之四印为：（1）三昧耶印，谓依所修智印引生欢喜，是前加行；（2）业印，谓依真实明妃引生妙乐，是为正行；（3）法印，谓忆所觉受，守护此乐，是为随行；（4）大印，谓依彼等修真实义。密宗又以身是大印，意是三昧耶印，语是法印，业是羯磨印，为身语意四印。

④ 断对治：能断烦恼流的智慧，指无间道苦法智忍等而言。四对治之一。

⑤ 简要四灌顶：宝瓶灌顶、秘密灌顶、智慧灌顶、句义灌顶或第四灌顶。

风息，故是明空无分别智。真实义和集轮等诸母续中除了只有生起次第部分外，由于圆满次第智慧灌顶的修持主要是修界“菩提心明点”，故是乐空无分别智。《幻网经》等诸无二续中的生圆双运，特别是圆满次第第四灌顶的修持，由于主要是修乐明无分别大智、不可思议的法性、极不变的光明自然智，行，依三种近因[①]而行，果，是在即生证得无上菩提。

（二）母续教言阿鲁瑜伽

是承认授予属于外、内、成为和秘密等四种灌顶的三十六种最胜灌顶后随观察转，依见抉择一切依法的胜义即此住于圆满不共的三种坛城者，随外境转，修习无分别智，随文字转，修习本尊三摩地，修习解脱道和凭依上下门设法使乐空智发生的诸道，故而属于变异不定等十地的四有学道[②]皆到究竟后，果无学道是于即生证得大乐身。

（三）无二续诀窍阿底瑜伽

就是着重第四灌顶，授予明力灌顶等特殊的灌顶后，抉择基属于生死轮回寂静涅槃的所有法为本已成佛的自性。按照心部、界部和诀窍部三部各自之密意，将本净之义保持原状而修习，特别是开启任运身坛如来心中的密库之门后，由于首先明见了明智真实义、中间增长而达到量（标准）、最后穷尽，故而汇归于四种决定见[③]的程度，修妥噶（超越）道，于一切分位中观诸凡显现皆为法性之变化，由于行无破立无取舍，故而果是当下住于任运圆满普贤地而到彼岸（波罗蜜多），能于原始地获得解脱。由

① 三种近因行：有戏论行、无戏论行和极无戏论行。

② 四有学道：顺解脱分、顺抉择分、义现观和后现观。

③ 四种决定见：现见法性显现、觉受增长显现、明体进谐显现、穷尽法性显现。

于以彼三乘能使心性自行显现为身坛和智坛，所以不从余处寻求成就而见为自然智，所以称做密教内三部[①]。因此大圆之规，是一切解脱道都归入这九个乘中，而彼一切是归入这个自然大圆满乘而完备。

第五节　分说三律仪的践行次第

分说三律仪的践行次第，此中分三：

一、解说别解脱律仪

解说别解脱律仪，此中分三：

（一）本师宣讲《毗奈耶》的正法之情

本师即此正等觉释迦牟尼从最初发最胜菩提心开始，于三大阿僧祇劫中圆满了二资粮后，于人寿两万年时饮光佛出世之时，是生为婆罗门之子，名无上，在此之后于兜率天受生，名圣善白幢，此后于人寿百岁之时，从兜率天降生，于此刹土中以十二行（宏化）成利生事业，至其年二十九岁间是住于王宫，最后出家而苦行六年后，在年届三十五上于金刚座，在四月十五初夜降魔，并于即彼黎明坐禅，凭依极际的禅定修成了神通和天耳通，于午座时修成了他心通、宿住通和天眼通，于末座黎明初现之际修成了漏尽通，故而证得了无上智后成等正觉，是当时世间上唯一阿罗汉。此后过了七七四十九天，从六月初四开始，宣讲

① 密教内三部：旧派密乘说密续大瑜伽、教言随类瑜伽、诀窍最极瑜伽为密教内三部。心性显为身及智慧之相，论断一切情器世间殊胜二谛无别，离所行境，善巧运转诸法太平等性所有方便，故一名运转方便乘。

《毗奈耶》之正法的起因，就是在波罗奈斯城降落人鹿野苑中，本师能仁王为五比丘以及八万眷属从主要宣讲所诠的法增上戒学开始详广解说了《毗奈耶》的律遮戒和性戒的大略建立、《律藏》三摩地、梵行的瑜伽行为次第和《对法藏》彼等的差别等讲说了以断对治的次第修持的方便和四谛法门，因此，五比丘证得了阿罗，八万天神明见真谛，尔时世间便有了六罗汉。此后度化了五近比丘[1]等至极贤弟子。于年届八十岁时，在力士城（拘尸那城）示现了身蕴无余入灭于法界。复次，由于属于四分律[2]的《律藏》是从本师成佛至未涅槃期间产生和是讲说一切遮戒的建立，所以，虽不确立为只是初法轮的事相，但由于是宣讲与所断轮回的性相相反之道，所以是按照主要，将此作为初法轮的事相。

（二）结集本师所讲后以讲修如何执持之情

结集有三次，其中第一次结集，是由于和舍利子一起有八万阿罗汉，和目犍连一起有七万阿罗汉，和薄伽梵一起有八万一千阿罗汉也都入灭，所以当时诸天神说："诸有权比丘亦皆入灭，正法唯成烟许，诸比丘连三藏之声亦不发出。"为了消除此讥毁，故于处所王舍城的尼拘卢岩洞，由阿阇世王资助了一切敷具与资具，聚集了五百罗汉后，于夏令安居期间由圣者阿难结集了《经藏》，由优婆离尊者结集了《律藏》，由大迦叶结集了全部《论藏》，于是听见诸天神在色究竟天中不同自说："诸天增长，诸非天退失，佛教久住矣。"第二次结集，是在佛入灭后一百一

① 五近比丘：名称子、无垢子、满慈子、牛相子和妙臂子，是释迦牟尼的及门五比丘。

② 四分律：四毗奈耶。佛灭后，上座部采集律藏，四度完结，故名四分律。此分《广戒经》《十七事》《请问品》和《杂事品》。

十年时，广严城的诸比丘宣布了“十非事”[①]，以耶舍为首的七百罗汉给予了破斥，并一次完整地念诵了全部三藏，又举行了相顺布萨[②]和吉祥布萨[③]，即是第二次结集，第三次结集，由于从阿育王之子勇军时起，依次出现了魔所加持的比丘大天、贤善、龙尊者和保安等宣布分成四五家，宣讲了异教，所以在勇军王下半生，难陀和大莲王的一生，迦腻色迦王的上半生等以上四位国王期间诸比丘发了诤论，并由于本师未将诸律写成文字，因此经过了很长时间，《别解脱经》的念诵法出现了不同，故而分成了十八部[④]，就是由龙尊者兴起诤论的因缘分成了根本四部，后来由于保安扩大了诤论，故而四部又逐渐分裂成了十八部。此后此互相诤论稍有平息后，在各自分住的期间，由迦腻色迦王任施主，进行了第三次结集。此亦有诸迦湿弥罗人承认说：“是在迦湿弥罗国的纳杰（耳饰）寺中由圣者孜布洛等五罗汉、世友等四百大尊者和五百菩萨等结集的。”圣境印度的大多数班智达承认说：“是在兰札热的古瓦纳寺中由五百阿罗汉和五千大尊者结

① 十非事：十非法，十事非法，十谬法。释迦牟尼佛圆寂后一百一十年时，印度广严城有比丘众认为可以不作犯戒处理，后在第二次结集中，大众认为非法，制为犯戒的十种行为：一、作非法事；口呼“负负”，即可听许；二、作犯僧残，得人随喜，即可听许，三、病中饮酒，状如水蛭吮吸，即可听许；四、士为共用，不伤生命，两手耕种，即可听许；五、调盐变味，非时而食，即可听许；六、用斋之后，行程逾越半俱卢舍，再次用餐，即可听许；七、用斋之后，食物未作余食法者，两指拾食，即可听许；八、搀和定时及不定时食品，非时食用，即可听许；九、卧具补靪，不必如来一卡，即可听许；十、沙弥头上，顶戴小龛，内置钵盂，花鬘为饰，若得投进金银，便自接触，即可听许。是为十事非法。

② 相顺布萨：比丘布萨之一。能使今生烦恼寂灭，增上戒清净，故名相顺布萨。此可分为：十四布萨、十五布萨、除害布萨、解恨布萨和吉祥布萨。

③ 吉祥布萨：比丘诵戒净善之僧制，为共同布萨中不定时布萨之一。每逢安位开光等吉祥时辰，及为转化旱、涝、暴君等不吉祥事为吉祥而举行的临时布萨。

④ 十八部：根本说一切有部分七部：1. 根本说一切有部；2. 饮光部；3. 化地部；4. 法护部；5. 多闻部；6. 赤牒部；7. 说分别部。正量部中分三部：8. 鸡胤部；9. 守护部；10. 犊子部。大众部分五部：11. 东山住部；12. 西山住部；13. 雪山住部；14. 说出世部；15. 说假部。

集的。”若按当今西藏公认的说法，说是在佛入灭后将近四百年（公元前1世纪），由五百阿罗汉、五百菩萨和五百凡俗大德或一万六千人聚集一地而结集的。总之，是《金鬘本生传》中引述《及利及王说梦经》，将分裂成的十八部派的“会诵”都成立为佛语，并将众律写成了经函。以前未成文的《经藏》和《论藏》也在当时写成了经函。

释论产生的情况，此中分二：

第一，声闻的不共释论，就是《阿毗达磨大毗婆娑论》，据说此《论》是在优婆俱多时期由诸阿罗汉集体著作的，有些人承是阿罗汉著作的，有些人承认是贪一切著作的，藏族人则综合这两种说法，说成是在北印度宾山名优寺中，由优婆俱多、贪一切和古尔布等五百阿罗汉集体写成的。

第二，共乘的释论，是为发光所得，是由婆罗门尊者阿阇梨悦旦维(功德光)造了《毗奈耶根本》和《百一羯磨论丛》等，由阿阇梨释迦维（释迦光）造了《三百颂》的正文和释文等而弘传开来的，所以直到现在仍主要遵循这两位阿阇梨的经典。

关于别解脱的律统如何发生之情，在此雪域吐蕃除说一切有部一派外，未出现别的部派，虽然如此，但律统则有三个系统，其中前译的律统东律的历代传承，依次是正等觉、舍利子、徒子罗睺罗、婆罗门罗睺罗、大圣龙树、清辨论师、祥隐、智藏、亲教师静命、巴·热旦（仁波切赛朗）、藏·绕赛、大喇嘛贡巴绕赛、鲁梅·楚程喜饶、随·多吉坚赞、乃沃·札巴坚赞、支·喜饶巴、恰杜·尊珠巴、孜·杜增循努森格、超敦·杜孜札、钦·南喀札、赛邬·札巴喜饶、钦·洛桑札巴、超敦·贡噶坚赞、邦·楚巴喜饶、班钦根顿楚、乃宁巴·贡噶德勒、唐吉钦巴·根顿嘉措、德瓦坚巴·格来班桑、杰康孜巴·班觉嘉措、林曼赤钦·贡觉曲培、堪钦贡觉旦增、大译师阿旺曲班、敏林饶绛巴·邬坚曲札、久美乔丹、邬坚旦增、仁增桑布、白玛札西、土旦白玛盖班宁切、土旦格桑嘉措、土旦宁切却季嘉措、堪钦杜瓦德、堪仁波切土旦坚赞沃色和由此亲教师传至本人措如·迦玛索南乔旦。

后译的律统有两个传承系统，其中西律的历代传承，是由东印度的班智达达磨婆罗（法护）的弟子三护[①]传出的，如今未听说有其律统。迦湿弥罗的历代传承，是由龙树传给了库纳弥札，此后递传次第是热旦弥札、室利达磨婆罗、库纳巴迪、达磨拉、阿嘎热库巴和班钦释迦室利，是由此师为绛央萨迦班智达（贡噶坚赞）、强秋班（菩提祥）和多吉班（金刚祥）等授了近圆戒，所以律统是彼三师弘扬后流传开来的。

附则：关于《毗奈耶》的讲解传统。

从佛尊、圣者优婆离和饮光尊者至善见之间有等同佛的七弟子，他们是琪米翁洛米培（不还心不往）、迦湿弥罗杜桑（善僧）、贤哲大德益宁（世亲）、圣者悦旦维（功德光）、阿阇梨却季协宁（法友）、希瓦维（寂光）和索南札（富称），由后二师传承给了阿阇梨释迦维（释迦光），此后递传次第是班智达森格栋坚（狮面者）、塔纳希拉、阇那弥札、焦若·鲁益坚赞（龙幢）、玛（仁钦乔）昆（普益旺布）藏（勒竹）三人、大喇嘛（贡巴饶赛）、鲁梅（楚程希饶）、隋（多吉坚赞）、乃沃（札巴坚赞）、索·杜增（持戒上首）、嘉·杜瓦增巴（持律上首）、玛措（绛秋多吉）、恰杜（持戒上首）、孜杜（持律上首）、惹·曲旺（法王）、却强（法觉）、却宗（法精进）、却札仁钦（法称宝）、噶希巴·札循（童称）、索南札（福称）、工钦（遍智）、布敦和玛敦·嘉措仁钦或从玛措的弟子吉雪巴·楚程帕

---

① 三护：善护、德护和智护。约于公元10至11世纪之交阿里古格益西沃迎请法护入藏时，随同入藏重振佛教，被称为三护论师。

（戒圣）圣玛敦·班旦仁钦（具德宝）是八上师传承，最后是玛敦·嘉措仁钦（海宝）。由他迭相传承的是遍智桑杰培（佛增）、绛央贡噶却桑（妙吉祥庆喜妙法）、大成就者诺布平措（宝圆满）、向敦·强巴却协（慈氏法友）、绛萨·喜饶坚赞（慧幢）、孔敦·扎喜札巴坚赞（祥称胜幢）、克珠·饶旦班巴（永恒光华）、塔尔寺饶降巴·塔巴坚赞（解脱幢）、杜增·却朗杰（法胜）和塔尔寺饶降巴·强巴格顿（慈氏比丘）。是经教道理的权威桑杰却塔（佛法兴隆）从彼二师的弟子扎喜坚赞（吉祥胜幢）和强巴坚赞（弥勒胜幢）闻受了《毗奈耶》的讲解传统，由大译师达磨室利（法祥）次第传出了迦妥寺的历代堪布传承系统，是本人从堪布仁波切土旦喜饶饶赛（释教慧日）求得了这个《毗奈耶》的讲解传统。

（三）抉择如是执持的《毗奈耶》的所诠

此中分七：所得戒的本质、戒的类别、未得能得的方便、护持所得不令衰败的方便、能生戒的所依身、若衰败使恢复法和守护的利益。

1. **所得戒的本质**，别解律仪的本质，性相，诸凡被出离的意愿持住的律仪戒[①]皆属于欲界地。第一种倒外排除了外道戒律，第二种例外排除了中间戒律[②]，第三种例外排除了静虑律仪[③]和无漏律仪[④]。对此，若按分别说一切有部，承认彼三律仪相违，即属于欲界地的是别解脱律仪，属于色界地的是静虑律

① 律仪戒：三戒之一。防护一切不饶益他十不善法如防恶毒，名为律仪，即此是戒，名律仪戒。是比丘、比丘尼、沙弥、沙弥尼、近事男、近事女及正学女等七众受持的别解脱戒。

② 中间戒律：于损他事及其根本，仅断一分，尚余一分。

③ 静虑律仪：色缠戒。入色界定时发生的戒体。

④ 无漏律仪：超越三界及圣者地所摄律仪。

仪，不属于任一三界地的是无漏律仪。若按大乘，彼三律仪不相违，因为那种成为大乘圣者心中的根本静虑本质的律仪，从断除罪行、总摄根本静虑和是圣道本质的部分来讲，就是彼彼律仪。此中出离，就是无余涅槃，由于三乘的差别，故有三种出离。由于由怀有那三种出离任一的等起意乐（思想动机）能变成与损他因及其根本[①]相反的断除身语七罪[②]的正业道和由彼引生的任一结行的本体，所以律仪体相是有色[③]。此亦若按分别说一切有部，是承认为住于无表色[④]，因为《俱舍论》中讲道：

无表谓三种，戒非戒其他，
戒谓别解脱，无漏静虑生。

和《三律仪论说》中讲道："声闻戒无表。"如果认为若尔，由于《俱舍论释》中讲了"为因正受的戒律依赖于有表[⑤]，所以七有色业道，无疑就有有表和无表两种。"所以相抵触。答：不抵触。彼时讲成有表不是将即彼讲成根本业道，因为确定为仅此加行和结行。经部师是承认为自心完全变异的差别，即在《俱舍诠释》中讲了"诸凡业先行的心屡次出现，彼是相续，彼变成别的和其他，就是完全变异。"唯识派承认断除恶戒的作思（心思）为带种子的连续，因为若将作思当作单独，则无连续，若

① 损他因及其根本：即损他因等。别解脱律仪之自性者，谓损他之身语不善七，损他意之不善三，即十不善。复次，断此等者，非唯愿善渡怖畏，而是厌离轮回之出离心为真正别解脱戒。

② 身语七罪：身三罪为杀生、不与取和不净行；语四罪是妄语、离间语、绮语和恶语。

③ 有色：有形。一切具体而抽象的有形物体。

④ 无表色：自己所起动机，唯有自己意识能予觉察，他人不能明见的一种假立之色。如八解脱律仪、静虑律仪、无漏律仪、不律仪和中间善等身语戒律。

⑤ 有表：身语之业。

只当作习气，在出现要舍弃的阶段中也随行。关于业成立，若谓如果唯作思，成为身业，心散乱和无心（心暂时停止）二者若无彼作思，如何能有律仪和非律仪二者？是说由于未灭除律仪的差别习气，故有律仪和非律仪二者。中观派是永认为具相应的断心[①]，因为《入行论》中讲道："将证得断心，说成戒律度。"由此看来，自部的上下宗派，是由于各自的智慧差别而发生了高低的主张。

2. **戒的类别**，若区分别解脱律仪有八种，因为有在家人部分的三种和出家人部分的五种，故有八种，若将彼等亦归摄的为实质，就合成四种，是因为，由于比丘比丘尼、沙弥沙弥尼、正学女等三种和男女居士等只是由成为彼此而名称转变，所以将诸凡同类的实质确定为斋戒[②]和四种实质，如是亦在《俱舍论》中讲了

诸八别解脱，实质是四种，
由相名变故，彼异无相违。

近住、居士、沙弥、比丘等四者之戒的性相依次是，将"凭依能成自己之戒的圆满因而受得的任何出离戒。"确立为四种实质之首，许诸于一昼夜中断除成为斋戒之异品八应断[③]的戒，就是第一近住戒的性相，将此称做时成或布萨[④]，因为是诸在家人于望日、晦日和初八时受后而守护的戒和因为居士若受此戒，其学处便恢复而成为消除应断的布萨；许诺终生断除成为居士戒之异

① 断心：能断除懈怠、妄念等修定五障之对治心。

② 斋戒：近住律仪。杀盗淫妄四根本罪，以及饮酒歌舞、花鬘涂香、高广大床、过午时食等四支分罪，共成八罪。认可一昼夜间戒此八罪的别解脱戒。

③ 八应断：四根本堕罪、饮酒、观听歌舞、涂饰香、坐高大床。

④ 布萨：说戒，长净。月中定期，比丘、沙弥集众对说忏悔犯罪；在家徒众受行斋戒，住净戒中，长善净恶的一种宗教仪轨。

品的应断，就是第二居士戒的性相。对此，《毗奈耶》中除了圆戒居士外，未讲别的传戒仪轨，但在《论藏》中则讲了三皈居士和一戒居士等许多类别。许诺终生断除成为沙弥戒之异品十应断①，就是第三沙弥戒的性相。沙弥尼的诸学处，由于在终生和任何昼夜际都不堪为律仪，故不堪为合格的别解脱戒。许诺终生断除所有断七②及其属品之类者，就是第四比丘戒的性相。断七，就是将身语之七罪中的性罪部分作为应断。所谓属品，是作为身语的单遮罪。若谓居士、沙弥和比丘等三种戒如何于一个利特伽罗的身心中成就的？若按照承认戒为有色之理，是承认依次受了三种戒的补特伽罗心中成就了不同的实质，即在《俱舍论》中讲了“彼异无相违”。若按照承认戒为识之理，就是同体异面，是因为，由于作为一个心王的属品，作思不出现同类异质二者，所以诸凡一本质者，能得的因、应断和所取等肯定为不同，因此彼三者不可能同位（异体两件事物同时存在于一处），故是不同的反体。

3. **未得能得的方便**，此中分二：旧仪轨和现在的仪轨。

（1）旧仪轨，那种不观待现在的仪轨，使受戒者受得近圆戒的彼仪轨，就是旧仪轨的性相，若加区分，如《俱舍论释》中讲了“诸有部的调伏者说，以十种受近圆戒。”就是十种仪轨：等觉和独觉证得尽智③和无生智④的菩提之时，是自然得近圆；五贤比丘产生见道时，是以内证智而得近圆，此三者是由自心中自然生起了胜义的比丘而得近圆；舍利子等是由善前来而受得近圆；大迦叶是由承认导师而得近圆；六十善群比丘是由许诺

① 十应断：在八应断之上再增加非时食和受蓄金银。
② 断七：断除身之三不善和语之四不善。
③ 尽智：佛地十智之一。自信已经断尽一切应断之智。
④ 无生智：佛地十智之一。于苦不生知为无生智。

皈依而得近圆；帝王后妃等是由许诺永断八难断法[1]而得近圆；善调由于答问心喜而得近圆等这五种，是依佛的加持而得近圆；供施女因未获得父母之命，由佛遣使比丘尼邬巴往告音讯，依僧传言而得近圆；由僧伽会众名额起码中土十人，边地五人俱行白四羯磨而同时出家得近圆。此等是称做旧的受近圆戒的仪则，因为是在往昔的补特伽罗业惑异熟三障[2]微薄，智慧、自心和根器成熟的化机觉知完全清净的心中所生的近圆戒和因为凡使受具足戒的亲教师也唯是殊胜的圣者。若谓若似这样，就和将诸旧仪轨说成无须观待亲教师和轨范师相违。答：不相违，因为彼等无须如自心三障浓厚，成熟程度较低的现在化机那样有待于亲教师和轨范费大力气来指导和培育，故作如是说，因为否则说“善前来”等之时，佛尊就成是亲教师，而且举行白四羯磨的旧仪轨时，彼作羯磨法事者的事若完成，他就应成轨范师了。复次，由于前七种仪轨无合格的白四仪轨，故是假设的旧仪轨。“传言”虽然是现在的仪轨，但由于也出现根据白四羯磨之旧仪轨的传言仪轨，所以不能一概确定。此中合格的旧仪轨，由于是向十人僧伽会众或五人僧伽会众先行启白，故是以白四羯磨使同时出家和授近圆戒的仪轨。此中“自然”，是本师未成佛前发生的，而“善前来”则在成佛后至涅槃亦讲的，是根据尔时发生了某些过失，才开许了白四羯磨的旧仪轨，诸其他仪轨，由于是从成佛后至未过多久盛行的仪轨尚未出现期间出现的，故名旧的授近圆戒规。

（2）现在的仪轨，此中分二：共同的事和公事。

（2）1. 共同的事，在旧仪轨之后所制定的那种白四羯磨仪

---

① 八难断法：亲从比丘受迎圆戒、半月半月从比丘听受教言、于比丘处认可住夏、从僧尼二众解制、若犯难断即于三众履行迁悦、不言比丘犯戒、不轻侮比丘、顶礼肃敬新进比丘。

② 三障：贪障、碍障、下劣障。亦称做烦恼障、所知障和业障。

轨及其属品，就是现在仪轨的性相。若加区分，就有从十人僧伽会众和五人僧伽会众，或者特殊情况下从四人僧伽会众和二僧团受近圆戒和以传言依次授予前期戒和后期戒。

（2）2. 公事，就是以比丘人数多少和难得易得的差别建立为十人僧伽会众和五人僧伽会众的中区和边地的地段，这在《偈品》中讲了

在哩卡热地密林，甘庶树茂之以东，
名叫鄔希日大山，此中阴山之以北，
鄔波窣吐奴城市，于此城市之以西，
芦苇域前流一河，芦苇河流之以南，
此等中间诸地方，应当知为是中区，
外面称做边地者，一切智说无边际。

就是以地段划分的，若以教都（宗教流行区的中心）来划分，有教法和证法的地方就是中区。

以现在的仪轨受戒的仪轨分二：受时戒的仪轨和受终生戒的仪轨。

甲、受时戒的仪轨，如《俱舍论》中讲道：

坐低床念诵，不饰至天明，
全部八斋戒，早晨从他受。

对此，分别说一切有部承认受者三大洲的任何男子或女人都可以受，应受的对象，唯从比丘而受。经部师承认旁生之身亦发生，应受的对象，亦从遵守布萨以上的居士而受。两派都一致承认从今天太阳未升起前受得后，守护至翌日太阳未升起，但是，特殊情况下，那个许诺于所有月份的望日、晦日和初八中守护的补特

伽罗虽然亦须在以后凡守护的彼彼时重受，但是先前一并来受的意义，若按分别说一切有部，承认饭后而受也发生，若按经部，承认自己虽在佛像前受也发生。

乙、受终生戒的仪轨，此中分二：受男子的三种学处①的仪轨和如何将彼仪轨运用到授受好五种学处之理。

乙（1）受男子三种学处的仪轨，此中分二：受前期戒的仪轨和受后期戒的仪轨。

第一　受前期戒的仪轨，就是迦玛当所讲的

先是盘诘、居士戒，请求以及呆教师，
出家、沙弥和圭影，告知学处是最后。

由于早先出现了日仪轨和此所讲，虽应讲说旧仪轨，但因前面已解说，所以这里应当确定盘诘和此所讲，讲说总结性的事，就是授受居士戒的仪轨和授受沙弥戒的仪轨。

第一（1）受居士戒的仪轨，就是那个依附于传授出家戒的亲教师的比丘为了观察可不可以出家，故盘诘有无碍难，若说已清除，为使彼受戒者渐次入教，应成办为居士，即在《律经根本事》中讲了“当写许诺皈依的词和写承认为居士的词。在此之后，当以认可的姿态告知学处。”一般来讲，居士者，亦可从对象居士而受，是说成八戒居士，此中不仅是唯住于准备传受出家戒的亲教师，而且根本说一切有部之规说成了应当唯从比丘而受。居士戒亦有一戒等部分戒和圆戒两种，这里是指后者，因为应当将相对八戒的居士算作执持五戒的圆戒居士。

第一（2）授受沙弥戒的仪轨，此仪轨分加行、正行和结行

① 三种学处：别解脱三种学处：居士学处、沙弥学处和比丘学处。

三个阶段，加行，就是中间出家的仪轨，即是在依附于亲教师的比丘自已将彼受戒者成为居士之后，舍去所谓勿偷盗的谤语，为使发生惭愧之心，故交付给就出家事请示僧伽的比丘，彼比丘亦盘诘是否完全清除，若已清除，除去亲教师的所有僧人集会，或者亦可坐于各自的住所，带上那个受戒者来请求。僧伽若开许，就由那位先前住于准备传授沙弥戒的比丘启白亲教师，因为彼亲教师是出家的一无百无之因，凡彼，若不向他启白，则不成为亲教师。在此之后，为使发发生本法的意愿，故行三更换，一般是由一位被亲教师委派的比丘剃尽其须发，特殊的，若让剃发新[①]，则剃之，进行沐浴，亲教师施与五资具[②]后，由自已或被委派者给穿戴而观察相。此后更换名号，心中明白现起出家的意愿后，由亲教师本人将彼受戒者成办为中间出家，由于发起皈依，故说实行出家吧！正行，就是亲教师将中间出家者交付给成办为沙弥的比丘，彼比丘使受戒者远离逆缘四障碍法[③]，完备五顺缘[④]，策励发起皈依，须实行为沙弥本身，交付给实行为沙弥的比丘。盘诘完全消除了什么后，便说实行清净吧！结行，就是另一比丘测量圭影，告知成为沙弥的时刻，由轨范师告知十沙弥学处[⑤]，使其承认。

---

① 发新：藏俗初出家时由堪布动手剃去一撮头发。

② 五资具：五种生活用具，即合格的法衣及中宿衣和坐具、钵盂、水滤。

③ 四障碍法：石女和犯五无罪者虽受戒，但不得戒；由于未经国王、父母允许，虽得戒，但因不自主，故不能持；未到驱乌之年或因病苦缠绕等，虽受戒，但不能住学处，不能学到殊胜功德；黄发、断手、屠夫之类虽能学学处，因为不信仰，故影响纯洁。

④ 五顺缘：出家所需五种条件：地方须有三宝及亲教师轨范师；自须未曾厕身僧会、未破律仪，先已受持前期戒；外貌须剃尽须发，备诸资具；意乐须由因位等起，怀出离心，仪轨须完成加行、正行和结行。

⑤ 十沙弥学处：一、不杀生；二、不偷盗；三、不邪淫；四、不妄语；五、不饮酒；六、不歌舞而观听；七、不涂饰香鬘；八、不眠坐高广大床上；九、不得非时食；十、不触摸金银宝物。其中前四种与他胜罪相同，饮酒以下六种乃为所忏悔之罪。所谓他胜罪，即根本罪。

第二　受后期戒的仪轨，经中讲了

先是事与亲教师，二法衣与二钵盂，
告知所喜、屏教师，请求、启白和报告，
盘诘、羯磨和圭影，昼夜时间与诸处，

毁犯、沙门最上愿，同戒律与相关戒，
调柔、需要和不说，恭敬以及受戒者，
依止外道和布施，是正归摄此等类。

解说如是所讲的事，是分成加行、正行和结行等三个阶段。

加行有六事：

一是彼受戒者须年满二十岁，三法衣和三钵盂齐备。若欲受近圆戒，将诸资具安排妥当后，为使三宝和亲教师现前，首先所作的事，一般是三宝成为皈依处，是胜义的三宝，即在《俱舍论》中讲了

诸凡皈依三，即皈佛法僧，
无学与二俱，以及般涅槃。

由于对此所讲有了胜解信，所以此时主要者，就是世俗三宝：佛是本师的身像、法是住于殷重举行羯磨仪轨者的心中、僧一般是十人会众或五人会众，特殊情况下，经中亦讲了四人会众。此的含义，是说不是不可以无有亲教师和屏教师的分支，因为亲教师的诸所作，虽由一位不向他启白的比丘来成办也能完成和容有不盘诘有无碍难也可以的受戒者。虽然如此，但不向亲教师启白是谓轻率，不盘诘有无碍难是谓草率。所以，是由那位堪任亲教师

者某一具有僧伽和轨范师增添法的比丘精通在僧伽中告明羯磨仪轨的羯磨师和远离四去[1]，精通背地盘诘有无碍难后，来到内室报告的合适的屏教师二位口头启白，内室的诸僧伽亦观察个性，若有毁犯，授以忏悔和防止的加持，加入羯磨行列。

二是亲教师现前，一般是选择具有坚固贤善的功德，特别就受戒者而言，戒律行持无有见、闻、可疑之过的比丘担任亲教师，如若允诺，即为亲教师现前。

三是资具现前，就是亲教加持三法衣后而开许，或者若未缝缀完毕，便加持成为材料[2]后而开许，是有两种法衣，钵盂，向僧伽展示和亲教师加持后开许，是有两种钵盂。

四是清净现前，就是那个依附于羯磨师的比丘首先为了破除有错误和不加入羯磨行列之过，故先行同犯加持[3]和求同处同心，以盘诘何为亲教师后，询问是否愿意，彼若愿意，就以单白羯磨委派为屏教师。彼被委派者亦为使实告有无碍难，故于僧伽背后盘诘有无碍难，并将受戒者的碍难告知僧伽后来到内室报告。

五是启白现前，诸西律者在三白[4]之初举说已有的启白，这是不合理的，是因为，由于羯磨现前的量，需要举说白四羯磨，所以相违，是故如东律那样，是讲说启白的词句三次。此时向谁启白的对象，就是具备三种性相的僧伽，名额足够，具有如下的

---

① 四去：四避去。《毗奈耶经》所说屏教师盘诘受戒者有无碍难时，应当回避引去的四种情况：爱好故去，谓受戒者与屏教师谊属亲友，虽有碍难，讳而不言；怖畏故去，谓屏教师畏受戒者，不敢直言；怨恨故去，谓屏教师与受戒者不和，颠倒妄言；无知故去，谓屏教师不能了解受戒者有无碍难。

② 材料：允许出家人用作法衣的材料，有七种：羊毛、麻、边鄙布、棉布、胡麻、憍仗跋草和度古草。

③ 同犯加持：犯戒还净法之一。为使共同犯戒后果不滋长，针对制伏，以减其效用，尔后可行补救羯磨，故依单白羯磨先予加持。

④ 三白：启白皈依、自白我名某甲成为沙弥、白他启请大德接引。

增添法：

非立者非当受处罚者非奉还善愿者，
非未受近圆戒者非破戒非造五逆者，
非持恶见者非低位者非导见有错者，
非他僧界者非他性别非信他三宝者。

远离不加入羯磨行列和加入又退出的二不顺法①。由何人作启白者，是指现前愿受近圆戒者——受戒者，须是一位衷心愿受者、出离心坚固、会义而离五择定②和相续尚未圆满③者。

六是为使僧伽相信完全清除，故于内室盘诘有无碍难，就是依附于羯磨师先行单白羯磨者于僧伽中盘诘有无碍难。此亦是仅从对象和所依两方面了知为无有碍难便可以，实际上并非皆须无碍难者，就像将未满二十岁者想成满二十岁一样。

正行，就是业现前，就是由那个依附于羯磨师的比丘按照“佛法僧与亲教师，轨范师与愿近圆，资具与完全清除，启白以及业现前。”等简要之义，以详简适宜的教诫解说，告明受戒者后，以全无余缺错误的清净仪轨而行白四羯磨，以爱慕之心从僧伽受近圆戒。复次，根本说一切有部之规承认由十种现前变成因

① 二不顺法：戒坛不摄之不顺法和离收摄倒回之不顺法。是近圆现前之一。佛门术语的特殊说法。

② 离五择定：诸比丘、沙弥受持终身戒时，必须远离逆缘，即五择定。此在比丘，必须正离，在诸沙弥，须近似离：若以为于具此顺缘之处，则当守护，若于余处，则不守护，为处择定；于某年月，则当守护，至余年月，则不能守，为时择定；除斗诤劫，余皆能守，为生世择定；除怨、故外，不害他命，为有情择定；除重戒外，余诸轻戒，则不守，为支择定。离此五者，别解脱戒方得生起。

③ 相续尚未圆满：《律经》中所说五种顺缘中意乐顺缘之一。为受戒者传授近事、中间出家、沙弥、近圆戒时，一次名额须为三人以下，若过此数，律仪不生。

缘自身的四大种，由增上缘他识能作因[①]、俱生因[②]和同类因[③]等三者变成比丘的无表色的戒体。经部师以上者承认，由出离心能作近取因[④]，由十现前能作俱有缘[⑤]，戒变成思的本体。

结行，此中分二：

一是为了了解是否供养处，故告明知时[⑥]，就是由于时间在转移，故应从细位测起，就是以四指长日圭测圭影，确定出昼夜二十二分和诸时节而告明。时节，若按世间的公认是四季：春、夏、秋、冬，每一季分成了孟、仲、季各三个月。为了辨认百衲衣，故分成冬、春、夏三季，每一季是四个月，经中又将夏季分成了三季，一年就成了五季[⑦]，如夏季的时间是一个月，短夏季的时间是一天，长夏季的时间是短了一天的三个月。目的，是使了知许诺后夏坐[⑧]的日期，因为若不承认短夏季的那一天，其他就无法承认。又为了认识不满日布萨[⑨]的日期，故将冬、春、夏三季各分成两季后，说成了六季，是因为，由于每一季各有两个

---

① 能作因：六因之一。对于自果生起，不作障碍，与以助力的事物，即果以外的一切事物。

② 俱生因：六因之一。同时俱有、集合一体，彼此依附并存的事物，如待长短而后成立，缺一则不生，互为助益者。

③ 同类因：同分因。六因之一。能生同类果之因，如麦生麦，由善法产生善法等。

④ 近取因：六因之一。如由种生芽之因。主要在于能生自果实质之连续性。

⑤ 俱有缘：与近取因共同生果，主要生起非质流部分者，例如生苗芽时具备的水、肥、暖、湿；成为陶罐因素的人工；成为心识增上缘的感觉器官等。

⑥ 告明知时：于得戒时即了解之授近圆戒末一仪轨。为了解是否供养处，初得戒者，由表明得戒时间比丘于初得戒之影测处，告明年月日时，以士夫和足名目于此吉祥处就某堪布和阿阇梨座前受近圆戒。

⑦ 五季：为求确知受夏日期，《律经》分一年为五季，即：冬季、春季、如夏季、短夏季和长夏季。

⑧ 后夏坐：后夏，安居。晚期夏令安居。首空宿月初一藏历七月十六日起受夏，安居三个月。

⑨ 不满布萨：《律经》所说十四布萨。

月的一月半，余下半个月，是舍去了减夜[1]，故能了知十四布萨[2]。若谓那么，季节的开头，当从何计起？由于《王子书》中讲了“诸佛教的季节开始是诸冬季，是一切月份的下弦之始”。所以是从下弦先行[3]的冬季计开头，而冬季的开始，则是秋季月（藏历九月）完毕后的立刻。议为秋季月是何者，由于《日藏经》中讲了

我说昴宿星，望月月圆满，
名为秋季月，于此遍宣说。

所以是从藏历十月昴宿后半段计季节开头。复次，在此时，季节是唯取分成前段者，而且是为了发明的时间易于记在受戒者的心中。若是年、月、弦、月、昼夜分和白天，则大体告明是在仅此主影之时，使其了知。

二是为使所得不衰败而增长，故告知十一种教诫，此中分二：所学的境和劝告能学的有境。

第二（1）所学的境，此中分二：正式告知主要所学和讲说不告明，但能完全领会的方便。

（1）A. 正式告知主要所学，就是四种清净：劝告所依活命清净要居住永久的道场；劝告所守戒律清净要断除根本堕罪及其支分；劝告修持行为清净要依止四沙门法[4]；劝告完成殊胜愿望

---

① 减夜：《律经》所说十四布萨，即太阴日与太阳日平衡于不足三十日所作布萨。太阴日比太阳日短一小时，太阳日比太阴日长一小时。此时值冬季上下旬、春季上下旬和夏季上下旬，共六节气之两个月之一月半，余半月乃出现——减夜。

② 十四布萨：顺法布萨的定时布萨之一。值鬼宿月、翼宿、氐宿、箕宿、壁宿、昴宿等月份下弦之十四日所作布萨，即不满日布萨。

③ 下弦先行：角宿月入宫在下半月者为下弦先行。

④ 四沙门法：他骂不还骂、他怒不还怒、他打不还打、寻过不还报。

要与诸尊者戒律等同；劝告要结合世间父子之理恭敬亲教师和轨范师和恭敬朋辈、温良亲和；劝告要随尚修学自己的所需悟义正见，具足教证功德。

（1）B. 讲说不告明，但能完全领会的方便，就是指示此时不告明，今后能了知。

第二（2）劝告能学的有境，就是讲说要虔诚谨守学处和生起恭敬，慎重谨守所传授的方便。对此，《摄颂》中讲了“给与外道安住”。就是为了观察除去释迦族和外道散发者外，其他外道徒有无悦意，故而给与安住四个月的白四羯磨，即是加行仪轨的事。

乙（2）如何将彼仪轨运用到授女子的五种学处[①]之理。

成办为女居士和女沙弥的仪轨，除将作为授戒者比丘的代替立名谓比丘尼和将受戒者男子的代替立名谓女子外，是和男子授受戒的仪轨完全相同。此后，受戒者若未持家，须是年满十八岁的女子，若已持家，须是年满十岁的女子。在以中区和边地的差别所分的中区，是由十二名比丘尼僧会众，在边地，是由六名比丘尼僧会众以白二羯磨为女受戒者传授正学女律仪[②]，此后成办为比丘尼。此仪轨分成加行、正行和结行等三个阶段。

加行，就是女受戒者，由持家和未持家的差别而分成年满十二岁和二十岁两类，由那个依附于女亲教师的比丘尼在十二或六比丘尼僧会众中给女受戒者加授掩腋衣和掩乳坎肩，授以五法衣等象征。委派两名比丘尼为女屏教师，由此二比丘尼盘诘有无碍难后，女受戒者为受净行近住戒[③]故启白，由传授彼戒的女羯磨

---

① 女子的五种学处：杀、盗、淫、妄、酒。

② 正学女律仪：本从圆备能生正学女律仪之因而得，承认两年断除根本六法、随顺六法所摄一切所断之出离戒。

③ 净行近住戒：未受比丘尼前所受之戒，即与正学女戒同体之中间戒。

师当面盘诘有无碍难后，以白二羯磨传授净行近住戒。

正行，就是依于中区和边地的差别，增加十人或五人男比丘僧伽会众后，向此二会众的比丘启白，由那个依附于羯磨师的比丘以白四羯磨传授比丘尼戒[①]。

结行，除了其他结行的仪轨相同外，是在告知教诫时安住而不语，在讲说堕罪时是增加了四不共他胜[②]后，告知八他胜罪[③]和八重法[④]。若谓那么，在沙尼和比丘尼之间就没有不共的两种学处，是否就有唯依靠男僧伽而生比丘尼戒？答：能生，若按照恶作，是有生，因为无前期戒，只是恶作已尽而已和因为讲道："既然比丘和比丘尼二者都造作他业，所以并非不发生。"

在以现在的仪轨受出家的前后期戒时，经中讲成了应当断除逆缘，完备顺缘和应当辨认依次受不受三戒的差别——戒的受得的界限。

应当断除逆缘，完备顺缘，就是受戒时，观待各自的所学而离五择定，此在比丘，必须正离，在沙弥，必须近似离：如以为于此具顺缘之处则当守护，于余处不能守护，就是处择定；如以为仅在一年或一月中则当守护，至余年月则不能守护，就是时择定；如以为除斗诤劫外，在其他时皆能守护，就是生世择定；如以为除怨敌外，不害命，就是有情择定；如以为除某些重戒外，

---

① 比丘尼戒：谓他胜罪八条、僧残二十条、舍堕罪三十三条、单堕罪一百八十条、别悔十一条、恶作一百一十二条，共三百六十四条。

② 四不共他胜罪：比丘四根本罪：不净行、不与取、本生和妄说上人法。

③ 八他胜罪：比丘尼应断之八重罪。除与比丘相同之波罗夷外，再加淫心抱触男子、淫心仰卧于男身前，明知故隐伴尼犯波罗夷，身语拒绝众所摈除比丘悔过来请容忍等四种不共之戒。总数为八。

④ 八重法：即八难断法。十旧仪轨之一。帝王后妃由自认可永断八难断法而得近圆。八难断法为：亲从比丘受近圆戒；半月半月从比丘听受教言；于比丘处认可夏住；从僧尼二众解制；若犯难断即于二众履行迁悦；不言比丘犯戒；不轻侮比丘；顶礼肃敬新进比丘。

诸轻戒则不能守护，就是支择定。所谓支因有差别，就是决定不向沙弥解说支分，所以称做近似离五择定。不仅如此，而且须是一个远离逆缘障碍之法者，即黄门和造无间罪等，就是生戒的障碍，是因为虽给他们传戒也不发生；未经国王和父母开许，就是存在的障碍，是因为，由于彼等虽已生戒也不成为自主，所以必须流失，故不久住；不能驱乌鸦①或病与苦缠身者，是成为殊胜的障碍，是因为，由于虽然守戒，但不敢谨守学处，所以功德不能增胜（特别优异）；黄发者和秃手者等身有缺陷和屠夫等种姓不善者，就是所依身美的障碍，是因为虽因彼等生戒有益于受戒者，但却造作诸在家人不信教的因，所以须是一个远离彼四类，身心清净者，是因为，由于第一类者戒不生，第二类者戒不住，所以无益于受戒者，后两类者，虽因发生和存在，有益于受戒者，故该传授，但传授者则发生违反遮制的少许罪过。如是从破的方面讲，是远离了五择定，无四障碍，而从立的方面讲，就是具备了上面所讲的一切顺缘，特别是须是一位怀有欲愿证得任一三涅槃的出离心者，因为否则只不过是救难和善愿而已。所以，在将那个断除了逆缘，完备顺缘的有缘受戒者成办为比丘时，成办者须是一位具足才识精湛、行为高尚的品德者。此中行为高尚之德是加入羯磨行列的所有比丘既应是一位自心毫不沾染罪过的戒律清净者，又应在加入其支分羯磨之前忏悔诸不共的堕罪，诸共同的堕罪虽有可为加持和忏悔之境，但未到观待应忏之数和诸应先行惩治之类，在加入羯磨之前由于忏悔的程序未完毕，故未完成忏悔的诸罪，是以相应的加持等还净的方式而清除。才识精湛之德，一般是精通三藏，特别是精通《毗奈耶》，经中将其中

---

① 不能驱乌鸦：小孩到能驱走乌鸦的年龄，大约 8 岁。佛教戒律以此为出家年龄的下限。

做羯磨法事者称做持律[1]。其合格者，并非只满足于明了《毗奈耶》的事，须是一位默记包括不同小事在内的一百零一种羯磨的即此仪轨全文，半个字也不错乱地能讽诸者。如是精通仪轨全文与执行的亲教师、轨范师和僧伽等就是完聚了德相。

应当辨认依次受不受三戒的差别，若按照无罪和一切圆满，是应当以依次受持三戒而受近圆戒，因为《律经》中讲道："居士自己、沙弥自己和比丘自己等前者不受近圆戒，后者则不受。"倘若连前二戒也不先受，近圆戒是不发生的，因为《律经》中讲道："一个未出家的在家人若受近圆戒，是谓近圆或谓未近圆？优婆离，是谓近圆。"但是授戒者亲教师、轨范师和僧伽等则发生违反遮制之罪，所以是说，生，是依据了恶作，无前期戒，只是罪过已尽而已。此外，《经藏》中也有由于受了后期戒，前期戒便顺便获得，所以无须专受，因为《报恩经》中讲道："阿泥律陀复白佛言：若白衣不受五戒，直受十戒，成得戒不？佛告曰：一时得两种戒，得优婆塞戒，得沙尼戒。若五戒亦不受，十戒也不受，虽直受具戒，亦同时得三种戒。"

应当辨认戒的受得界限，一前期戒是在念诵仪轨全文三次后，启白皈依、自白和白他等三白中的自白结束，称作居士或沙弥一完毕，彼戒便立即发生。后期戒比丘，既然取决于僧伽领解白四羯磨，所以第三诠说羯磨，就是诠说死以前本质，是因为，由于戒的因缘已齐备，所以诠说应该受的近圆戒的本质。所谓启白以上，就是诠说事，因为是对受近圆戒者诠说事，在此之后，以下是诠说做，因为是诠说作者僧伽，所以是诠说事一完毕，彼便立即生戒，因为经中讲道："唯是于诸凡最后诠说的第三部分

---

① 持律：持律上首。近圆已来护持戒统未断为坚固德，通过律藏巧于讲演宏扬为贤善德。比丘具此二德号称持律，堪为戒师。

而成就。”在如是之时，彼作者也就成为轨范师，即是说事完成，唯是已变，因为居士等，唯因诸事完成而成为轨范师的。

4. **守护所得不令衰败的方法**，此中分二：略说和详释。

（1）略说，不应只满足以未得能得的仪轨起初受得的戒，而应当学习在彼期间守护已得的戒不令衰败，因为若不守护，便成过患；若守护，则有大利益，因为《珍爱比丘经》中讲道：

或有戒为乐，或有戒为苦，
守戒则安乐，破戒便是苦。

（2）详释，此中分二：详释明说的取舍学处、归摄暗示如法合理的学处而讲说。

（2）1. 详释明说的取舍学处，此中分二：属于在家人的学处和属于出家人的学处；

甲、属于在家人的学处，此中分三：皈依的学处、近住的学处和居士的学处。

甲（1）皈依的学处，此中分二：皈依各个不共三宝的学处和三宝的共同学处。

（1）A. 皈依各个不共三宝的学处，此中有破立的二种学处，破除的学处，就是皈依佛法僧后，各自的学处，依次是不寄命希望于他皈依处世间神而皈依、断除损害有情和助伴不交结外道徒，因为若违反了彼等，就舍弃如此如此的三宝的皈依，即在《涅槃经》中讲了

诸凡皈依佛，彼即正居士，
于诸其他神，永远不皈依，
皈依于正法，远离损害心，

于僧亦皈依，不交外道徒。

成立的学处，就是应当将佛像仅仅泥塑小像的碎片、法的所依仅仅一个家和僧伽之色打有黄色补丁以上等皆作如此如此的至宝想后而恭敬。

（1）B. 三宝的共同学处，就是纵为活命和国政等也不舍弃三宝；不论需要如何重大，除了信任三宝外，不寻求世间其他方便；经常忆念功德，不减定时供养；了知利益，故自己皈依并使他人亦皈依；礼拜诸凡去处的佛和其身像等五种学处。

甲（2）近住的学处，此中分二：时戒正近住的学处和若将此学处作为终身戒，此人就成为八戒居士之理。

（2）A. 时戒正近住的学处，如《俱舍论》中所讲

戒不放逸支，禁戒支依支，
是四及一三。

断除不净等四根本堕罪，是使戒律坚固的支；戒酒是不放逸支；断除坐高广大床、观听歌舞着华鬘和非时食等三者是禁戒支。并非因此八支是在昼夜边际以内许诺的时戒，不是终身，就不该为诸至上戒之功德的所依，所以，成为至上功德之所依的性相是确立为七种，即如《菩提道灯论》中讲道：

若常具余七，别解脱律仪，
乃有菩萨律，善根余非有。

（2）B. 若将此学处作为终身戒，此人就成为八戒居士之理，终身许诺布萨八支者，就是八戒居士，这虽然在根本说一切

有部的《律经》中未讲，但是，世亲则承认为圣者上座部观，因为他讲道："所谓八戒居士，这是从圣者上座部的《诀窍续》中了知的，未见佛已讲。"但是，在大乘的契经则讲了，因为在《宝积经》中讲了"太子大悲心终生受八戒。"

甲（3）居士的学处，此中分三：辨认居士的五应断、依于守护彼学处的多少之情解说居士的类别和讲说居士的相同学处。

（3）A. 辨认居士的五应断，居士的应断，有根本和支分两种，根本应断有四种：杀生、不与取、邪淫和妄语，此等中作为对象支的必须是人，因为若不具备人，就只是属于根本的罪而已，不是正根本罪，所以不成为犯戒。此中不将不净行立为律事而立邪淫，是因为在家人容易防护，即在《俱舍论》中讲了"邪淫最可诃，易离得不作。"支分应断，就是戒酒，因为若不戒酒，就不能守护诸其他学处，即在该《论》中讲了"遮中唯离酒，为护余律仪。"

（3）B. 依于守护彼学处的多少之情解说居士的类别，由彼分出声闻部规和除此以外其他部规。

B（1）声闻部规，对于前面所说的那个许诺皈依后，只守护其学处名为三皈居士，日下部和经部师说，彼等学处虽非居士戒，然是合格的居士。分别说一切有部说，若无居士戒，他就不是合格的居士。只断除上面刚讲的居士的应断中的杀生是一戒居士，在此之上只断除不与取是二戒居士，在此二者之上断除妄语等三种是多戒居士，在此三种之上是断除邪淫和酒，这五种都断除是圆戒居士。对于这四种居士，若按照分别说一切有部，就是受戒时，只承认为居士后，后来守护凡欲的一戒等，承认谓彼等戒的居士，即在《俱舍论》中讲了"一戒等任何，守彼谓守护。"若按经部师，是承认说："受戒时如说'请收留我为一戒居士。'就是许诺诸凡欲的戒后守护彼，因为受了除彼戒以外的全部其他戒，后来若不守护彼戒，就成为犯戒。”

B（2）其他部规，在圆戒居士的应断之上断除不净行，就是净行居士，因为经部师承认已由“虽以饰品饰亦是法行”等说明，而且因为《神变示现经》中也讲了这个净行居士和八戒居士，如说，

为诸如来所赞许，谓具许多僧人德，
我既慈悲众有情，为利众生理国政，
乃至终生行净行，八支布萨亦接受。

此二者不是在家人和出家人，是因为，由于舍离了家室，所以不是具有性行为的在家人，凡此由于未持出家相，所以彼亦不是出家人。

（3）C. 讲说居士的相同学处，此中分二：讲说正罪和劝告在家咒师亦应珍爱《毗奈耶》所讲的学处。

C1. 讲说正罪，总之，由于十不善中的杀人等三种身业和口说妄语是根本应断，所以若犯了彼四罪，便是舍戒，故当重受，若犯了杀非人等四罪和饮酒罪等五罪，应当在守戒者前忏悔，除此以外的其他离间语等三语业和三意业即其余六不善是类同的应断，此等也是应当以追悔和防护之心来还净。

C2. 劝告在家咒师亦应珍受《毗奈耶》所讲的学处，守居士戒者若是进修密乘，经中既然讲成了如是的居士彼持明[1]也是除了披袈裟和持钵盂等出家人的相类和羯磨仪轨与某些单独遮制等外，诸其余的都应当按照《毗奈耶》中如何所讲来行持，何

① 持明：修持密乘、证得成就者。明谓密乘本尊大乐智慧，深修持此智者，称为持明。

况出家的咒师，因为《妙臂问经》中讲道：

“佛我所讲别解脱，无余清净戒律中，
在家咒师除相仪，诸其余者应行持。”

乙、属于出家人的学处，此中分三：沙弥和沙弥尼的学处、正学女的学处和比丘的学处。

乙（1）沙弥和沙弥尼的学处，此中分三：沙弥的正违犯、相同所戒的恶作和违犯出家时许诺的相同罪。

第一　沙弥的正违犯，正式解说此违犯，大体是十种，若从彼细算，是成为三十三种违犯[1]。

第一（1）大体十种违犯，就是为了断除因听闻许多学处而畏缩退受戒，所以经中就归总为大体十种而讲了，然而是纳入两类根本和支分，前四种违犯称做根本，因为若防护，就成为戒律；若不防护，就成为犯戒。后六种违犯称做支分，由于成为防护彼四种根本违犯的方便，故作如是说。复次，由于酒能使记忆衰退，所以戒酒，就是不放逸支，其他五种禁止，就是勤息支[2]，因为歌舞等使生傲慢，收受金银成了蓄的根本。此中由于沙弥的一切毁犯皆归入恶作，所以似根本堕罪的恶作[3]，就是杀害成人或胎儿的生命、偷盗价值昂贵之物、行不净行和妄说上人法[4]，此四种，如在比丘的章节中所讲的那样，如果事依、发起

① 三十三种违犯：就是根本四、杀生三、妄语十二、饮酒、歌舞等三、鬘等二、高广大床二、非时食、取金银、亏损三。

② 勤息支：禁用歌舞花鬘、高广大床和非时食等斋戒之行。

③ 似根本罪之恶作：沙弥所犯诸戒皆摄入恶作中。四根本系犯戒之因，故云与根本罪相似之恶作。

④ 妄说上人法：四他胜之一。犯罪事，说话对象，须是人能言语解义。欲欺骗对方，自己虽未证得神通等功德，但谎言已证得，终使对方理解其所言。

心、加行和究竟等支齐备，就成为似根本堕罪。无覆藏，可以救治；若有隐匿，虽不可救治，但和比丘相同，即在《三百颂》中讲了

因杀人等四，沙弥若违犯，
沙尼如比丘，后无生戒根。

应忏悔的恶作有六种：饮酒、心思散乱随便歌舞游戏并弹奏即歌舞三；爱俏故佩戴珠鬘、涂脂抹粉涂香即鬘等三；坐卧材料昂贵、超过一肘高的高大床、食非时食和收受金银等皆应断除。

第一（2）三十三种违犯，如《毗奈耶》中所讲，

四根本杀生三无根谤[①]，至侮辱家室谤徇情，
明知故妄谤执事谤僧，谤为少食说法歌舞三，
蓄以羹覆饭酒亏损三，鬘等三高大床非时食，
收受金银等如是三十三。

就是四根本罪、属于杀生的似根本罪的屠杀牲畜、浇虫水[②]和饮用有虫之水等三；属于妄语的无根谤、假根谤[③]、破僧和合、随顺破僧和合、侮辱家室、明知故说妄语、徇情[④]、谤执事、谤说为了少许食物而说法、僧残之谤、故犯学处和为取超份故以羹覆

① 无根谤：十三僧残中属违犯二重罪之一。谓对其他比丘既无见又无闻无疑，而诽谤为犯四根本罪随一。

② 浇虫水：九十单堕之一。谓比丘明知有虫而用水浇草，以及将草投水后而受用之所犯堕罪。

③ 假根谤：十三僧残之一，又属损恼二僧残之一。谓对其他比丘假借稍有根据而行诬谤所犯重罪。

④ 徇情：九十单堕之一。发给少许应量堪用资具与为僧伽办事的执事比丘，但有比丘因此不满而訾议为僧伽公物徇情所犯堕罪。

饭等十二种违犯。如是四根本罪和其所属的十五种共十九种，再算上各个饮酒、歌舞等三、鬘等三、高广大床和再加上非时食与收受金银等故是三十种，以及下面要讲的三种违犯[①]，故是三十三种违犯。《教理宝藏》中除把杀生三和舍去妄语中的以羹覆饭的其余十一种共十四种做个如前的讲说外，在此之上还将属于不与取的小屋[②]、大屋[③]、制作珍宝针筒[④]等三种；属于不净行的断除与僧人所断的异相共宿和属于四根本罪的布萨、夏令安居、解制、依长老安居等承认为属于四根本堕罪的二十二种违犯。

第二　相同所戒的恶作，这十三种无罪，就是将《大毗婆娑论》中所讲的

持钵与离衣，以及挖掘地，
触宝与触火，以及劝更食，
打树与砍树，未施与而食，
弃脏子青草，食用积蓄食，
与毁种子等，十种学处外，
当知是执持，相同别解脱。

中的持钵盂，分成了两种，故成十三种无罪，在此之上，西藏的诸持律上首安立了如法相同无罪，就是增加了如所讲的“月蓄、蓄、出寺离衣，不告悔欲未圆宿。”等六种后，承认为十九种无

① 三种违犯：违犯舍俗人相、违犯取出家相和违犯敬阿阇梨。

② 小屋：小屋僧残。十三僧残中因贪因资具而犯的两种僧残罪之一，比丘未得僧伽开许，便于多生物、有诤、有灾等三种不净之地营造房舍，度量超越十八肘，宽十肘半所成之罪。

③ 大屋：大屋僧残。两种僧残之一，使用不如法清净的屋基、材料，营造容纳四比丘以上之大房舍。

④ 制作珍宝针筒：九十单堕之一。谓托非亲俗人制作精致的象牙等针筒。

罪，此中将月蓄衣①、出寺离衣②和蓄③的断除等作为无罪，是遵照大圣布敦说：“是迦课罗学者达瓦恩噶正式所讲。”而建立的。有些持律上首承认说：“舍去悔欲后，虽然连从羯磨处不告而去和沙弥在家过宿一夜也不要，但仍显出与在家人的差别，是所应守护的一半，如是便是十七个半无罪。”总之，由于如前面引述的“除去十种学处”的诸正式违犯成为各种似根本罪和所应忏悔的罪作，所以不属于开许的诸无罪的事依，《三律仪差别论》中所讲的取舍等除了大多如就比丘所讲外，这一切在此沙弥之时是成为相同的恶作，而且此等不待忏悔的对象，仅加意防护就能清除，即在《毗奈耶根本》中讲了“于其相同是意防护”。

第三　违犯出家时许诺的相同罪，就是违犯了舍弃俗相、取出家相、启白亲教等的相同罪。若谓此三种违犯和出家人正违犯有无差别，若没有，如何成为沙弥的违犯；若有，差别是什么？有其差别之理是这样的：那个承认只是一个不受出家戒约束的中间出家者只守护中间时所受得的那三种正沙弥学处就可以，若不守护彼，经中亦讲成了舍弃出家的因，因为虽诚心取一天俗相也是舍弃出家。《俱舍论》中讲了“中间间取事，尔时断根本”。沙弥不仅应守护中间时正式所受的三种学处，而且应当守护《三百颂》中详广所讲的其相同的诸学处，即有如此的差别。也不是因诸相同的违犯舍弃中间出家的，因为将此解说成种种所应忏悔和所戒的恶作。

乙（2）正学女的学处，就是在所受得的沙弥十学处之上受了正学女的律仪后，于两年中修学其学处，此中分二：根本六法

① 月蓄衣：三十单堕之一。《毗奈耶》中说，比丘三法衣中无任何一种，因此拟制法衣并已定量，但其衣长不能覆盖脐轮与二膝轮等三轮，即不能覆盖身体的主要部分，又衣未作加持而储蓄满一月所犯堕罪。

② 出寺离衣：住寺比丘出寺离开法衣七日以上。

③ 蓄：三十堕罪之一。谓比丘三药随一，逾时蓄服所犯堕罪。

和随顺六法。

第一　根本六法，此等，氏宿天讲道：

不单身行路，不游至彼岸，
不接触男身，不与彼同住，
不隐瞒罪过，不撮合婚姻，
此根本六法，为正学女说。

第二　随顺（类似）六法，氏宿天讲道：

收受黄金与，剃除阴部毛，
挖掘诸土地，刈割青草等，
未施与而食，食用储蓄食，
许斯余反面，为随顺六法。

此等便是违反正学女所受学处的恶作，相同所戒，除去七种无罪，由于比丘尼的其他学处，就是此时所受的相同所戒，所以若违犯彼等，应当加意断除，此中七种无罪，经中讲道：

持、离和触火，更食毁种子，
于有青草处，弃脏与攀树。

乙（3）比丘的学处，此中分三：依他补特伽罗而受持、以自己圆满的意乐和加行而守护和解说如何守护的学处。

第一　依他补特伽罗而受持，就是那位刚受完沙弥戒和近圆戒者从自己受近圆起直到连续满十年和五具[1]即具坚固与贤善之德，都应依止殊胜的依止师[2]，做到不误取舍。此种导师和弟子的性相，《三百颂》中讲了

守戒律知《律经》仪，怜悯病人眷清净，
勤以法财施饶益，应时教诲知为师。

所以具有坚固、贤善和饶益之德者就是导师的性相。该《颂》中所讲的

戒律清净敬师长，静虑念诵常精进，
谨慎温顺具忍者，知是依僧守法者。

就是弟子的性相。如何依止导师之规，就是若有亲教师，唯因成了彼，故亦也成为依止师，所以无需依止新导师，因为该《颂》中讲道："即彼亲教是导师。"若无亲教师，则于一位合宜作师长的比丘举行委任的仪轨，住在一起后，翌日黎明升起时即彼就成为依止师。住为一位师长之眷属的众比丘虽然含有许多，但是沙弥，该《颂》中说成了只许安置一个，而且彼亦不可同住超过三宿，所以不应称同住，应称做近侍。依止依止师之规，是说弟子不请示依止师不做事，所以除了礼拜附近的佛塔、打扫粪便和去往别处一天等事和诸定时的特殊守护外，一切事不可任凭自意，应请示彼师，彼师亦以亲切的教诲而如理亲近之。坏灭依止

① 五具：①应当先修菩提心、②应观自身为本尊、③应对于上师修敬信或谓修上师为本尊、④应修无分别正见、⑤应以发愿回向作印持。

② 依止师：《毗奈耶》所说五轨范师之一。对新度比丘授与遮止、修习、开许等三种教戒的先辈比丘。

导师的因，就是产生了双方互不尊重的想。

第二　以自己圆满的意乐和加行而守护。

第二（1）意乐，就是应经常依止踊跃取舍的精进、谨慎勤求行止之事的不放逸和观察自心发生未发生过失的正知等，是因为，由于发生过失的主要因，就是无知、不敬、放逸和多烦恼，所以应当依止遍破彼等的念修。

第二（2）加行，就是为了明了自己如何许诺的诸取舍之事，应当认真闻思《律藏》，因为《宝鬘论》中讲道：

从此出家人，先当敬尊戒，
多闻别解脱，专心抉择义。

第三　解说如何守护的学处，此中分二：破除的学处和成立的学处。

第三（1）破除的学处，此中分二：总事和支分事。

A. 总事，此亦分三：制戒的因、制定的益处和有益的学处。

A（1）制戒的因，就是本师根据什么要制戒和制定的起因，这应当以是在何处，由何补特伽罗因怎样的烦恼而造了何罪等来了知。若谓那么，制定是在何时？虽然有人说，是与现在的仪轨同时产生和制造的，但此说不合理，因为经中讲成了是在本师成佛后第六年，由邬陀夷罗圆满解说的，制定，是过了十二年以后，如是氐宿天也讲了

无垢如秋水，佛教十二载，
无犯善遵守，乃能断烦恼。

A（2）制定的益处，经中讲了制戒的十种益处，此的总结，

经中讲了

摄受僧伽善摄受，乐住惩治不认罪，

诸知耻者安乐住，不信起信信增长，

禁闭其漏后面止，圣教长久住于世。

此中的事，在《摄释分》中讲道：“第一是总略宣说，第二是断除贪欲无止境，第三是断尽疲劳，第四是为了治罚诸犯戒者，第五是为使诸守戒者无罪过之悔，第六为令诸未入教者入教，第七是为了诸入教者成熟，第八是因为缠[①]和压制相同，第九是因为违越了善愿的诸净行，第十是为使佛教连续不断。”

A（3）有益的学处，此中分四：堕罪的因、堕罪的本质、堕罪的性相、堕罪的类别。

（3）甲、堕罪的因，此中分三：五篇[②]正罪如实发生的因——所依的补特伽罗须是一个成就堪补足戒律以上、与本师的遮制相属、心识正常等三项齐备者；共同的等起因，在《律经本母集》中讲了“其因亦四种，无知与放逸，烦恼重不敬”；不共的能作用，于何事堕戒，就是主要的因，就像于成人或胎儿怀杀害想，就是杀生罪的能作因一样。

（3）乙、堕罪的本质，违犯了本师为僧人身制定的学处的身语之业，就是堕罪的本质，因为是成为断七的性戒之异品的堕罪，即在《俱舍论》中讲了“恶戒不善色，断彼是二戒，佛陀亦戒除”。

---

① 缠：缚结，萦缠。在修止及修平等舍心的时候，反复萦缠内心的烦恼现行。此中烦恼，分为三等：凡属连续不断、无惭无愧、庆幸双喜、不以为过者为上品缠；不以为过，其余三支不全者为中品缠；其余三支虽全，但能视以为过者为下品缠。

② 五篇：《律经》所说比丘、比丘尼的五类犯戒罪目，区别为五篇，即：他胜、僧残、堕罪、向彼悔和恶作。

（3）丙、堕罪的性相，就是许诺守持别解脱戒的补特伽罗违犯了身语的遮制的罪。若问：那么，比丘尼隐瞒伴尼的他胜罪和在沙弥时何故于此妳是完全清净？若谓堕罪明知故隐、应不是堕罪，因为不是违犯了身语的遮制。这虽然是说，因为彼等虽无身语的粗分有表色，但有表面变化和汗毛浮动的细微的有表色，所以无过，故是可赞的意护。然而这只不过是给不忘取舍的念和知取以意护之名而已，因为没有建立唯意的堕罪。《毗奈耶言事》中讲了"无由心所犯单堕罪。"

（3）丁、堕罪的类别，此中分四：以体性分的堕罪、以支分分的堕罪、以因果分的堕罪、以部类分的堕罪。

丁－1. 以体性分的堕罪，就是性罪和遮罪两种。一般来讲，虽然将佛未制的心中出现的不善称做性罪，但不是此中要讲之品，这里要讲的是成为堕罪的性罪的性相，就是诸凡遵守遮戒的比丘身心违犯遮戒的堕罪——犯戒那种你的时间等起[①]要由染污来决定。凡彼——犯戒你的时间等起类，也可能是染污，也可能是无记，是单遮制的性相，所以如不与取的他胜罪，就是与本性相属的遮罪，如伐生波逸底迦[②]，就是单遮制的堕罪，而且此二罪并不相违，因为那种受了近圆戒的身心的不与取的他胜罪，是从发生异熟苦的部分上建立为性罪的和从违犯佛的遮制的部分上建立为遮罪的。对此，分别说一切有部承认堕罪的本质为有色。若是别解脱戒的对立罪，应该是身语之业，凡彼是由是否表色的差别分成两类。是怎样？就是性罪的加行和结行的堕罪有是否表色两类，而凡是正行的堕罪皆是非表色，作为遮罪的正行也有承

---

① 时间等起：受沙弥戒、比丘戒时，想顺缘中时间等起为知得戒。谓从授戒仪轨中行一启白三羯磨后，即启白、告业毕时，即得戒。

② 伐生波逸底迦：九十单堕罪之一。比丘伐树、刈草及炒青稞等损坏未被火等损坏的种子，即成此罪。

认表色之品，就像阿罗汉僧心中的遮罪一样。此亦如《毗奈耶言事》中讲道：“阿罗汉僧若犯，一切彼罪亦由无记之心而犯。”由于彼如是者是无记，所不该为非表色，因为《俱舍论》中讲道：“非识非无记。”

丁－2. 以支分分的堕罪，以事为主要的堕罪和想为主要的堕罪两类，前者如不净行的他胜罪，后者如妄语的堕罪。

丁－3. 以因果分的堕罪，此中分三：准备行为的堕罪、加行的堕罪、正行的堕罪。

3A. 准备行为的堕罪，就是为着手彼事，故而发心和从坐垫起身等，若只是恶作，而且彼亦于心中仅仅闪现，就是所戒，发生在身语后，就是所应忏悔的恶作。

3B. 加行的堕罪，就是于彼事正式发起行动的身语之业。若加区分，他胜和僧残的加行是粗罪，诸其他的加行只是恶作。

3C. 正行的堕罪，就是彼事到究竟。余义的粗罪，一般来讲，所谓功能词义的粗罪，如他胜和僧残是重罪，既然是以将如堕以下之罪说成许多之理给五篇取以其名而讲说的，所以是假立的粗罪。此中所谓形成正名的粗罪，才是正规粗罪。若加区分，如定使发生他胜与僧残任一之正罪的前行的粗罪，就是加行的粗罪，在正行之时，虽然不使发生任何他胜和僧残，但正行本身的体性与他胜和僧残的行为相似，就是加行行相的粗罪，就像将致死的兵器戮向某人后，杀心就是邪加行一样。虽然属于他胜和僧残任何一种的到究竟类，但由于众因不齐备，所以正行本身的体性诸属于他胜和僧残之正行部分的罪，就是正行行相的粗罪，就像杀死佛像的阿罗汉和像虽无杀心，但因瞋恚，故断人手的正罪一样。

丁－4. 以部类分的堕罪，就是五篇：他胜、僧残、堕罪、向彼悔和恶作，堕罪有两种：舍弃彼因何犯戒之物后，须忏悔的是舍堕[1]，不观待于那样的惩罚的是单堕。复次，粗罪，就是他胜与僧残任何一种，诸加行的恶作亦属于彼彼各自的部类，十七事[2]中所说诸恶作也除属于恶作的部类外，非其他，所以没有不包括在五篇之类的堕罪，因此，若是恶作，不皆是《别解脱经总纲》中收集的恶作。五个部类的差别，也应当根据等起来区分，就像如触女子身，若是由不净行的等起而发起，就是彼的加行，若不由那种等起发起，就成为僧残一样，因为经中讲道："从其部分属于彼。"

B. 支分事，此中分二：解说比丘的学处和解说比丘尼的学处。

B（1）解说比丘的学处，就是四他胜罪[3]、十三僧残[4]、三十舍堕[5]、九十单堕[6]、四向彼悔[7]和一百十二恶作[8]，共计二百五十三条。四他胜罪，既然遵守遮戒的比丘犯了此四罪任何一条后，虽覆藏一刹那也能断尽戒律，故是根本堕罪，因为异品[9]能

---

① 舍堕：《律经》中说别解脱戒五堕罪之一。应先舍弃因何犯戒之物，如未加持之衣褥等，而后如仪改作，若不改作，即堕恶趣。

② 十七事：出家学处，分为出家事一、守护学处事九、犯已还净事七，共十七事。

③ 四他胜罪：谓犯四种根本罪之任何一种，皆须齐备事依、发起心、加行、究竟四支。

④ 十三僧残：比丘所应断除之残余罪，分为：因贪欲有情者五、因贪欲资具者二、因损恼者二、因违谏者四，总为十三。

⑤ 三十舍堕：比丘所断堕罪之一。谓所犯堕罪之物，应舍于众中而忏悔之，若不忏悔，则感堕罪异熟果，共有三十种。

⑥ 九十单堕：比丘应断堕罪之一。分为九部，每部十条，共九十条。此诸堕罪，犯则将堕恶趣，但忏悔时，不必舍去犯戒事物，一经悔罪，即可还净，故名单堕。

⑦ 四向彼悔：四提舍尼。比丘所断五种堕罪之一类。此有四条：谓受比丘尼所乞之食者；于白衣家其他比丘尼特授予食者；从僧众已与学家羯磨之施主家受食者；于有恐怖处未观察有无盗贼而受食者。学家羯磨，即曾受居家戒之俗人。羯磨，为受戒仪式。

⑧ 一百十二恶作：五篇堕罪中之恶作一百一十二条：著衣聚十、行聚二十、坐聚九、受食聚八、进食聚二十一、用钵聚十四、说法聚二十六、修行聚三、攀登聚一，共九聚一百一十二条。

⑨ 异品：立量中之无所立法，与所立法互相违背或相反者。

将对治摧毁成无力，所以称做四他胜罪。性相，诸凡受了近圆戒者之身心违犯遮戒的堕罪——授了能使自己清净的戒后所犯的种类，就是纯他胜罪的性相。诸凡他胜罪，彼所依仍能作为可治的身心，就是无覆藏的他胜罪的性相；所依不可能治，就是有覆藏的他胜罪的性相。若加区分，就是杀生、不与取、不净行和妄说上人法等四种他胜罪。

B（2）解说比丘尼的学处，就是三百六十四条戒：八他胜罪[①]、二十僧残罪、三十舍堕罪、一百八十单堕罪、十一向彼悔和一百十二恶作，这三百六十四条是所断破除的学处概述。

第三（2）成立的学处，就是“十七事”中所讲的那些，这在邬尔都语中是称做根本，因为能做三学[②]的所依。若加区分，就是十七事，即在《毗奈耶》中讲了

出家事与布萨事、解制坐夏皮革事，
药衣羯耻那衣事，憍赏弥和羯磨事，
呵责事与人本事，降近事中止长净，
宅舍事诤论本事，破僧和合等简要。

复次，憍赏弥[③]，就是纠纷事[④]；呵责，就是改作事[⑤]，人本事[⑥]，

① 八他胜罪：比丘尼应断的八种重罪。除与比丘相同的四波罗夷外，再加淫心抱触男子、淫心仰卧男子身前，明知故隐伴尼犯波罗夷，身语拒绝众所摈除比丘悔过来请容忍等四种不共之戒，总数为八。

② 三学：戒学、定学和慧学。

③ 憍赏弥：亦译憍闪弥，又译藏有，是古中印度一国名。《毗奈耶》十七事中，制止分裂或斗诤本事。古印度为制止憍赏弥国比丘排斥毗舍厘城比丘引起重大纠纷而制订的戒律。

④ 纠纷事：争执事。《律经》术语。僧众中因不和而发生的争执。

⑤ 改作事：《毗奈耶》所说改救犯戒的事。

⑥ 人本事：判别比丘覆不覆藏所犯之罪一章，以人命名，称人本事。

就是时非时所摄本事；降迁[①]，就是履行别住本事；中止长净[②]，就是圆修事，其他事容易理解。若归摄彼十七事，就是三事，因为归入戒未得能得、守护已得不违犯和若违犯则还净等三项，戒未得能得，就是出家事，前已讲。

若违犯则还净，就是还净七事[③]，改讲为根本六节，这里讲说第二节，就是圆修学处事三[④]、安住缘事三[⑤]和同遍能得、守护法和还净等一切的羯磨事[⑥]。

A. 圆修学处事三，遍学所修学处的方法，如经中所讲“布萨、坐夏、解制，就是三事”。

A（1）布萨，是本师在王舍城竹林园中根据众多比丘的请求而开许的，性相，三事之一诸凡能使三学清净的方便——属于任一同分[⑦]的种类，若加区分，有两类：为了消除宿积的罪障，使增上心与增上慧清净，故讲了静虑布萨[⑧]和为了制止未来的继续今生的烦恼，使增上戒清净，故讲了相顺布萨[⑨]。

（1）甲、静虑布萨，如《俱舍论》中所讲“持戒以闻思，最极结合修”。就是那位严守根本清净戒律的补特伽罗，自是名

---

① 降迁：宣示降迁、愉悦等治罪程式，名降迁事。

② 中止长净：《毗奈耶》十七事中，中止教诫，长净本事。对某比丘诘其犯罪，但彼不予置理者，则当对彼中止教诫、中止长净、中止自恣。

③ 还净七事：犯罪还净四事和净论还净三事，合而为七事。

④ 圆修学处事三：《毗奈耶》十七事之一类，谓布萨、坐夏和解制。

⑤ 安住缘事三：《毗奈耶》十七事所说守戒九事之三种乐住缘：衣本事、药本事、宅舍本事。

⑥ 羯磨事：《毗奈耶》十七事中守戒九事之一。遍于一切羯磨之事。比丘所作羯磨细分为一百零一，概括为三：单白羯磨、白二羯磨、白四羯磨。

⑦ 同分：同位。异体的两种事物同时存在于一处。

⑧ 静虑布萨：布萨之一。为净除过去所造业障以清净戒为基础，修九住心以修止，生起四念住等观慧，五道三十七菩提分，得四果。

⑨ 相顺布萨：比丘布萨之一。能使杀生烦恼寂灭，增长戒清净、故名相顺布萨。此可分为：十四布萨、十五布萨、除害布萨、解恨布萨和吉祥布萨五种。

为无贪圣种，故彼寡欲知足者闻道的因藏[①]的经教，思所闻义，修所思义，为他选择禅堂和委派一位断除逆缘、成为顺缘的做成办和断除的安居执事，在他出定时做召请等事。

是如何所修的本质，就是寂止和胜观，寂止，《俱舍论》中讲了“入修要二门，不净观息念，贪寻增上者。”所以对治大部分贪的方法，是观不净（难看，不可意）的三种修法，对治大部分寻思的方法，就是随念气息出入的六种修法，就是以住心于专注彼二所缘等九种住心的方便修成寂止。

胜观，该《论》中讲了“以己修成止，为观修念住”。所以，彼身、受、心、法等四清净者，对治我常见的方法，是实行观修自相为不净等和共相为无常等四种的瑜伽，如是以三十七菩提分法依次修行资粮等五道而能证得预流等四果[②]。

（1）乙、相顺布萨，如迦玛夏当所讲“相顺布萨有五种：十四布萨、十五布萨、吉祥布萨、除害布萨和解恨布萨。”是五种。

乙（1）十四布萨，是因为，由于太阴日[③]时间长度59刻及余数不能代替太阳日[④]时间长度60漏刻，所以太阳日59漏刻就够一个太阴60刻，于是就从藏历十月下弦初一起作为孟冬觜宿（藏历十月十六至十一月十五）而计季节，所以，由于从此过了

---

① 藏：梵音译作毗支迦，义译为箧，亦译为大斗，如大斗中容纳众多小升。此能包含众多事之器，故名为藏。

② 四果：预流果、一来果、不还果和阿罗汉果。

③ 太阴日：月亮白分和黑分每增减一分的时间，称为一太阴日。月亮黑白分变化的弧长的十五分之一的时间长度，即朔望月的三十分之一。以一个太阳日为60刻，则一个太阴日的平均时间长度为59刻3分4息216/707＝0.9843529太阳日。以周天为1620度，则太阳每一个太阴日行4度21分5息又43/707。

④ 太阳日：以日光对大地的作用而得名。从今晨能明辨掌纹时起，至明晨能明辨掌纹之间，称为一个完整的太阳日。一个太阳日等于21600息，即60漏刻，亦即现在钟表上的24小时。

一个半月在藏历十一月下弦举行鬼宿月十四布萨至在（翌年）藏历九月下弦举行昴宿月十四布萨而计算，故而每年就有六个十四布萨，因为《问年书》中讲道：

鬼宿翼宿和氐宿，箕宿壁宿昴宿六，
彼诸月份之下弦，是半月十四布萨。

乙（2）十五布萨，就是值十二序月上弦望和藏历十月至（翌年）八月间的六个月份之下弦十八举行的布萨。就像从太阳日和太阴日之间出现减夜[①]一样，由于太阴日不能代替宫日时间长度60刻52分有余，所以宫日一半又32分时就正值一个太阴日，因为正够太阴日一半又33分。由彼积累，所以一年的差数就够十一天有余，故而是在两年又八个半月出现一个闰月。此推算法，在《毗奈耶》中无正式讲说，但是，诸御前高明的星算家则认为大多出现，因为《向年书》中讲道："舍去闰月，是附和国王，星宿，应当随从星象家了知。"说什么补特伽罗，闰月下弦的布萨，不论自己能与不能，都同样举行，此说是不合理的，因为若不能举行，三十个太阳日时就应该够三十一个太阴日了。

乙（3）吉祥布萨，就是为了清除十非事[②]和每逢安住开光等吉祥时辰举行的布萨。

乙（4）除害布萨，就是为了禳解瘟疫等已发生的灾害或为

---

① 减夜：《毗奈耶》所说十四布萨，即太阴日与太阳日平衡时一月不足三十日所作布萨。太阴日比太阳日短一小时，太阳日比太阴日长一小时。此时值冬季上下旬、春季上下旬和夏季上下旬，共六节气之两个月之一月半，余半月乃出现一一减夜。

② 十非事：佛灭度后一百一十年时，由毗舍离（广戒城）诸比丘说十事非法。即：高声呼、随喜行、观旧事、盐事、道路行法、两指抄食、净病事、酪浆搅法、座具事、金宝事等。由此诸事制定净戒的缘起。

不再发生而举行的布萨。

乙（5）解恨布萨，就是为了调解僧伽纷诤而举行的布萨。如是吉祥等三种不定时的布萨，也是除了白羯磨时只有各自的告明知时的差别外，所有其他仪轨都和定时的布萨相同。

（1）丙、此中到时能学的学处，就是定时的布萨。此中分三：在何处举行、由何人举行、如何举行布萨之理。

丙（1）在何处举行，若闭大关，是在此中举行；若闭大小二关，是出了小关后在大关中举行；若闭小关，布萨等一切羯磨都在此中举行。若围墙垣，此是日界，若不围墙垣，说成了是在滴水槽滴漏的水落于何处以内举行。

丙（2）由何人举行，是由出家五众。[1]

丙（3）如何举行布萨法，就是加行和正行。

（3）1. 加行，分二：未入羯行到列前的所作和加入后的所作。

未加入羯磨行列前的所作，就是前布萨完毕后，在此期间要观察自心堕未堕戒，若堕戒，应当进行相应的忏戒加持。

加入羯磨行列后的所作，就是首先以鼓打犍椎之声召集僧伽。此中犍椎的材料，经中讲了

旃檀木瓜木，紫梗菩提木，
紫檀等若无，改用桐树木；
长度当制成，八十四指量，
宽度为六指，厚度柄二指，
皆以指节量，四角量二指，
扁平极均匀，两端如蛙头，

① 出家五众：具足出家律仪五众即比丘、比丘尼、学法女、沙弥和沙弥尼。

此后能鼓打，彼木削砍成，

长度十二指，圆形两端刻，

猫鼬兽头形，柄长亦同彼。

鼓打，由出家五众，或者亦可由遵守布萨的居士鼓打。梵文典籍中所谓“喀塔”，是称做“连续刷”，按照先行三刷，一般是为了集合僧伽而行三常念[①]和打有顶端的犍椎三下，为了举行羯磨法事，是行一常念和打有顶端的犍椎三下，为了看破蕴身，是打无顶秃椎，为了禳解灾害，打多少都可以。复次，每一常念都打三十六下，从第一下至第十八下是越打越重，从第十九下至第三六下是越打越轻。其中这里是以羯磨犍椎来召集，诸僧伽集合后，每天的所作是行三常念和施食子。吉日时代替讲法闻法的诸诵经，虽然不是布萨的不可或缺的加行，但是按照常规，是先行此后，沙弥的忏悔，若在前面未完成，应在此时进行，认可遍净后将其安置一旁。此时不可或缺的加行有三：第一加行使身心清净，就是在僧伽之中念起堕罪，就由左右的僧人加持，执事僧则以心加持。诸不共的堕罪，由彼以上僧人使清净后，诸共通的堕罪，应以单白而加持。第二加行同处同心，就是以白二羯磨使心适应处所，或者闭以任何一种大小关。第三加行实行僧伽和睦和由于不能加入，故实行体验布萨，就是长老念诵《别解脱经》中的称赞、告知时刻和劝告不放逸，由掌堂师观察后，若见如病人没有剩下，便接受意愿，在内室告明。

（3）2. 正行，就是由长老劝告闻习《别解脱经》后，以单白羯磨使僧伽同心接受“诸具寿，成等当行布萨。”等的建立。

---

① 三常念：布萨仪轨之一。初为寺庙神主、神众举腔念经；为地祇等施食，向三宝、例行礼忏；次为使天、人等众生听法，故讽诵《宣法经》中经文四偈，依敬礼、讽经、回向等念头，讲听《戒行清净经》。

此后正式诵经，就是因缘、他胜、僧残、不定[1]和渐次念诵等五念诵，每一念诵之后应盘诘是否遍除三次。虽然如此，若只念诵因缘，告知此念诵的收尾后，即此盘诘是否遍净本身，就是正行。如是亦说“念诵因缘和启白，唯是只由讲述词句所立，余者由朗诵所闻亦成立。”如果彼处所只有三位比丘以下，应等候到至时，或者去往有举行布萨的处所。若如是不成立，特殊的仪轨是彼此对坐，互相加持，如果只有自己一人，就加意思维而言说，如果仅此也不成立，是应当念诵能仁的旧布萨仪轨全文的三个半偈句。此外，彼处只有四个比丘，就由他们启白来举行布萨。如果不认可病人的遍除和外来的客僧来期不同，突然增多，就按照他的愿望举行布萨。在任何客僧举行布萨之余，后来的人数与他们相等，或者出现更多的比丘，就由诸前者重诵布萨而举行，由于布萨和解制所作相同，所以也应当了知实行解制后无须再举行布萨等的例外。

A（2）坐夏，就是本师住于祇陀林之时，由于诸比丘夏季游方遭到诸外道的讥毁，所以制定坐前夏。由于某时在一山上寺庙坐夏中发生了灾难后，未行解制就来到舍卫城，所以随后制定了后坐夏。性相，三事之一确定任一布萨和解制的方法使清净的种类，若加区分，就是前坐夏和后坐夏，此三者的差别，若是前坐夏是从中宿月季夏下弦初一藏历六月十六日起受夏，安居三个月，若是后坐夏，是从室宿月孟秋下弦初一藏历七月十六日起受夏，安居三个月。氐宿天讲了

从牛宿月初一起，彼前坐夏是主要，

[1] 不定：有二不定。谓比丘若无第三人于屏障中与一女人同坐，于彼唯堪行淫欲与否之别，彼比丘是否犯他胜或僧残、堕罪以及最终将作何事皆不定故。

从室宿月初一起，承认彼为后坐夏。

《毗奈耶本事》中讲了“应当接受坐夏，是于三月中。”

此中分二，坐夏的益处和如何进行具彼益处的坐夏。

（2）甲、坐夏的益处，《毗奈耶》中讲了

舍离讥毁伤蝼蚁，断伤生命修倾圮，
增长闻思少出外，解制获得坚实衣。

（2）乙、如何进行具彼益处的坐夏，此中分二：接受的仪轨和守护许诺的誓言。

乙（1）接受的仪轨，此中分二：加行和正行。

（1）1. 加行，分远期加行和近期加行。

远期加行，就是由于无斗殴者等而有三藏法师，故完备了安居之缘。维修有屋顶和门窗的倾圮殿宇和做扫除等从十天或约半月前就做准备。

近期加行，若是前坐夏，是在仲夏藏历六月望日举行布萨，若是后坐夏，是在季夏藏历七月望日举行布萨，此后若有住处和敷具奉献，就委派一个或几个奉献彼的者比丘，若无奉献，就只委派发放筹[1]者，由执事僧就委派一事询问是否愿意，如果愿意，就以白二羯磨委派之，彼被委派者告明做到如法谨慎后，为使接受等，故由执事僧以白四羯磨使僧众和悦，由被委派者告众周知要发放和接受的等的数目和奉献住处与敷具，而且要告众周知不得错用敷具和许诺住到明后天。

① 筹：安居的比丘所受之筹。佛教僧侣举行大规模法会时，用以计算人数的由柽柳制成的木筹码。

（1）2. 正行，就是十六日早晨在有屋顶的处所，于比丘前念诵仪轨全文三遍，以答愿坐夏。若无特殊的地方，由认允应住于此亦发生安住的效用，因为《毗奈耶》中讲道："由于接受安居，若不弃处所，唯是安居。"

乙（2）守护许诺的誓言，由于《毗奈耶》中讲了"未经加持许可，不可在居住的界外住宿到次日黎明。"所以，除了所讲的由于偶然事故虽越界也无罪的例外外，如果未经加持许可而逾越了许诺居住何处的那个处所附近之界后，于外面住宿到黎明升起，就是犯破夏罪，所以倘若要退走，应获得加持许可，即是讲成了由于未得许可，故应加持一至七天后退走，若从僧伽获得四十天的许可，彼是在相应加持加了四十天以后而退走，《毗奈耶》中讲道："虽可多次重诵七天的加持，但全部加起来不可超过四十天，最后的六天不形成加持。"对此所讲之义，恰杜大师承认尔时七天不形成加持，可授一二日等的加持。

A（3）解制，就是本师住于舍卫城之时，在某一地方有诸比丘持不语戒，由于坐夏中或见或闻或有所疑，所以对坐夏的比丘开许了实行解制。性相，三事之一诸凡能使法清净者，都是凭依坐夏法而发生的无间类，若加区分，就是及时解制①和非时解制②

（3）甲、及时解制，此中分二：加行和正行。

甲（1）加行，分远期和近期加行。

远期加行，就是在七天前告众周知所去的地方而消除嫌怨等，在修饬殿宇等要在十三天以内完成，此后在十四日的晚上抉

① 及时解制：三种解制之一。比丘夏令安居，定期三月，到月圆之十五日，及时解制。前安居时期，到仲秋九月十五日解制，后安居时期，到季秋十月十五日解制。

② 非时解制：三种解制之一。比丘夏令安居，定期三月，如遇遂缘，未满三月，安居一月或半月者，可以解制，名为非时解制。

择法。

近期加行，若接受前坐夏，是在中秋娄宿月藏历九月十五日早上，若接受后坐夏，是在秋季月昴宿藏历九月十六至十月十五任一的十五日早上，所有僧伽集合后，互致敬礼，互请原谅坐夏中冒犯，从三常念，至沙弥的忏悔，是按照布萨来进行并将诸沙弥分开，若要接受不能参加布萨的愿向和解制，则接受，告知僧众，诸不共的堕罪，应按照布萨章节中所讲，在羯磨行列中或在加入前进行还净。此时由执事僧授以同犯加持后，询问被委派者是否愿意，若愿意，就以白二羯磨委派为实行解制者，为了实行解制，故以后羯磨使僧众和悦。

甲（2）正行，就是由那位被委派者散发吉祥草，由对象和所依僧众持彼草后，以念诵解制仪轨全文三遍或一遍而实行堕罪解制[①]，由彼被委派者认真实行解制，告僧周知和实行财物解制[②]。《毗奈耶》中讲成了在此之后，进行沙弥、比丘尼、正学女和沙弥尼等的解制。如是实行了一般解制后，特殊的事，是讲成了盘诘堕罪之时，可以进行中止任何事和人每一或二者的自恣。

（3）乙、非时解制，就是由于偶然事故，在比丘安居了一个月或超过一个半月的望日或晦日（藏历每的十五和三十日）可以实行解制，如果两种布萨未完毕和在非望日和晦日之时又由于战争等原因，所有比丘须行分散，互相应行会众解制[③]，任何比丘，突然因故要退走时，亦可如是照办，此等便是时势的例

① 堕罪解制：夏令安居期间中止数说堕罪。解制以后举行“吉祥草结”仪轨，表示解除数说堕罪的条约。

② 财物解制：解制正行仪轨之一。为分配夏令安居期间僧伽所得信财，故比丘委派执事，先于针等微小财物，进行解制，其他施主随后广兴承事供养。

③ 会众解制：解制仪轨中突然解制。由于战争等原因须行分散时，僧众可以互相准许解制。某一比丘，突然因故离去时，亦可如是照办。

外。又人的例外，就是若只有四个比丘，则不委派实行解制者而正式进行启白羯磨和解制，若只有三位或两位比丘是授以解制和加持，若只有自己一人，就只诵正行解制仪轨全文三次。此外，由于获得夏加持①而退走，所以在他界中若遇到实行解制的话，《毗奈耶》中讲成了和他们一起实行解制也形成。破夏者或那天突然来的其他出家人亦应实行解制。

B. 安住缘事三，此中分三：依止衣、依止药和依止宅舍。

B1. 依止衣，就是与放宽相关的羯耻衣事、与活命资具相关的衣事、与特殊情相关的皮革事。

（1）甲、与放宽（十罪界限）相关的羯耻那衣（坚实衣，功德衣）事，就是本师住于舍卫之时，有在婆积多城坐夏的比丘出发来礼拜，因路途艰辛而劳累，本师据此故开许穿着羯耻那衣。将彼称做羯耳那，就是永久或坚实之义，实名②，就是裁缝法衣时铺张的所依木板之名，彼羯耻那衣，就是将在此坚实的木板上剪裁僧众公有的三体一套的法衣作为原由而取名的。是怎样相似？是因为就像木板能承法衣整体、能舒展法衣皱纹和在其上能整齐划一法衣的尺寸一样，由于此法衣亦遍于所有张衣者并与开许放宽（十罪界限）相关，故能使心情舒畅和张衣者同心和睦。若谓何故张衣？因为参加张列和收放羯耻那衣的比能获得十种益处，即破灭执钵、舍衣、贮蓄、再三食、别众食、不告而往村落和乞衣等过失；参加张衣的比丘不论住于何处，所得财物皆为共同所有；可持不净衣；可不穿重复衣而游方等。张衣之规有五：于何处张衣的场所，亦可在接受坐夏的彼地点之张列前方一

---

① 夏加持：于夏令安居时，安居者若未得许，于界外宿一夜，则犯破夏罪，但为法事，如加持一至七日可逾界宿，为此诵如是加持文三遍。

② 实名：实有名。命名方式之一种，不待任何相似、相关的理由，最初但是随意给与名称，使能了别其为某一事物者。如于颈有垂胡、项有厚皮者，名之为牛。

界之中张列；何时张列的时间，由于《毗奈耶》中讲了“许昴宿至翼宿间，张列彼羯耻那衣。”所以是从彼出了解制后起，一般时间是五月；由谁张列的人员，是由接受前坐夏且不破夏的清净比丘；何为张列之物，就是以坐夏施材所制，足够比丘公有的三体一套的法衣以上。如何张列的仪轨，此中分三：加行、正行和结行。

加行，就是解除诸比丘各自的法衣加持①，此中施财所制的法衣，在坐夏中的哪一天制成，就在从彼时起不满一天中所有比丘聚集于界内，赞同说将彼衣张列于此，以白二羯磨和悦僧众，委派张列者，启白后将法衣交付于他，他亦发起三心②后告僧周知将于明日张列。如果彼法衣此前尚未制成，就由被委派者先行洗涤、染色和缝缀等。

正行，就是在仲秋月（藏历六月）的十六日早晨集合众僧，由被委派者念诵张列羯耻那衣的仪轨全文三遍，此后手举羯耻那衣，按年长的次序坐于每一比丘之前告知张列。

结行，就是对如是告知，众僧赞赏道：“张列甚妙。”如是张列后，适时晾晒抖尘，被派委派者不离开隔日，不携往他处，无看守者不存放等以行保护。解除羯耻那衣分二，自然解除，就是携带羯耻那衣出于界外、被委派的比丘出界达旦、界内所有比丘去往不属界内的地点等。人为解除，就是以仪轨解除，此亦有两种，于翼宿月（藏历二月）望日解除，是定时解除；由于突然事故，于此前解除，是非时解除。

（1）乙、与活命资具相关的衣事，就是本师将坐夏施财的

---

①　法衣加持：受近圆戒后，为求免犯持衣堕罪所作加持。向加持师戒腊高者顶礼，否则互相致敬，正面折袒衣等为四叠，一端置于受加持者左肩，一端置于二人在手，并以二人右手压之，诵毕加持文，答言方便善哉，仪式即成。

②　三心：菩提心依始发情形分为三种：牧童喻发心、艄翁喻发心和君王喻发心。

诸布匹剪裁后，使成不美色而开许持有。就是由于此间影坚王将所见活命派者误认为佛的弟子后，请求标以标记，所以本师开许裁缝的成衣。

此活命资具是衣事分五：衣料的差别、成衣法、衣的类别、各自的建立和如何持有之规。

乙（1）衣料的差别，就是不以邪命[①]成办，开许非过劣过优的七种衣料，氐宿天讲道：

毛衣麻布边鄙布，布衣以及胡麻布，
纺绸以及亚麻布，法衣材料是七种。

此亦不是不剪去极长的毛和织物的穗头与机头等。

乙（2）成衣法，就是彻底洗净如法的衣料，不用衣如法的八大正色[②]，应以如法的三色[③]改变表面颜色。如是也讲了

紫梗红芙蓉茜草甘草，丹青银朱黄丹与红花，
承认此等为八大正色。

由于《毗奈耶》中讲了“此中一般来讲，法衣应是一种用刀剪裁者，未经刀裁的衣不应持有。”所以，诸刀裁后适宜缝缀的衣料应当缝缀，将所裁缝者加持成为法衣，就是指下衣（禅裙）、上衣和祖衣。由于讲了“比丘尼的覆乳坎肩和掩腋衣，用任何条幅都可以。”所以是说成了若获得，就将彼全都裁缝，若未获

① 邪命：贪心所发身语二业。

② 八大正色：黄丹的橘黄色、天青的深蓝色、胭脂的紫红色、银朱的朱红色、红花的紫黄色、茜草的大红色、甘草的黄黑色、红芙蓉的深黄色。

③ 如法的三色：《毗奈耶》所制允许比丘服用的三种染衣颜色：青如蓝靛、赤如土红和紫红如木槿树皮。

得，应当补全，除了袒衣外，也允许缝得紧密结实。说诸凡袒衣必须裁缝，这是不合理的，因为《衣料加持咒仪》中讲道：“或给此者补缀。”和因为《广释》中讲道：“并无所谓若有法衣丢失和法衣烧焦等的如是事故，袒衣亦当裁缝，加持成为法衣的决定。”裁缝的方式，说是以小幅横斜、多余部分等齐、正方形布片的多余部分从正中展向各方和围绕的方式而缝制。

乙（3）衣的类别，是三种，活命资具衣、盈长资具衣和必需资具衣。

乙（4）各自的建立，此中分三：

（4）甲、活命资具衣，此中分四性相、类别、各自的本质和加持之规。

——性相，诸凡确定为为保养严守遮戒的比丘身体而开许的每件如法合度之衣，都是经已唱名加持，符合律制之类。

——类别，此中分二：正式成立的衣和衣料加持堪成的衣。正式成立的衣，就是任何比丘十三资具成为合格者，即是重复衣、上衣、下衣、裙、副裙、掩腋衣、副掩腋衣、拭面巾、护疥疮衣、剃法衣、坐卧具和雨衣等。

衣料加持堪成的衣，衣料的加持能破离衣舍堕（三衣随一离一夜者）的仪轨所依，就是堪为三衣任一之料的衣和如在家人的任一衣都是一肘[①]以上。

——各自的本性，重复衣是九至二十五小幅合成，九、十、十三等三种小幅是合成十二又半长方形条幅。十五、十七、十九等三种小幅是合成三个半长方形条幅。二十一、二十三、二十五等三种小幅是合成十四个半长方形条幅。尺度，三大类均宽三肘长五肘，三小类是从彼各减半肘，三中类是介于彼二者之间。上

① 肘：《毗奈耶》说从人头顶到足底间距离七分之二，称为一肘。

衣，是由七小幅和两条半长方形条幅合成，尺度如重复衣有三种。下衣，是由五小幅和一条半长方形条幅合成，尺度是宽二肘，长五肘或四肘，起码也堪能遮盖身的三轮①，若因腰身粗大，不够围绕时，说成了可加长两肘见方的补接幅。一般来讲，肘有伸肘、手肘和身肘等三种，这里是说身肘，因为《毗奈耶本事》中讲道："肘之义是身躯的七分之二"。裙与副裙和下衣的尺度相同；掩腋衣与副掩腋衣和上衣的尺度相同；因为是彼彼白天和夜间穿在下衣和上衣里面的衣；拭面巾长宽各一肘，护腋衣和上衣的尺度相同；剃发衣长三肘，宽一肘半，护疥疮衣长六肘，宽三肘；坐卧具长三肘，宽二肘六指，形状是一个半长方形条幅；雨衣长九肘，宽三肘十八指。

——加持之规，诸活命资具，必须经由身已唱名加持，特别是三法衣，若无正衣，应行衣料的加持，任何一种正衣和衣料的加持若不形成，应行排除事故的加持。如是加持的意义，是能直接破除执钵舍衣之罪，而且不受重染等和能间接获得远离实执的益处。后两种资具亦应如是了知。

（4）乙、盈长资具衣，此中分三：性相、类别和加持。

——性相，诸凡成为比丘的任一活命与必需之、资具的余衣，都是经由他唱名加持或心许仍可持有之类。

——类别，此中分二：如副重复衣，是成为任一活命之形式的余衣；如副腰带，是必须的资具之余衣。

——加持，唯经由他唱名加持，或者如法的资具，是经亲教师等心许仍可持有，非法的资具，是经施主心许仍可持有。

（4）丙、必须资具衣，此亦分三：性相、类别和加持。

——性相，诸凡不成为任何活命资具之状的衣，差别是一肘

---

① 三轮：《毗奈耶》术语，衣料长度能掩蔽两膝至脐者。

以上，形式和颜色不足者，都是经由己他唱名加持，仍可持有之类。

——类别，此中分二，作财物想的如丝绸和毛织物；作衣服想的冠帽和腰带等资具。

——加持，就是为了自己和同梵行者而加持。

——如何持有之规，此中分四：由谁持有、以怎样的思想持有、为何持有、最后如何正行。

由谁持有，一般是由持戒的出家人持有，特别是重复衣，是由比丘持有。

以怎样的思想持有，就是以对身体作疮伤想和以对衣服作绷带缠盖想而持有，总之，由于一切资具无常，故以有损的思想而持有。

为何持有，一般是为了胜出在家人或外道徒之相，特别是为使重复衣胜出沙弥以下之相和为了自己随行本师的传记并恢复沙门之念故持有。

最后如何正行，就是衣若陈旧，就以补缀等来修补，若不堪修补，是讲成了为了增长施主之福，要混合泥土与中粪等补在宝塔和寺庙的有裂缝处。

（1）丙、与特殊情况相关的皮革事，就是由于迦旃延的弟子二十俱胝中宿生遵师指示，从有乱石的边地来求法，故而开许使用皮革的。此复，区分开遮之界的中土和边地的地段，是如前面出家事中所讲。一般来讲，是在中印度为了保护敷具，故开许着皮屐，于寺外俗人家中若无别的敷具，开许坐于皮褥，但不许躺卧。在边地，是为了御寒故开许，所以靴鞋和敷具可用皮革，其差别是，有花色和金银装饰等华丽的垫褥和发出声响的靴鞋不许穿用，不许持有大象、狮虎和马驴等的皮革。在特殊地方阿萨姆帕热达则可随则着皮衣，是讲成了奉行的学处。总之，是讲成了仅在河水结冰的地方开许戴帽和穿有靴筒的靴，是讲成开许的学处。

B（2）依止药（药事），就是本师住于舍卫城之时，由于诸比丘因患秋寒病而消瘦，故开许服用药品。复次，若因非时不食而消瘦，是将药分成四种而开许的。药事分四：药的原料、成药、何人服用、使用药的存放处净厨之规。

（2）甲、药的原料，应当以远离邪命，断除两个极端的方式来成办。

（2）乙、成药，此中分四：性相、类别、词义和服用法。

——性相，诸凡严守遮戒的比丘可以服用的药，都是成为香，味、触三种之本体的段食①，即在《俱舍论》中讲了“若承许道食，是三性本体。”

——类别，就是时药、更药、七日药和尽寿药等四种。

（1）时药，此中分二，性相和类别。

性相，诸凡开许主治饥病的药，都是比丘通常午后不可服用。

类别，有两种：五啖食和五嚼食。

五啖食，氐宿天讲了“各种饭粥肉，面粉及油饼。”

五嚼食，氐宿天讲了“蔬菜根与茎，花果叶五种。”

（2）更药，此中分三：性相、本体和类别。

性相，诸凡开许主渴病的药，都是比丘于夜分初更以前加持后仍可服用的浆水。

本体，就是盖纳仙人之子所饮的八种浆水新，即在《药事品》中讲了

---

① 段食：欲界食物。鼻、舌、身三者分割饮食成为段段吞食之物，本体具有香、味、触三种特性。

芭蕉实、梅子、木檎，菩提子与鸡血李，
蘡薁子、葡萄、酸枣、说成是同此八汁。

此外，酿造的粉汁，就是葡萄酒等的尾子酒。粮食酒的粉汁，就是青稞酒和小麦酒等滤净后所出的尾子酒。酪水，就是酪汁（酸酪上面的清浆）。清酪浆，就是奶渣汁。黄酒，就是煮熟米粟后发酵，不加酒曲，压出的酸汁，在西藏称做酒曲。此等亦皆具饮料的五性：渗水、滤过、极淡、照见面影和清澈如芦羹。

类别，就是用浆水时药、七日药、寿尽药配制的三种更药，依次如葡萄汁、甘蔗汁和橄榄等清澈淡薄。

（3）七日药，此中分二，性相和类别。

性相，诸凡开许主治风疾①的药，都是比丘经过加持后可以服用七日的药。

类别，就是融酥、清油、蜂蜜和糖沫，由彼引生的红糖、集蔗糖表面泡沫制成的砂糖，将彼制成块状的糖沫块等、体性等同融酥的凝脂、等同清油的用鱼等五种动物的脂肪熔炼成的油脂等。氐宿天亦将新鲜酥油说成了七日药，这和《毗奈耶药事》中所讲的“七日药，就是白酥油、麻油和蜂蜜”相一致。

（4）寿尽药，此中分二，性相和类别。

性相，诸凡开许主治合病（综合症）的药，都是经过加持后可以终生服用。

类别，有五种，根药如香附子和姜黄；茎药如旃檀和苦参；叶药如山豆根的叶；花药如纤毛婆婆的花；果药如诃子、川楝子和余甘等三种。此等也不全是主要为了食用。

---

① 风疾：体内气息错乱引起的血管和神经系统所属诸病，分瘾病、神经官能症等63种。

——词义，总之，既然能治疾病，所以作为特殊药，只许午前服用，故名时药，既然经己唱名，至夜分初更以前可以加持服用，故名更药、七日药和尽寿药。

——服用法，此中分二：身服用的药和口服用的药。

身服用的药，就敷用眼药黑熊皮等，口服用的药，其中时药只许在午前服用，若对病人有益，虽在非时服用也开许。自己若逾时，由于虽加持也不能破蓄服，所以《毗奈耶》中未说行加持。其他三种药，虽然不加持，对一切是否病人都开许，在一切时间都可服用，但是，若不加持，所受施的药便在白天两段时间和夜间三段时间即如此如此五段时间之际成为蓄药，所以为了破除彼，应当加持。那种如是加持过的药，只许病人服用，时限也是至自己唱名的时际不成为蓄药，特殊的三种更药中用原料时药配制的那种更药，至夜间最后时段不成为蓄药，那种用七日药配制的更药，至水星曙光未出现前不成为蓄药，用原料尽寿药配制的那种更药，不可能成为蓄药。若谓那么，加持过的药，乃至自己未逾时是否全不成为蓄药？答：不全是，是因为，由于味若变异，加持则灭，所以诸凡已成蓄药，虽然掺有加持过之物，但仍成为蓄药。如何服用的仪则，就是对自己作病人想，对食物作药品想，由于具有了念和正知，故以随念三宝的方式将食物分成四份，以所谓

神馐先供神，此后供护法，
制成巨食子，自己来饮食，
剩余施布多。

的仪则适量受用食物，进行布施、净治、诵经和回向等并加持后三种药和顺便加持盛药之器钵盂，以及除了如此如此以外的其他

仪轨。

（2）丙、何人服用，一般是具有涅槃意乐的持戒出家人受用，特殊情况下是赐给父母和来乞者。

（2）丁、使用药的存放处净厨之规，由于《毗奈耶本事》中讲了“加持成为净性而烹饪与存放是等同外面。”所以虽是界内，但既然可以在那里可以存放生熟和过夜的食物，所以称做净厨。复次，由于在在家人的住宅和庙堂及其附近以外之处不犯界内自煮（于同一界中，厨房未加持所造熟食）和过夜的罪过，所以在彼等处无须加持净厨，除此等以外，不仅在庙堂及其附近内，而且虽是在家人的住所，但那里不住在家人，若是纯属比丘住用的住所，是应当加持净厨的。如何加持之理有四：第一，在码火砖之时，寺庙的执事比丘若给予此的护石，是从垫高之际发生的加持；第二，在从开始砌起至未建完的任何时间，是从寺庙的执事僧收心之际发生的加持；第三，那间适合作净厨的房子建成后，在比丘住于那里和未离开之时，是僧伽以白二羯磨而加持；第四，不论先前加持未加持成为净厨，当诸比丘初去空庙堂时，是从一来到那里立刻发生的加持。后两种神力能进入新砌的净厨或将建成的房子成立为净厨这二者之中。又如主人将各自的黄牛关入同一圈内，《毗奈耶》中将在同一界内用一间房子做许多庙堂的净厨之事称做如牛圈的净厨。

B（3）依止住宅（宅舍事），是由于施主善贤请示本师要在波罗奈斯兴建寺庙，故而开许的。此中分二，敬礼与不敬礼之规和兴建寺庙使用的仪则。

（3）甲、敬礼与不敬礼之规，是如别解脱戒中详广讲道：“寺中出家大众敬礼师尊，平辈敬礼长老。”“在家人敬礼出家人，一切人敬礼佛。”

（3）乙、兴建寺庙使用的仪则，就是应当按照《毗奈耶》

中所讲的“兴建寺庙，在正中央唯建神殿，在其前面建山门，是精致的四方形”等建寺的规则和“建成后，在门上绘画夜叉和金刚手，在山门侧壁绘五分轮回图的规则与不得不珍惜寺庙”等如何保护的门理使其永存和按照详广所讲的“以只欲的威仪传经”等在彼寺中如何受用法与财的受用之理来了知。

《毗奈耶》中讲成了应当以依于断除两个极端，全无贪恋执着的规矩来受用如是住房和宅舍。总之，在此依止安住之缘——衣、药和宅舍之时，应当了知五种圆满享受，如说“对于以涅槃的意乐而出家持戒者来讲，百千衣、百味食和五百高也应该，亦是僧伽之物，亦为无学①以下者所有。对于凡夫来讲也同样，对于犯戒者来讲则不然，对于懈怠者来讲，所取和受用则变成债务。”和如氏宿天所讲

无学用我所，有学用布施，
持定与诵者，用所许无罪，
僧残懈怠毁，自身受用债，
永禁犯戒者，受用庙堂等。

就是无学之人将他人的资具据为已有之理和有学圣者可以受用布施给自己的财货，因为如是如是者能净治施舍物。戒律清净，精进念诵与断的凡人虽受用也无罪，因为本师是这样开许的。如果戒律清，但不能闻思修的懈怠者不允许受用，因为诸凡所取皆增长为债务后，须在来世偿还。永远禁止破戒者受用信徒奉献的财物，因为《毗奈耶》中讲了若受用，便堕入地狱后受苦。

C. 遍于能得、守护法和还净等一切的羯磨事，此中分五：

① 无学：住无学道。各自证得究竟的补特伽罗。

羯磨形成的所依、意乐、羯磨的本质、体验和形成的时间。

C（1）羯磨形成的所依，就是僧伽、作羯磨法事者和所立[①]等三者。

（1）甲、僧伽，具有三相，即如《毗奈耶》中所讲

四十二十二二十，十二十一十和九，
八与六五和四等，所需羯磨十一种。

就是在中土，除去比丘尼，需要齐备观待十一种羯磨各自的人数二十名男僧伽会众和二十名女僧伽会众等四十名、具有非不置身羯磨行列等增添法[②]、远离二不顺法。

（1）乙、作羯磨法事者，一般是具增添法就可以，特殊的唯是少欲知足。

（1）丙、所立，此中分二，对非有情所作和对有情所作。

对非有情所作，就是八种大小闭关。

对有情所作，此中分二，对在家人所作和对出家人所作。

对在家人所作，就是如覆钵盂等五事。

对出家人所作，此中分二，对不圆满的身所作和对圆满的身所作。

对不圆满的身所作，就是布施的羯磨和治罪的羯磨，此中无委派的羯磨。

---

① 所立：宗。法及有法聚。表达判断的命题。如云“声是无常”。同义词：法及有法聚合义、宗之品和宗之承许。

② 增添法：有十三增添法。现前近圆戒僧伽应当具备的十三种条件：不属于《毗奈耶本事》所遮十法，即不置身羯磨行列者、罪当受罚者、身不内敛奉还善愿者、未受近圆戒者、破戒者、造五逆者、不信奉大师圣教持恶见者、处迁悦等低下位者、异于佛教徒心向邪法者、心不错乱而犯恶作以上者。《毗奈耶大全分》所说三法，即非他僧界者、非他性别者、非信其他三宝者，总为十三。

对圆满的身所作，就是授与住舍的开许等二十一种布施的羯磨、委派屏教师等六种委派的羯磨、九种治罚、十种违谏和四种加入人数等共计二十三种不同的羯磨。

C（2）意乐，此中分二，想和等起。

（2）甲、想，就是主要对有情作是母亲想、对不同的羯磨作僧伽想和对布施与委派作对象想。

（2）乙、等起，就是决做羯磨法事。

C（3）羯磨的本质，此中分二，本体和类别。

（3）甲、本体，是做羯磨法事者举行无余缺错误的仪轨而形成。

（3）乙、类别，比丘所做的羯磨类有一百二十一，因为《毗奈耶》中讲道："尊者，羯磨有几多？优婆离，是一百二十一。""白羯磨是二十四，白二羯磨是四十七，白四羯磨是三十。"

C（4）体验，就是闻羯磨之词而理解义。

C（5）形成的时间，单白羯磨和白二羯磨，是在彼彼一完毕立即形成，白四羯磨的三白（自白、他自、白皈依）有体性、所作和能作等三种，是在告知其中所作一完毕，羯磨立即形成。

（2）2. 归摄暗示如法合理的学处而讲说。若总略宣说未正式讲说的一切允许和阻止的学处，是归摄为即此，就是对任何事，最初就未出现本师正式允许和阻止的申述，凡此讲成可以做和与近乎不可以相反，彼等就应毫不犹豫地做，就像由于对清除之理讲了解制就说明应当举行布萨一样。诸凡讲成不可以做和与近乎可以相反，彼等就应完全断离，就像由于禁止用丝绵缝制褥垫，所以与此相同，同样尤其不可以使用丝棉褥垫一样。如是亦在《杂事品》中讲道："世尊于彼般涅槃之时赐教诸比丘，诸比丘，我若于汝广宣律，非是简言，然当亦闻集要。诸比丘，我若于汝诸凡从最初亦无允许，亦无阻止，若是近乎允许而制止不允许，当认定为是允许。若是近乎不允许而制止允许，由于是不允许，故应完全不做。”

5. **能生戒的所依身**，业障部分大的外道徒或不放弃外道见者；造作弑杀父母与阿罗汉、破僧和合和恶心出佛身血等五无间罪者；异熟之障较大者如俱卢洲人处种衰败者；如所讲的“诸凡无房事，彼者名黄门”的黄门，阉人、半月、抱而后举、嫉妒者和阳痿等五种黄门，二根俱生和性别三次转变等性衰败者；非人变成人相者；非人的众生等是名为趣衰败，彼等既然是生戒的障碍，所以除外，是将除此以外，生于其他东西、南三大洲的诸男人女人承认为别解脱戒能生和存住的所依身，因为《俱舍论》中讲道：

除去二黄门，俱卢洲生人
二根等诸人，恶戒亦如是。

和因为《三律仪论说》中讲道：

除去三洲男女人，其他众生断除戒。

6. **若衰败使恢复法**，此中分二：略说和详释。

（1）略说，就是受得戒后，应当守护不令失坏，倘若失坏，须以还净的方式使清净，由于《毗奈耶》中讲道：“二者，就是成为清净，不成为杂染和二的漏不成为增长。云何名为二，就是所有不犯戒和犯戒后如法还净。”故当解说恢复法。

（2）详释，此中分二：舍戒的因和还净正行。

（2）1. 舍戒的因，此中分二：共因和不共因。

甲、共因，别解脱总的舍因有四：决心向解事明理者奉还律仪①，故是舍弃，因为发生了违犯正所受的识。如何奉还，是如《毗奈耶》中所讲奉还戒律自身体性、根本三宝、密教三续部、教加行的轨范师亲教师、奉持的圣地和诸学习的助伴等之情。所谓难行净行等是表明了奉还的因，所以是违犯，不是奉还，但无别于舍戒，因为《毗奈耶》中讲道："不还戒，不应犯戒。"同样，由于死殁，故舍弃，是因为舍弃了所依身；由于二根俱生和性别三次转变，故舍弃，是因为所依身衰败；由于发生无因果见的邪见，故舍弃，是因为，由于断了善根，故无戒的根基，由于将比讲成了一切大小乘戒的舍因，所以十分重大。由于在如是总的四舍因之上增加了斋戒的舍因，所以讲成了五种舍因，因为《俱舍论》中讲道："因还戒与死，俱生二根人，断根与超性，舍别解戒。"和《自注》中讲道；"彼等若简言，就是五舍因。"

乙、不共因，此中分三：特殊不同的舍因、一般不同主张的差别、从根本堕罪是否舍因引生续说五篇正罪不发生的因。

乙（1）特殊不同的舍因，就是于彼满二十岁作满的二十岁想后受了近圆戒，事后若发现那是在未满二十岁前如是授受的，尔时应当以胎中月闰月来补足，如果虽然如是来补也不足够，就是舍弃近圆戒，《毗奈耶》中讲了"总之，若发现，彼戒便谢灭。倘若发生了彼戒，也不齐全，也是带有住胎月和闰月。"由于为了依止不净行故接受，所以是舍弃正学女律仪，即是说为了依止，若向他人表明接受，唯是学处的错乱。由于超过了夜际的一刹那，故是舍弃斋戒，因为至此已经舍弃。如是这三种情形，不仅是由于前面所讲的总的四种舍因故舍弃，而且既然由于各自

---

① 奉还律仪：还戒。出家人遭遇逆境不复具备守戒条件之时，出于尔后若再受戒戒能再生，不染犯戒根本堕罪，及免世俗罪过等三种需要，可向懂事明理之人，表示奉还戒律，甘作在家俗人。

的不同舍因故舍弃了彼彼戒，所以是不共的舍弃之理。

乙（2）一般不同主张的差别，经部师说，由于犯了覆藏根本堕罪，故是舍弃，是因为，由于自心全不顾羞耻，所以违犯。赤牒部师说，由于《毗奈耶》的正法泯灭，故是舍弃，因为没有建立学处的界限。对此，无著昆季说，并非唯因律法泯灭才弃舍原有的戒，因为所司的正法不泯灭。但是，尔时不存在前无新生，因为没有能传授的仪轨的建立。诸如迦湿弥罗分别说一切有部师承认说："虽犯覆藏根本堕罪也不舍戒，是因为，由于违犯一种戒就舍尽戒是不合理的，彼如是者是持戒和犯戒二者，就像有些人既有财物又负债一样。"因为如是亦在《俱舍论》中讲：

有说由犯戒，余说由法灭；
迦湿弥罗说，犯戒如债财。

有些戒师说，他胜罪不是戒的舍因，因为犯他胜罪的比丘具有比丘戒体。若观待违犯之情是完全违犯，因为犯一种如覆藏四根本堕罪中的杀生的他胜罪时，一切戒便远离了必要的能立，因为《广释》中讲道："比丘犯他胜罪，虽然已有戒律，但唯成不必要，因为没有和诸同净行者同住与受用，因为正受戒是为了获得解脱，而彼却使解脱成为久远，所以他的戒等同无有。"

乙（3）从根本堕罪是否舍因引申续说五篇正罪不发生的因。如上面刚才所讲，由于覆藏了他胜罪，所以戒律成了不可恢复的补特伽罗虽然违犯，但彼五篇正罪也不如实发生，因为若将失坏和不形成确立为罪，是称做恶作，所以只发生恶作。同样，初学者虽然违犯，也不发生五篇正罪，因为和佛的遮制无关，就像比丘善施不犯不净行的他胜罪一样。由感到心情烦躁而苦恼后，由于心不正常虽违犯，也不发生，就像由于思想非住于自性，疯子故杀人一样。在不能实行的期间虽然违犯也不发生，因为虽在梦中行不净行也不犯他胜罪。所以，如是之身的补特伽罗虽然犯戒也不如实发生正罪。

（2）2. 还净正行，此中分四：犯戒还净、由彼派生的诤论还净、归纳消除堕罪的方便为四力之理、由于了知过患故劝告认真防护。

甲、犯戒还净，此中分二：不乐于还净者以治罚还净、乐于还净者以发露和忏悔还净。

甲（1）不乐于还净者以治罚还净，就是名为使居下位并以呵责治罚，若加区分，有感摄、呵责、永摈和疏远等四；七种驱摈[①]；中止布萨与解制两种共十三种治罚，或将七种驱摈作为一项，就是七种治罚。此中威摄，对行斗殴不听制止者声言摈默，就是威摄；呵责，就是对犯僧残罪不肯还清仍续犯者，身虽自至，仍责令住他处还净；永摈，就是将众污者从彼处驱逐；疏远，就是对轻侮在家人者不行亲近友好而疏远；驱摈，就将强说不见自曾犯罪者、不肯还净者、怀有恶见者、躬行斗殴者、起斗殴因者、同比丘尼淫荡杂居者和依教评论仍不息者等从本处驱摈。中止教诫[②]，不使被调伏者和比丘一起进行布萨和解制，就是中止彼彼。扣覆钵盂，一般来讲，虽是治罚，但由于是对在家人所作，所以不在此列。彼治罚亦分治罚谁、由谁治罚、何时治罚、如何治罚和治罚的目的等五项。

（1）A. 治罚谁，就是对不同的治罚事尚未减除而无破僧和合的应破的现在补特伽罗。

---

① 七种驱摈：谓比丘犯僧残等罪，众已周知，仍不还净者，应从本处永远摈黜。此分七：强说不见自曾犯罪、犯罪不肯还净、怀有恶见、躬行斗殴、起斗殴因、与比丘尼淫荡杂处和依教评论仍不平息。

② 中止教诫：《毗奈耶》程式之一。于某比丘诘向犯罪，仍不听教，不乐法谏，当予强诘以行规劝；若犹不服，则当中止对彼讲说教诫。

（1）B. 由谁治罚，是由合格的僧伽。

（1）C. 何时治罚，是在夏令安居之前。

（1）D. 如何治罚，加行是盘诘、提醒和委婉劝告，正行是白四羯磨，结行是羯磨的收尾和在此时令行犯戒还净，由僧伽告知说能使汝心情舒畅。

（1）E. 治罚的目的，就是使从恶作及其因中退出和使进行犯戒还净。经过如是进行治罚后若呈上原谅，为使彼得住原处，故由合格的僧伽授受原谅，就是由于加行先行了启白，故使正行发生羯磨，使结行发生乐于还净。复次，十三种治罚中的前十一种是使别住，中止布萨和解制虽是治罚，但不是别住（住别处）。

甲（2）乐于还净者以发露（坦白）和忏悔还净，此中分三：无僧残有覆藏的还净、无僧残无覆藏的还净、有僧残者的还净。

（2）A. 无僧残有覆藏的还净，此中分二：认识覆藏罪和对有彼僧残罪者如何治办。

A1. 认识覆藏罪，已犯戒仍图掩饰隐讳，就是覆藏的思想，由彼起念，掩饰而不告知的身语之业，就是覆藏罪，此复，由谁作恶是有表色，所作何恶的体性是无表色。何为犯戒的所依，就是能知能念是否犯戒之差别的比丘，除此余者不犯戒，一般来讲，若只当作覆藏罪，覆藏的思想虽生一刹那，彼犯戒亦成为有覆藏，特别是履行僧残罪的降迁，须是覆藏了一日者，《毗奈耶》中讲了“不是覆藏到昼夜之际，不犯覆藏罪”。

A2. 对有彼僧残罪者如何治办，就是不奉还学处，但犯了任一四他胜罪后虽覆藏一刹那，于现世非有犯戒还净，因为身心已成不堪救治，如是亦在《毗奈耶》中讲了

造罪与污家，第三诸犯戒，

戒斗鼓犍椎，驱若腐芭蕉。

过患，就是僧残罪若和犯戒一起隐匿过夜，《毗奈耶》中讲了于年十四俱胝零十四千中生于地狱。倘彼被驱摈者是三藏法师，虽然无权和僧伽一起受用，但给与处所、受用和布施等的护持。在彼如是者请求原谅时若不接受，彼应记取，计算了处所和法财的价值后如果足够，《毗奈耶》中讲成了僧伽犯了他胜罪。

（2）B. 无僧残无覆藏的还净，《毗奈耶》中将此讲成了如何僧伽忏悔后重新受戒。唯识派师以上者承认又以白四羯磨授予比丘戒后给与处治的学处①，这是否符合意趣，有待考虑，若按《毗奈耶》的意趣是，对犯他胜罪后一念顷也不覆藏者给与治罚的学处，以履行还净。是怎样的？就是彼怀着强烈懊愧去到僧伽前请求护持，即是由于加行先行启白，所以正行是以白四羯磨授予学处后仍至命终甘受五种卑贱之行②，学习戒除五种尊胜之行③。何时获得阿罗汉位，彼便成为住原处，是因为已断除一切错乱之因。不仅如此，而且犯了不共的根本堕罪，虽然授予学处，改变了名称也无须修习学处。如果接受无覆藏他胜罪者奉还学处，则生近圆戒，而且《毗奈耶》中讲成了于沙弥亦可授予学处。

（2）C. 有僧残者的还净，此中分二：能发露者还净法和不

① 处治的学处：犯戒还净之一。比丘虽犯他胜罪，若不覆藏，倘可施予处治的学处，救治还净。谓此比丘乃至终身甘受五种卑贱之行，戒除五种尊胜之行。

② 五种卑贱之行：晨间须较常僧早起、开启庙堂门户；逢讲经时须作扇凉扇等应作之事；僧众集合时须击犍稚、敷设坐具、焚置熏香；午后须用适宜之水洗净诸比丘足；一切时处皆须一心向善，自居僧伽末座。

③ 五种尊胜之行：承受清净比丘所受事奉、伴随清净比丘同僚敷座、诘问清净比丘堕罪、治罪惩处清净比丘、和清净比丘同行。

能发露者加持法。

C1. 能发露者还净法，此中分四：

（1）僧残的还净，诸不连日的覆藏罪，若是违谏僧残，是向界内的所有比丘发露，如果不是违谏僧残，就向一个比丘发露。作为能除净正罪，接受愉悦后即可解除。若是满一昼夜的覆藏罪，由于就不是特殊的补特伽罗，所以不履行等同覆藏了多少之数的降迁，覆藏罪就除不掉，所以应当接受降迁，即是加行启白，正行以白四羯磨降迁，或者施罚降迁，或者施罚重新降迁等任何一种。如是三种降迁，是按照履行降迁中三犯同类僧残罪而办理的。愉悦也相同，若犯同类僧残罪，应行卑贱治罪。如是履行完降迁，或者若不覆藏，无须履行降迁，所以为了清除僧残正罪，犯戒比丘应履行愉悦（为比丘大众服劳役）至六日，犯戒的比丘尼应履行愉悦到半个月，即是加行启白，正行以白四羯磨罚令履行任一三愉悦[①]。降迁和愉悦这两种治罚的所作，除了大体和授学[②]相同外，差别是不可奉献授受，另外可以念诵《长净经》。坐次，由于履行降迁，故坐于授学者的上手和履行愉悦者的下手。由于履行愉悦，故坐于诸正常的比之下手和履行降迁者的上手，对彼二履行者逐日告知逾日和解除否。如果在履行降迁中，或者在履行完毕至愉悦之间和在履行愉悦中，或者在履行完毕至未解除之间由于来了斗殴者等，故须暂时中止的话，则中

① 三愉悦：三悦意。《毗奈耶》所说自愿发露、忏悔之犯戒比丘还净三法中，履行别住愉悦方法。为求净治僧残堕罪，以白四羯磨罚令犯戒比丘六日，比丘尼半月、为比丘大众专服劳役，此为愉悦。履行愉悦期中，再犯同类残堕者，前劳无益，应令二次履行愉悦，此为重新愉悦。若犯三次，应令第三次履行愉悦，比丘十八日，比丘尼四十五日，此为再重新愉悦。

② 授学：对于不坦白承认自己过失的比丘进贬斥的一种处罪。

止，故将彼二者称做降迁成就[1]和愉悦成就[2]。脱离事故后，再从所余部分起接着履行。如是迁悦，须由男女履行者的彼特别场所的四位正常的比丘和受罚的男女比丘各四人即八人以上来履行。履行完愉悦治罚后，为使彼受罚者得住原处，故解除迁悦治罚。使受罚的比丘回归原处，是由二十名正常比丘，使受罚的比丘尼回归原处，是由男女比丘各二十名即足够四十人以上先行启白后，正行举行带威摄的白四羯磨，结行以赞行和喜悦使归原处，成办为他人的恭敬处。特别例外者的僧残还净，如说："由于知耻、执持《经藏》、执持《律藏》、执持《论藏》和领悟，故以向一人忏悔便出离僧残。"

（2）粗罪（重大犯戒）的还净，属于他胜罪的粗罪，重的，是以向六位比丘忏悔来清除，轻的，是以向五位比丘忏悔来清除。属于僧残的粗罪，重的，是以向四位比丘忏悔来清除，轻的是以向一位比且忏悔来清除。

（3）舍堕[3]的还净，就是应当将那件因何犯戒之物在忏悔的前一天舍弃于他处后忏悔。

（4）单堕[4]的还净，就是应以经已唱名向一位比丘忏悔。特殊的向彼悔，是去到界外而忏悔。一般来讲，不论任何堕罪都一样，诸未出现于身语的意罪[5]，是以唯依止懊愧和防止之心就能出离堕罪，出现于身语后，各自的还净，是应当精通这样的方

---

① 降迁成就：律经术语。犯僧残者，应受降迁之罚，履行已毕，应罚愉悦尚未履行者。

② 愉悦成就：律经术语。犯僧残者，应受迁悦之罚，皆已履行，尚未放归原位者。

③ 舍堕：《毗奈耶》中所说别解脱戒五堕罪之一。应先舍弃因何犯戒之物，如未加持之衣褥等，而后如仪改作。若不改作，即堕恶趣。

④ 单堕：比丘应断堕罪之一。分为九部，每部十条。此诸堕罪，犯则将堕恶趣，但忏悔时，不必舍去犯戒事物，一经悔罪，即可还净，故名单堕。

⑤ 意罪：指贪心、恶意和邪见三业意罪或三意罪行。

法，就是首先忏悔覆藏罪，此后将所忏悔的正堕罪和在本有对象中不做还净的罪等分开各自堕罪的名称和种类后而还净。总之，每天都应依于犯戒的种类而精勤发露、忏悔和防止，如果临时仍有堕罪未除，应以身语来忏悔和防止。如果那样不成立，以意忏悔亦能清除，因为经中讲道："最后于彼开许，若不出事故，是等同已行羯磨。"

C2. 不能发露者加持法，此中分二：在未加入羯磨行前所作和加入羯磨行列后加持。

（1）未加入羯磨行前所作，就是将本应治罚，但先前未完成治罪的属于他胜罪的粗罪与僧残罪以下的诸堕罪和由于无忏悔对象以及还净、诤论等的缘故，当时不能忏悔的诸堕罪留作仅以加持就使清除，即是说："由于加持唯成清净。"

（2）加入羯磨行列后加持，就是由于不允许加入羯磨行列后忏悔，所以不论念起任何堕罪都授以不共的加持和以共同的单白羯磨而加持。

附则：沙弥的还净，覆藏根本[①]不存在还净。无覆藏的沙弥是从比丘僧受戒后而行还净。诸凡犯了不是根本的违犯罪，是讲说彼彼的名称和种类后向一个比丘一并进行发露和忏悔。不是违犯正受的戒和不是开许的诸无罪的罪，是仅以加意断除便清除。对于不弃恶见等者，是比丘僧亦举行治罪的羯磨，因为《毗奈耶》中讲道："是出家而未受近圆戒也应进行彼等。"

此等就是简要地解说了还净正行、时非时所摄的事和履行住别处的事等之义，以如是治罚和忏悔来还净自己的犯戒法已讲毕。

---

① 根本：根本堕罪。密乘律仪所说根本罪。律仪如大树根，若善守护，则成生长一切道果功德之本，若不守护，则为生恶趣因及苦根本，未来生生世世由下堕下，故名根本堕。

乙、由彼派生的诤论还净

（说明：藏文版原文208页“还净正行，此中分四：犯戒还净、由此派生出诤论还净……”但在“附则”之后，就没有了，只有“由此派生出的诤论还净”这一项，上下页似乎接不上，可能是有所疏漏。因原作者措如·次朗大师已仙逝，译文也只能留此缺憾了。——译者）

丙、归纳净治堕罪的方便为四力之理，不论任何罪过，消除的方法，总而言之无不归纳为四力①，就像士夫由于吸毒，故患毒病，悔恨当初吸毒、今后不吸的防护心和为医治毒病而服药就医一样。因为如亦在《大乘四法经》中讲道：“弥勒，菩萨若具四法，能胜伏所造积的一切罪过。云何名为四法，就是遍行舍弃力、遍行对治力、恢复力和恃像力。”此亦是说，以忏悔而清除的主要因是强烈的懊悔与防护之心，即靠意乐出离堕罪，不是靠治罚和《广释》中讲了“所应忏悔的罪，若行具有彼所戒的忏悔则出离，因为消除和不清除是从意乐的本体而发生，所以若无所戒，不因忏悔有任何变化。对此的正文，就是讲道：‘毖后或防护’。诠释为语，是说是因为先行了心退出，否则唯成妄语。”所以，如前面所讲，应当精通以强烈的懊悔和防护，依于各自的仪轨来出离堕罪的方便，除此以外，以忏罪等他乘之四力齐备的忏悔则不能出离此法之规的因堕罪。虽然如此，但由于能感生堕罪之果来世的诸苦，所以若发起精进，是绝对有意义的。

丁、由于了知过患，故劝告认真防护，就像给无覆藏根本堕罪者授学后可有还净，但是仍至未得阿罗汉位都不能除掉正他胜罪，而且彼如是者证得阿罗位也比人最难一样，略犯了所净每一

---

① 四力：恃像力，指归依和发心两种念头；弃舍力，指对以前恶业所生悔改决心；远离恶业力，指以后不再作恶的誓言；遍行对治力，指为净除恶而作善事的实际行动。

具力的罪过后，虽然于其对治——能净[1]发起了精进，但是那个自心被罪过掩覆者升登解脱地，却耽搁久远而延迟，因为如是亦在《入行论》中讲道：

故杂堕罪力，菩提心力者，
升沉轮回故，登地久蹉跎。

和在《毗奈耶》的不守护戒律的十二过患的条款中讲道："正法不闻习，所闻迅速忘，不生地道悟。"所以，应当从区区堕罪起，如爱护眼睛似的来防护，因为罪小时也能生大异熟，即在《毗奈耶》中讲道：

凡将本师大悲教，想成轻微稍违反，
他从彼生依他苦，如伐竹林芒果枯，
有人违反国王令，多次亦不遭惩罚，
非理违反佛敕言，生为畜如香叶龙。

总之，经中讲成了若犯他胜罪、僧残罪、粗罪、堕罪、向彼悔和恶作，便依次生于热地狱至等活地狱。

7. **守护的利益**，此中分三：只守护戒律的利益、守护别解脱戒的利益和别解脱戒成为一切功德之根基的利益。

（1）只守护戒律的利益，为了今生脱离疾病和国王的处罚等而受的戒律，是称做救难的戒律，为了来世唯获得人天之乐果而受的戒律是称做善愿的戒律。以如此如此的戒律虽能消除各自的欲果今生的临时因缘和来世能得一些人天的乐果，但由于未被

① 能净：密乘生圆二次第中所摄之道。喻义光明，净不净幻身，有学双运身等瑜伽行。此种瑜伽，譬如能洗净污垢的水和洗涤剂等，故名能净道。

出离的意乐持住，所以不是解脱轮回的方便。

（2）守护别解脱戒的利益，诸怀着出离轮回任一三品涅槃的意乐完满所受的八种戒都是别解脱戒，因为是定能解脱轮回的戒。若持的彼戒，由于学习一种细小学处以上都成为涅槃的因，故能不费多劳证得阿罗汉果，就像从弟阿难起初因本师之命被动受戒，此后由于佛的神变示现了彼为天女，故愿未来与彼俱生后勤学学处，于是那个往昔的律统①就成了善愿戒。在此之后，由于示现了地狱的苦，故而产生了出离心，此以后就成为别解脱戒，由于彻底修学了别解脱戒，故而证得了阿罗汉果一样。不仅如此，而且暂时的利益亦被诸同净行者堪称赞；富有七种圣财②；由于防护了他胜罪，故能死后，来世能生于他化自在天③；由于防护了僧残罪，故能生于乐化天④；由于防护了粗罪，故能生于兜率天⑤；由于防护了堕罪，故能生于时分天⑥；由于防护了向他悔与恶作，故能生于须弥山上的天界，最后凭依无悔的清规戒律成就专注所缘的三摩地，凭依三摩地，以无分别慧断绝了生死轮回的根本我执后便证得出离——无余涅槃⑦，即是氏宿天讲了

遍赞财富足，生于天精舍，

---

① 律统：律仪传统。别解脱戒、菩萨戒和密乘戒受戒上师的历代传承。

② 七种圣财：信、戒、闻、舍、惭、愧、慧。

③ 他化自在天：六欲天之一。夺他所化妙欲资具而自享用，故名他化。

④ 乐化天：六欲天之一。自己任意变化欲界资生妙具，尽情享用，故名乐变化天。

⑤ 兜率天：六欲天之一。妙欲资具胜于以下诸天，身心安适，且喜具足大乘法乐，故名喜足。

⑥ 时分天：六欲天之第三天界。梵音译作夜摩天。居于须弥山前上空，按时行乐，故名时分，不与阿修罗战，故名离斗诤天。

⑦ 无余涅槃：无余依涅槃。烦恼无余永断，无间即舍寿想，蕴身无余而般涅槃者，亦即中段。

成为定与离，此戒果甚大。

《药事品》中讲了“诸比丘，若修习戒律，三摩地就成久住；若修习三摩地，智慧就成久住；若修习智慧，心便毕定从贪、瞋、痴真实解脱。”

（3）别解脱戒成为一切功德之根基的利益。是因为，由于那种奉持如《涅槃经》中所讲的“诸凡皈依三，彼等速成佛。”的三皈的利益不及守护圆戒居士戒之利益的百分或千分之一，此不及守护沙弥戒之利益的百分或千分之一，此亦不及守护比丘戒之利益的百分或千分之一，所以后后就成殊胜，前前便是后后的道阶，所以依次成为共道。彼等别解脱戒亦同样成为菩萨律仪和密乘律仪的所依，为因此理由，所以出离的戒律便成为能生一切乘之教证功德的所依和使所生功德增长的根基，即在《劝亲友书》中讲了“戒如动与不动地，说成一切德之基。”

总而言之，经中是讲成了于现在佛教将近泯灭的如此之时仅守护一种学处至一昼夜比起往昔佛教昌盛时于无量劫中守护学处圆满的清规戒律的利益更大，因为《三摩地王经》中讲道：

于劫俱胝恒沙数，持净心以饮食与，
伞盖飞幡供灯鬘，承事万千千万佛，
凡于正法遍坏灭，善逝教成没灭时，
昼夜修习一学处，此福较彼更殊胜。

此等就是《毗奈耶》的别解脱的学处。

二、解说菩萨律仪

此中分三：本师如何宣讲波罗蜜多藏之情、结集彼后以讲修如何执持之情、抉择如是执持的波罗蜜多藏之所诠。

（一）本师如何宣讲波罗蜜藏之情

即此我等之本师虽然早在不可思议的无量大劫之前就已成佛，但是为了在此贤劫中将此方刹土之诸众从苦难中拯救出来，故又以十二宏化示现了证得无上大菩提之情，因为《宝性论》中讲道：

佛以世间智，遍观世间已，
不从法身动，种种变化相，
轻生现在生，从兜率降生；
于诸不净土，示现永住世。

就是如是成佛后，随应化机的觉慧逐时或同时展示了三法轮，即在《功德庄严王经》中讲了

任何我不说，遍现于有情，
何时欲逐诵，彼等咸如是，
一时随行者，圆满见法数，
如愿以偿者，是此语殊胜。

特别是如何十分详广讲说菩萨藏之情，就是本师大能仁在处所灵鹫山中为一般眷属已成大乘种姓者；特殊的眷属四众弟子；天、龙、非天和乾达婆等共同眷属；不共的眷属住于大地的无量菩萨等从主要宣讲增上心学[①]开始建立了《律藏》菩萨律仪的界限，

① 增上心学：契经教义特别优异胜过外道的增上定学。

宣讲《经藏》深广三摩地和《论藏》地道、陀罗尼与三摩地等的所有类别，就是中时教无相的法门，又在一处所为不定种姓者主要宣讲增上慧学[①]，就是对法之一类的三藏，宣讲以少劳而不难行之法制伏烦恼的方便，就是对法《律藏》，宣讲随真实性甚之义而转之理，就是对法《经藏》，抉择广大蕴、界、处，特别抉择如来藏界，就是对法《论藏》，末时教宣讲了义的异名，就是善分别法轮。复次，由于三法轮中的初法轮主要宣讲了世俗谛，所以大家一致承认是不了义，而中末二法轮，何为不了义，何为了义，虽有许多不同的主张，却无阐释中法轮为了义，末法轮为不了义的经论根据，而且又和病人的药与学习文字之喻的意趣相违，所以自宗承认，中法轮为了不了义各半，或者是暂时的了义，唯末法轮是了义，因为在《解深密经》《涅槃经》和《央掘摩罗经》等中都有说明。如是亦在《密意广释》中讲的"转此法轮也仍为有上、有时分，为不了义、为有诤论处。"是在前二法轮之时讲的，而在末法轮之时是转了第三稀有法轮，即在《解深密经》中讲了"转此法轮是为无上、为无时分、为了义、为无诤论处。"因为《涅槃经》和《佛说陀罗尼王请问经》中都结合以乳药之喻和陶冶珍宝之喻等引导补特伽罗过程的次第而讲了的。

（二）结集彼后如何以讲修执持之情

一般来讲，结集，共同的结集，就是如前面所说三次结集，若按不共的大乘，如《辨理炽燃论》中所讲"大乘为佛所讲，以根本结集者普贤、文殊、秘密主和弥勒等所结集故。"就是说成了在王舍城南方毗玛桑帕互山中聚集了十个十万弟子众，由弥

---

① 增上慧学：大乘说为通达法无我和人无我的智慧，小乘说为通达人无我的智慧。

勒、文殊和秘密主等三人结集了三藏。此中差别，若按大乘两派[①]，诸大乘藏中的诸深观部分是至尊文殊结集的，诸广行部分是补处慈氏弥勒结集的，由彼彼摄受的大乘论师就是怙主龙树和圣者无著二师，彼二师亦是被佛授记为无误讲说大中观了义者，如说：

具德比丘有盛名，彼的名称呼谓龙，
能破有无二边执，于此世间我教乘，
无上乘遍修习后；
比丘名无著，善巧彼论义，
善别契经中，了义不了义。

所以，开宗师就是慈氏弥勒和论师龙树二位，因为其他作注释者是根据此二师的论著而做注释的。此亦是作为中法轮的注释，龙树大师造了《中观理聚论》和以末法轮的注释《赞颂集》精确地解释了佛经的密意。彼彼的继承人，依次是无自性论的应成派与自续派的诸论师和晋美却珺（无畏护法）大师，而发心的常规则是由寂天和祇多黎等宏传开来的。又有第二开宗师补处弥勒造了慈氏五论，讲授给了圣者无著。是由陈那、法称和旃陀罗阁弥（月官）等继持了即彼无著弟兄精确解释之规，是觉沃阿底峡在此，吐蕃宏传了那个发心的常规。宝生佛静命大师则将龙树和无著二师解释为同一宗派，是在他所造的《中观庄严论》中讲了

弥勒无著所讲说，亦为龙树所承许，

---

① 大乘两派：两大轨辙。大乘佛教无著开创的广行派和龙树开创的深观派。

已成正量之经教，二谛于此当解说。

显然，静命等诸论师的主张亦和此说相同。对于如是两种成规的发心仪轨，诸往昔的贤哲承认中观派之规和唯识派之规为不同，而且讲成了由于彼两派见解不同的差别，所以受戒之器就有普遍不普遍的建立等许多差别，因为《三律仪论说》中讲道：

大乘发心分，中观、唯识派，
两派见异故，仪轨亦不同。

如果认为，若像那样，此中将无著弟兄说成了中观派后，将其常规《菩萨地》中所讲的发心仪轨承认为唯识派规岂不相违?！中观派人实行以下部宗论（小乘的有部和经部）的仪轨摄受化机的常规无有相违，何以故，因为有以与大乘人声闻共同的仪轨传授比丘戒和密乘无上瑜伽部师以事部和行部的仪轨摄受他人，否则，本师和补处弥勒也无可辩驳地成了唯识派。然而这里无须讲说断除那样的相违，理由是，因为该典籍中未给两种规矩的发心安立中观派和唯识派的名称。复次，一般来讲，由密乘诸续部所讲的受得菩萨律仪之理和其学处的基数也大多和龙树之规相同的要点就表明追随我等之大阿阇梨莲花生的前译派师之诸成规的发心仪轨的实行亦和龙树相同，但是见则不一定为彼，虽然和龙树的《赞颂集》不相违，但是主要和无著弟兄如何解释相一致，因为不将非异名的胜义作为无遮，而是作为非遮的空性和因为承认末法轮为了义。

（三）抉择如是执持的波罗蜜多的所诠

此中分七：所得菩萨律仪的本质、菩萨律仪的类别、未得能得的方便、守护所得不令衰败的方法、菩萨律仪能生的所依、已衰者使恢复法和守护的利益。

1. **所得菩萨律仪的本质**，此中发心的共相，以为利他而希求圆满菩提的特殊修习便了知。此中所为，虽然相同利他，但是，所缘境圆满菩提除了法性和有法的差别外，则有胜义和世俗的发心两种。若谓那么，就不全是清除了佛之垢的发心。答：那种希求圆满菩提的特殊修习，由于是将所立假立为所修，所以无过。特别是由表示出现的发心的性相，诸凡以为利他而希求圆满菩提为所缘的特殊修习，就是断除其异品——三门罪过的连续的心，即在《现观庄严论》中讲了“发心为利他，乐正等菩提。”此中利他之心，是由见所有无量有情，如母见独子为可爱的慈爱而引生，因为是从被不忍一切有情为种种痛苦折磨的强烈悲悯润湿了自心而发生的愿除他人痛苦的心，所以是以悲心缘有情为所缘，而且因为是从彼心发生与为利他而欲求获得无上菩提之愿望相应的特殊心，所以是智慧缘圆满菩提为所缘。属于如是方便与智慧双运的愿心和行，就是成为六波罗蜜的特殊修习，其异品，既然唯是利他的障碍和成为障碍自己证得圆满菩提，所以无余断除三门罪过的心思，就是菩萨律仪的体性，如是亦在《入行论》中讲了“由得断心说，戒为波罗蜜。”复次，若按龙树和狮子贤，认为以为利他而希求圆满菩提为缘是心王①，彼亦唯意识所取，非其他，因为不能以缘利他和菩提为所缘。无著弟兄则承认是心所②和因为世亲大师在《经庄严论》中所讲的“具二利的发心。”的注释中讲道：“以缘二利为所缘的心，就是发心。”所以，此中既然是由心本身使发生，因此若解说所谓发心，就是心

---

① 心王：有心所为自己助伴之识，如六识身等。

② 心所：自力能见各自对境事物特殊属性之心所生法，如受等五十一心所。

王；既然使心发生，因此若解说所谓发心，就是心所，所以，绒敦大师讲道："二者皆有发心的释词[①]。"遍智大师讲道："心是了解外境的本质，而心所既然是观察其差别，所以此中因使本质发生，差别便成顺便发生，就像欲乐发心等顺便成为一样。"

2. **菩萨律仪的类别**，此中分三：略说、详释和摄义。

（1）略说，就是两种规则各有一种一组至六种一组的类别，彼又观待总体后，或因愿和行的差别而各有两种。

（2）详释，一种一组至六种一组的类别和地界的类别。

（2）1. 一种一组至六种一组的类别，六组中的一种一组者，就是除去那种通达空性的智慧地，观待由慧心引生的发菩提心后，是称做空性具慧心实质的发心。两种一组者，就是观待福德资粮和智慧资粮的学处后有两种发心，或者由粗分表示所成的差别和细分法性变成的差别而有世俗发心和胜义发心两种，即在《涅槃经》中讲了"世俗胜义差别故，彼菩提心是两种"。三种一组者，就是观得能净的戒学，能安住的定学和能解脱的慧学后，有三种发心。此外，观待律仪戒、摄善法戒和饶益有情戒后，也有分成三种发心。四种一组者，就是在资粮和加行道位、七不净地[②]、三净地[③]和佛地中依次有四种胜解行发心[④]，即在《经庄严论》中讲了

彼发心于诸地中，许胜解行、异熟，

---

① 释词：从语词的各个字面上分析、解释词义的注释方式；单从字面上不能正确理解含义。

② 七不净地：菩萨住于第一欢喜地乃至第七远行地等七地中，细分我慢尚有未净，名七不净地。

③ 三净地：菩萨住于第八不动地乃至第十法云地中，我慢完全净尽无余，名三净地。

④ 四种胜解行发心：大地喻发心、黄金喻发心、新月喻发心和烈火喻发心。

清净增上意乐与，永断诸障等发心。

五个一组者，就资粮、加行、见、修和无学等五道的五种发心，即在《般若二万颂》中讲了“就是初学者的发心、圆修的发心、见法的发心、解脱的发心和不可思议的发心。”六种一组，就是观待六波罗蜜后有六种发心，即在《颂》中讲了“以完备具有六波罗蜜的六种发心故。”

（2）2. 地界的类别，《现观庄严论》中讲了

如地金月火，大藏宝源瀛，
金刚山药善，如意日韵音，
王库藏大路，乘骑流无尽，
乐闻声河云，二十二种等。

由此二十二种譬喻所表之义，次第如是：欲望、意乐、增上意乐、加行、布施至智慧十波罗蜜、神通、福德与智慧，等同三十七道品的法、慧心与胜观、总持与辩才、法喜宴、同一条路和成就法身等，应当将欲望并入大地喻至与法身相应的浓云喻中。此中界限，欲望等三种是遍于三品（上中下）资粮道，加行是遍于加行道，布施至智慧等十波罗蜜是遍于属于见道修道的十地，神通至总持与辩才等五种是遍于殊胜道三净地，法喜宴等三种是遍于名为佛地的大乘阿罗汉所住之地——第十地的加行、正行和结等三段，即在《经庄严论》中讲了“诸菩萨发心，开示为如云。”复次，地等譬喻和欲望，等助伴与等同法，在注释中讲了“一切白法的基位事和……”后讲至“是如堪能完全表明住于兜率天等之数。”譬喻、助伴和法等三者结合之情，注释中讲了“与助伴希求菩提之欲望相应的发心是有法，譬喻如大地，是因

为，由于能做使一切白法发生的基位事，所以是同法。”应当按此所讲会推知一切。若谓那么，在佛地有无发心？答：没有由仪轨文句变成的发心，因为已逾认可之时。胜义发心则有，因为法尔成就的发心既获得又不失坏且有增长和因为存在以大悲心离障的发心能成为事业。

（3）摄义。若将根据七种门类所说的所有彼等发心亦加以概括，是归纳为愿菩提心和行菩提心两种。复次，意乐希冀的部分是愿菩提心，因为唯是为利他而希求证得菩提，是如士夫愿上路。加行能遍于执行的部分是行菩提心，因为是为了证得菩提故力行其法六波罗蜜，就像上路后正在行走，如是亦在《入行论》中讲了

简言菩提心，当知为两种，
是愿菩提心，与行菩提心，
知如愿行走，与行之差别，
智者当如是，知此二差别。

此如上路时也不舍弃愿前往。行，修学六波罗蜜时也有发愿心，是因为，由于受了行戒，所以愿心就能增长，即如《菩提道灯论》中所讲“除行心体诸戒律，非能增长正愿心。”性相，发起愿与行任何一种最胜菩提心后，认可修学彼彼之学处的恒常心，依次是愿戒和行戒的性相。复次，仅仅愿心，是从一发生希冀菩提的心起便即有，而行心，是存在于受行戒后至相续后际[1]。如果将班智益希扎（智弥）讲了“欲望等三类，愿心故三种，所

① 相续后际：最后有际。物质和心识蝉联演变的最后有际，从第二刹那必定证果成佛。

谓行的体，知为十九种。”就是将大乘资粮道者自心的三种发心承认为愿心和将加行道以上的发心承认为行心，而将尚未证得章扎赛那（见道以上的道）等大乘的圣道称为愿心和将证得后承认为行心，这是不合理，因为这就成为不可能因大缠确定的根本堕罪而犯行戒和因为愿心和行心亦由仪轨而形成，即使成为彼彼的发心和戒律，但成为防护菩萨的诸根本堕罪的持戒亦为须有待发起行心而抵触，因为《集学论》中将行心讲成和菩萨律仪是同一含义。

3. **未得能得的方便**，此中分二：解说能生世俗发心的仪轨和讲说获得胜义发心无须有待仪轨。

(1) 解说能生世俗发心的仪轨，一般来讲所发生的性相，诸凡修学以为利他而希求圆满菩提为所缘的大乘的发心，都确定为成为菩萨圣者之等持体性的发心。事相，是如大乘资粮与加行道者自心的诸发心和如成为菩萨圣者的后得位之体性的发心。若加区分，是由助伴善知识之力、因种性觉醒之力、善根增长之力、闻习大乘藏之力和多修所闻等发生的五种世俗发心，其中第一种，由于取决于助伴，故是不坚实的发心，后四种，由于为异品难以损害，故是坚实的发心，即如《经庄严论》中讲道：

友力根本力，因力与闻力，
四力总二发，不坚与坚实。

接受主要由他力所生的世俗发心之情分四：从谁受的师长、由谁如何受的仪轨、从所依亦可受的例外和认识律仪的获得界限。

(1) 1. 从谁受的师长，两种规矩相同，是从所受的对象严守菩萨律仪，精通传授彼律仪的仪轨和指导学处的合格善知识而受，即在《入行论》中讲了

善知识恒常，善巧大乘义，
菩萨胜禁行，为命亦不舍。

《律仪二十颂》中讲了“当从善守戒，有力上师受。”此亦绛秋桑布（妙菩提）讲道：“接受时虽然有无上师都可以，但是将来使已衰败者恢复时必需上师。”但是静命则按照接受和恢复二者皆需上师。善哉。

（1）2. 由谁如何受的仪轨，分龙树之规和无著之规两种。

甲、龙树之规，此中分二：由谁受的人员和如何受的仪轨。

甲（1）由谁受的人员，龙树之规是，若有领会并愿受戒，不一定唯须暇满之身，因为承认有堪能正式发生希求圆满菩提之意乐的一切有情皆为大乘发心之器。

甲（2）如何受的仪轨，性相，诸凡菩萨律仪，都是以愿戒和行戒一起受的仪轨获得的律仪。若谓那么，愿与行的发心和愿与行的戒的差别是什么？为利他而希求圆满菩提的心和守即此不令失坏的心，依次是愿和行的发心，许诺执持菩萨的一切学处的心和按照如何执持而许诺践行的心，依次是愿戒和行戒。彼亦，祇多梨（胜敌论师）是两种发心一起来受，在此之后是二种律仪一起来受，但是，这里按照圣贤龙树和寂天的传规，是发心和律仪一起以仪轨而受，此中有加行、正行和结行等三个阶段。

——加行，就是殊胜的教授，由于对轮回一边发生了厌离，对涅槃一边断除了耽著后，以对断除二边的菩提心发生兴趣的三种方便先行改造自心，故向殊胜对象师长敬献曼札而启白后皈依殊胜所依三宝，以特殊方便七支[1]积集资粮。

——正行，就是修心和发誓。

修心，就是意想一切有情皆是自己的恩重父母，我要以不忍彼一切有情被痛苦逼迫的强烈慧悯，为他们的当前与最终的利乐之因舍弃自己的一切安乐和美好，甘愿承受一切痛苦而至诚修心，寂天论师讲了

> 身及诸受用，三世一切善，
> 为利有情故，不吝当施舍。

发誓，就是先行诸开许，以念诵如《入行论》中所讲的“如昔诸善逝”等两句偈颂三遍而受。此中第一句偈颂是讲说了往昔的诸佛菩萨发心之情，第二句偈颂是发誓说“彼等如何修学，我亦如是修学。”所以是指愿与行的发心和受戒，由于如是亦讲了

> 如是为利生，当发菩提心，
> 愿行之发心，如是诸学处，
> 依次当修学。

所以是明白讲了受愿戒和行戒的仪轨。

——结行，就是进修自喜和进修他喜。

进修自喜，就是说“今世我生有果报”等。

---

① 七支：修学佛法时力行七法，即：顶礼支、供养支、忏悔支、随喜支、请转法轮支、请住世支、回向支。密乘中修七支：满报、结合、大乐、无性、慧满、不断及无灭。

进修他喜，就是讲说了“我今天一切保护的……”后敬献酬谢而略说学处。

乙、无著之规，此中分二：由谁的人员和如何受的仪轨。

乙（1）由谁受的人员，无著之规是，愿心的所依身虽不需要受别解脱律仪，但是，行戒未得能得的所依身则须先受任一别解脱律仪，即在《菩提道灯论》中讲了

若常具余七，别解脱律仪，
乃有菩萨律，善根余非有。

乙（2）如何受的仪轨，性相，诸凡菩萨律仪，都是先受了愿戒和律仪戒后，由受其行戒的仪轨成就的连续心。受此菩萨律仪的仪轨，一般在圣者无著和八戒居士皎月等的典籍中未见另外受愿心的规式，但是在觉沃阿底峡所造的仪轨中则讲了在受行戒之前受愿心的仪轨，而且因为诸正士都说：“是觉沃阐明在慈氏的教授中有此仪轨。”所以，实际上无著之规也成为宗旨，因为讲成了从弥勒至觉沃是耳传的传授。所以此受戒的仪轨有三体事：确定所依、加行随立和抉择自性。

第一，确定所依，如前所讲，就是破除对二边的耽著后，对菩提心发生兴趣。

第二，加行随立，就是愿戒和行戒。

第二（1）愿戒，分加行、正行和结行等三个阶段。

——加行，就是向特殊的境敬献曼札后启白和皈依特殊所依后以特殊方便积集资粮，因为是《律仪二十颂》中讲了“尽力敬礼供，十方一切佛。”所以虽见承认只敬礼供养就可以，然而实行时则是随觉沃而行，做到完备七支。

——正行，就是自力种姓觉醒，明见他力圆满菩提的利益，

发生加行力三种想①，先行“于十方……”等的请开许，以念诵“我名称做此，今生和……”至“乃至涅槃要……”三遍而受。

——结行，就是发生兴趣、讲说学处和敬献酬谢。

第二（2）行戒，就是由于受了任一七别解脱律仪②后学了菩萨的经论，若能信仰而正行，受行戒的仪轨分加行、正行和结行等等三个阶段。

——加行，启白、观察意乐、启请速来、盘诘有无碍难和告知学处后询问是否乐于。

——正行，就是由师长讲说“善男子，名谓某甲你”至“饶益有情戒能持否？”三遍，弟子亦应允说“能持。”故成获得戒。

——结行，就是愿赐明察、讲说利益、劝告守密、讲说学处和敬献酬谢等。

第三，抉择自性，就是应当了知愿和行的因、体性、类别和利益等。此外，在此仪轨之时是只进行告知利益。

（1）3. 从所依（佛像）亦可受的例外，一般来讲，若从上师而受，是有成为知耻之所依的意义，但是，若未找到合格的上师，两种规则开许相同，是说成了也可以自己在佛像前而受，若有自力的功能，如《妙吉祥佛土功德庄严经》中所讲，开许从自心观想的面前虚空中的佛及佛子而受，即在《菩提道灯论》中讲道：

若努力寻求，不得如是师，

① 三种想：自身如病人想、佛法如药物想、上师如医生想。

② 七别解脱律仪：别解脱戒之依报有七种：谓比丘、比丘尼、沙弥、沙弥尼；优婆塞或男居士、优婆夷或女居士；正学女，即介于具比丘尼与沙弥尼二戒中间戒之女性。

当宣说其余，受律仪规则，
如昔妙吉祥，为虚空王时，
所发菩提心，如妙祥庄严，
佛土经所说，如是此当书，
于诸依怙前，发大菩提心，
请一切众生，度彼出生死，
损害心忿心，悭吝与嫉妒，
从今至证道，此等终不起，
当修行梵行，当断罪及欲，
爱乐戒律仪，当随诸佛学，
不乐为自己，速得大菩提，
为一有情亦，住到最后际，
当严净无量，不思议佛土，
受持于名号，及住十方界，
我之身语业，一切使清净，
意业亦清净，不作不善业。

就是应当依于如是所讲之理而受发心。

（1）4. 认识律仪的获得界限，虽然亦有《海云经》中讲道："此中以第一白、第二白和第三白等能从愿心、行心和俱中获得第一佛法。"但是，由于分别受愿戒和行戒的仪轨不可以如此，所以，即此成为和该《经》中讲成的佛子妙道相同的自己的尊师所造的仪轨为佳，是故，不论两种规则哪一种，都是在念诵正式传戒的仪轨全文三遍的最后获得的。

（2）讲说获得胜义发心无须有待仪轨，此中分二：辨认胜义发心和明辨胜义发心发生之理。

（2）1. 辨认胜义发心，性相，诸凡现证无分别的法性之智，都是成为菩萨圣者之等持体性的发心和成为佛地的根本与后得无别之体性的发心。若加区分，是从大乘显密二宗之差别产生了两种不同的认识，即在此波罗蜜多乘的品中是将胜义说成了法界和将发心说成了现证胜义之智。对此，《经庄严论》中说，是称做由引摄、成就和证悟等三殊胜持住的发心，因为是将在资粮和加行道位中已使增上缘等觉欢喜和由在一个无数劫中所积的因福智资粮之力使于第一地中现证法无我的智自然发生建立为胜义发心，即在《经庄严论》中讲了

遍使等觉喜，善积福智资，
于法无分别，最上真智生。

《经庄严论释》中也讲的“因为彼胜义发心亦是在第一欢喜地。”就是也讲了地界。在密乘中是将所谓胜义发心承认为二取无二智，即在《幻网经》中讲了“喔唷，五命奇”。

《密集本续》说：

远离一切事，遍离蕴界处，
能取与所取，法无我平等，
自心本无生，是无自性性。

（2）2. 明辨胜义发心发生之理，由于《幻网经》《大毗卢遮那成佛神变加持经》《菩提心释》和《五次第论》等中所说的诸受胜义发心的仪轨是密乘之规，所以转果位智相为道用后，仅仅作为胜义发心的缘起征兆，是由类似世俗相而形成的，由于《菩提心释》中讲了“诸于密乘门类进行观察的菩萨是依于如是世俗之相使具愿性的菩提心发生后，以修所生力使胜义菩提心发

生的。”所以那个密乘传统仪轨也不是不待修所生力，单以仪轨就能使胜义菩提心发生的，因此不是合格的胜义菩提心，即使在显教经典中可能讲了，如《诸佛菩萨名称经》中所讲的“应发起胜义最胜菩提心。”但是，彼如是者不仅只是发誓而已，而且也不是以仪轨使发生，否则就应成由表示所生的发心了。如是亦在《律仪论说》中讲了

所谓胜义发心此，是由修所生力生，
凭依仪轨不生此，倘若能以仪轨生，
成表示所生发心，此者是谓由胜义，
法性所成发心；
所谓的胜义发心，虽然可说有万一，
也是发誓非仪轨。

所以，合格的胜义发心，是由修所生力自然而生，是如莲花戒将《密意广释》中所讲的“彼胜义发心是出世间、远离一切戏论、最极明显、胜义的所行处、无垢、不动、如无风中的灯火常久不动。成就彼，是由恒久虔诚串习寂止与胜观的瑜伽而变成。”引述为所修次第。

4. **守护所得不令衰败的方法**，此中分二：真叙和摄义。

（1）直叙，由于如是获得律仪后应当守护不令衰败，故当解说守护的方便，此中分二：如何守护法和何为所守护的戒律。

（1）1. 如何守护法，由于《集学论》中讲了

菩萨的律仪，悉从大乘生，
不舍善知识，常阅诸契经。

所以为了了知菩萨的诸学处，就应当虔诚依止增上缘大乘善知识而不舍弃，以闻思所缘缘诸大乘契经，特别应以闻思《菩萨地》和《集学论》等详广讲说菩萨学处的无垢经论断除增益，做到精通。那位做到如是精通者亦不应只停留于仅仅了知，而应尽己所能，努力如理修习，因为否则就迷惑取舍之处，所知成为无意义，因为如是亦在《入行论》中讲道：

当以身行此，宣可只说词，
仅以读药方，岂利诸病人。

如何守护的差别分二：断除逆缘自他行为衰败的七因和修学顺缘不衰败的因和增长的缘。

甲、断除逆缘自他行为衰败的七因，就是断除自利智慧的三障和利他行为的四过。

甲（1）断除自利智慧的三障，就是断除不信服闻、不专心思和放松修等三障。

甲（2）断除利他行为的四过，就是断除加行多懈怠、行为令人不信、等起不具慧心和做事倒行逆施等四过。

乙、修学顺缘不衰败的因和增长的缘，就是修学不衰败的三因和增长的九缘。

乙（1）修学不衰败的三因。

第一，现世不衰败的因，就是三忆念，即再再忆念发心已生的利益、衰败的过患和难得。

第二，来世不衰败的因，就是不颠倒的三方便，即三时奉行七支、启白佛及佛子和远离违法之魔。

第三，现世来世皆不衰败的因，就是五受重，即修学重所立有情轻自己、重能立法轻财物、重自性菩提心轻心、重增上缘善知识轻父母和重所得佛轻受用等五种。

乙（2）修学增长的九缘。

第一，五忆念，忆念有为的变动、苦的边际、法利益、大师的殊胜、菩提的利益。

第二，四所作，以正知眼观察、以精进宝马而行、以厌离的鞭子策励、作意解脱城等四事。

（2）摄义，总之如大遍知讲道："常以念、正知和不放逸，断除不善修习善法海。"就是不使念、正知和不放逸等衰败而增长；不使要讲的根根与支罪沾染；在昼夜六个时段中做忏罪，并按照仪轨受发心，或将一切夜间睡眠放入方便智慧任何一种的善睡眠，将白天时间分成六段后如是修学。若谓那么，诸初学者应从诸契经所讲的诸菩萨学处中修学多少？诸初学者是在缺少思考能力中修习的，除了由于违犯本师正式制止，故讲成毁犯和虽不制止，但在初学者的时期不允许修持这两种情况外，一切成为所能修习的菩萨学处都应当修学，即在《集学论》中讲了"总之，诸非自己所能修习的境（所知）不存在毁犯，因为没有无故于彼制定戒。余者唯应认定为性罪和遮罪。若于诸凡不是自己所能修习的境发起精进，则成为毁犯，这是无须思考的，总之，由于属于忏罪，故能脱离彼罪。此等，简而言之，就是菩萨学处总体，详广者，则有说成无量无边数。"

（1）2. 何为所守护的戒律，此中分五：总体、分体、定数、次第和修学的利益。

甲、总体，只是菩萨律仪。

乙、分体，就是三戒，即在《宝积经》中讲道："迦叶，彼菩萨戒律是三种，即律仪戒、摄善法戒和饶益有情戒。"此三戒也只是由同体异面区分的而已，就像一体珍宝能除黑暗、集有凡百希求之财和益于防疫一样。

丙、定数，诸菩萨之所作，是确定为自他二利，由于以饶益有情能成熟他心，以律仪和摄善法戒能成熟自心，所以数决定为三种。

丁、次第，就是首先宣讲律仪戒，由于成为其余二戒的根基，所以在此后依次建立了摄善法戒和饶益有情戒，因为自心若未汇集善法，不能成为他有情的利益。

戊、修学的利益，就是由于彻修学了此三戒，故当有一天成佛时，就能成就断证[①]及事，就是由律仪戒成为获得断德圆满的因，由摄善法戒成为获得证德圆满之因，由饶益有情戒成为获得事业圆满之因。

如是律仪戒、摄善法戒和饶益有情戒等三戒分述如下：

第一，律仪戒　菩萨为利他而断除所断罪行及其支分罪行的心是长久的，其内部区分，是当略说两位大乘师各自的教敕与风规的总纲（详情应从余处了知）后，明辨彼二规所讲的堕罪的差别。

（一）略说两位大乘师各自的教敕与风规的总纲

此中分二：龙树之规和无著之规。

（1）龙树之规，随行《虚空藏》和《佛说大方广善巧方便经》的龙树大士之规所说的堕罪，就是寂天在《集学论》中所分的十八根本堕罪[②]，即为国王定的五条，为大臣定的五条，为一般人定的八条共十八根本堕罪，其详细条款，当从《集学论》中了知。此等十八条，是从名称区分的，从义上归纳为十四实

---

① 断证：远离染垢，解悟功德，所有二障及其习气完全净治，如所性及尽所有性智慧完全证得，即是如来圆满断证功德。

② 十八根本堕罪：菩萨戒所说十八种无法忏悔的重罪：赞自毁他、不施法财、不受悔谢责打他人、诽谤大乘说似是法、窍夺三宝财物、谤舍佛经、逼凌僧侣、造无间罪、执邪恶见、毁灭城邑、向非法器说甚深法、劝退大乘、劝舍别解脱戒、诽谤小乘、妄说上人法、收三宝财物、制立恶律和舍菩提心。

体，因为除了大臣的前四种根本堕罪和国王的前四种根本堕罪外，无不同的堕罪。这些堕罪也是按照近似犯了彼彼根本堕罪而立的，并非一切全不违犯。在此之上，若于下乘发心或心舍有情，就是舍弃了愿心，因为《佛说大方广善巧方便经》中讲了“善男子，这种菩萨以声闻和独觉的作意而依止，就是菩萨的重根本堕罪。”所以，由于在原先的十八根本堕罪之上舍弃了愿心，故成为十九根本堕罪，在此上再加上如《宝积经》中所讲的舍弃行心而不行善，故成为二十根本堕罪。此又若以菩萨根性的等级而分，就是三种学处，即在《虚空藏经》和《集学论》中所讲十八根本堕罪或十四根本堕罪，就是利根的不共根本堕罪，而中根以上的学处是讲成了四种，即在《佛说大方广善巧方便经》和《集学论》中讲了

遍舍菩提心，贪悭不尽故，
若不施乞者，专心作欢喜，
瞋恨有情故，忿怒打有情，
余同烦恼故，说伪是似法。

于钝根者是讲了一种学处，上面刚讲的不舍愿心，就是这个学处。这一学处是所有利根、钝根和中根的菩萨必须修学的学处，因为为利他而希求圆满菩提的愿心若失坏，违犯菩萨律仪的根本堕罪是极重的。如是亦在《教授大王经》中讲了“大王，汝如所作甚多，能作甚多，然不能以一切随时随地修学布施度至慧度。因是之故，大王，汝想望、信仰、希求正等觉的三愿，不论行也罢，坐也罢，睡也罢，醒也罢，食也罢，饮也罢，都应当经常以忆念记于心中而修之。应当随喜他人的善行，随喜后亦应供奉一切佛、菩萨、声闻、独觉，供奉后应和一切有情一同修学，

此后所有有情应将全部佛法于一日当中回向无上菩提。大王，如是则国务亦能为，王事亦不衰、菩提资粮亦成圆满。”若谓那么，以根的差别将菩萨学处分别讲成有多有少的理由是什么？在上述受戒的仪轨中讲成了龙树之规是愿戒和行戒一起受，此亦不一定是一概全受，因为愿的学处虽然乃至圆满菩提者必须受持，但是行的学处是讲成了允许按照人员的智慧等级，只受一些能守护多少的后而修学。如是亦在《集学论》中讲了“若修习一种学处，虽不能守护其他学处也不成为毁犯。”又讲了“戒，应当亦结合自力受后而持。”所以，那个持为利他而欲愿获得圆满菩提的愿戒者能实行多少，依次结合心力（勇气）后，以慧力领悟和受持，就是精通了引导化机之规的方便。此外支分恶作，二十四种舍弃苦乐，十六种舍弃修习，从彼等分出，经中讲成八十种罪过等，当从《集学论》中了知。在各种大乘契经中零散所讲的同样罪过十不善[①]、八世风[②]、八邪分别、五邪命[③]、五非所行处、恶友和持邪见等诸魔业；见混乱；障碍行善的四因等都是所应断除的，其他支分罪也是违犯了不属于根本的身语意。之破与立的诸学处，即违犯了无意义的跑跳等、讲说废话等和不断除贪瞋等破的学处；违犯了所谓觑视等、所谓善前来等、修习慈悲而依止正念、正知和不放逸等成立的学处。经中讲成了在上述彼等中也包括了一切中根和钝根之罪。

（2）无著之规，此中分二：愿的学处和行的学处。

甲、愿的学处，此中分二：总述舍弃和分讲黑白八法。

甲（1）总述舍弃，不失根本学处愿心的方便，就是心不舍

---

① 十不善：杀、盗、淫、妄语、离间语、恶语、绮语、贪欲、瞋和邪见。

② 八世风：世间八法。对自己稍有损益即生喜怒的世间八事：利、衰、誉、毁、称、讥、苦、乐。

③ 五邪命：旧译为诡诈、虚谈、现相、方便研求和假利求利；现译为诈现威仪、谄媚奉承、旁敲侧击、巧取讹索和赠微博厚。

有情。任何有情依于自心烦闷，心想当下虽然出现对你有益之时也不饶益，虽然出现禳灾之时也不禳解，就是心舍即此有情。与此相反，对于自己给与饶益虽报以损害，但仍以悲心还报，就是心不舍有情，即在《弥勒请向经》中讲了“菩萨若具一法，就是遍持具一切种别之最胜的诸佛法。云何一法，就是心全不舍有情。”以经常忆念菩提心的利益而重视，就是不衰败的方便，即在《菩提道灯论》中讲了

如是发愿心，所生诸功德，
如《华严经》中，弥勒所详说。

所以应当认真阅读《华严经》中以二百三十种譬喻所讲的诸愿心的功德而随念之。先发善愿而布施等，就是福德之行，又以无分别执受三轮（施者、施物和受施者），就是智慧资粮，二资粮合一而积，便发生彼愿心之力，即在《训词》中讲了

我今凡积集，福智二资粮，
悉谓益有情，菩萨恒常思。

再再勤练菩提心，就是菩提心增长的方便；练习因，是修慈悲；练习真心，是于昼夜六个时段中受持发心；练习菩萨行，是学习将自己的安乐和美好回向有情，将他人的罪过和苦难取为已有的取舍，即在《菩提道灯论》中讲了“既发菩提愿心已，应多励力遍增长。”作为不忘菩提心的方便，由于大遍知讲了“总之，应断四黑法，精进四白法。”所以，对于黑白八法，应当做到取舍无误。彼等亦如至尊冈波（冈波巴·索南仁钦）讲道：

心不舍有情，当念此心德，

积集二资粮，多练菩提心，

取舍黑白法，五摄愿学处。

甲（2）分讲黑白八法，就是应当断除以妄语欺诳上师、亲教师和轨范等四种黑法，即在《宝积经迦叶问品》中讲了“迦叶，有四法忘菩提心。云何四？欺诳上师与应供、于非他疑悔处生疑悔、以瞋心妄说发心的菩萨过和于有情行谄诳。”与此四种相反，就是四白法，故是所立，即在该《品》中讲了“迦叶，有四法不妄菩提心。云何四？不故说妄语、于菩萨生世尊想、于有情不现行谄诳而住于增上意乐和正安置一切有情于大乘。”

乙、行的学处，此中分二：解说根本堕罪和引出其他支分罪。

乙（1）解说根本堕罪，此等四种根本堕罪散载于诸契经之中，是圣者无著汇集于《菩萨地论》之中，即在该《论》中讲了“世尊于彼彼其他契经中分散所讲的彼等，于此菩萨藏之本因中讲说齐全。”此中因贪、瞋、悭、愚所成的差别，故是四种根本堕罪。由于如是特别贪图财物布施或者恭敬和献座等的大缠所致，故为获得利养恭敬而赞誉自己或者毁谤利养恭敬者，若被任一对方知晓，就是如菩萨的他胜罪类的第一法（不净行）。对于苦难者、贫困者和无依无靠的来乞者，由于上品悭吝缠所致，故对欲求财物者仅少许财物也不给与或者虽成法器，也不给与正法，就是如菩萨的他罪类的第二法（不与取）。他人做了非理事，虽作悔谢，但由于心怀上品嫌怨缠所致，故不接受，或者发怒唯说粗语，不满意而打击他人，并以责打伤害，就是如菩萨的他胜罪类的第三法（杀生）。由于上品愚痴缠所致，故以如说菩萨藏不是佛经的诽谤而舍弃，或者信服由自己或他人诡谲伪造的

似法后，将非正法伪装成法而做宣说，就是如菩萨的他胜类的第四法（妄说上人法）。如是亦在《律仪二十颂》中讲了

烦恼猛厉故，律仪成坏灭，
彼之四种罪，许似根本罪，
贪财和恭敬，赞己谤他人，
于诸孤苦者，悭不施法财，
他忏亦不听，发怒打他人，
谤舍菩萨乘，讲说似正法。

此中所谓似根本罪，不是承认为菩萨的似根本罪，就声闻僧来讲，他胜罪等同重罪，此四种根本堕罪，是就菩萨说成是重罪的根本堕罪。如是由贪所成的根本堕罪，就意乐说虽是四种根本堕罪，但是觉沃承认，就行为说，是将彼四种根本堕罪各分成两种后成为八种根本堕罪，就是赞己谤他两种、不施法与财两种、不听悔谢和责打他人两种、谤舍大乘和说似正法两种共八种。《菩萨地论》中也将"发怒打有情和他忏悔亦不听。"作为不同的根本堕罪。

乙（2）引出其他支分罪，经中讲了四十六种细小恶作，即是讲了违反摄善法戒的三十四种恶作和违反饶益有情戒的十二种恶作。此等之详情，当从《律仪二十颂》中了知。

（二）明辨彼二规所说堕罪的差别

若谓讲成十八根本堕罪和四根本堕罪，这二者岂不相违。对此有三种不同的主张：第一种觉贤论师的主张说，《菩萨地论》中所讲的四种是正根本堕罪，除此以外，其他十八根本堕罪除能遍断往昔、建造的善根外，不是毁戒之因，所以是假设的根本堕罪。这是在《律仪二十颂释》中讲的。第二种阿阇梨阿帕雅迦

诺的主张，是承认说："由于《能仁密意庄严》中讲了'是因为经论所讲的即此四种正摄了此诸余者'。所以菩萨的根本堕罪只是如《菩萨地论》所讲的四种，《虚空藏经》中所讲的彼等虽是合格的根本堕罪，但皆属于那四种。是怎样的呢？由于君臣的第二根本堕罪谤舍正法、初学者的第一根本堕罪未修心而说空性和《佛说大方广善巧方便经》中所讲的舍弃菩提心等三种是属于谤舍菩萨乘，国王的第五根本堕罪以邪见安置他人于不善，初学者的第二根本堕罪退出圆满菩提皆属于宣说似是正法，所以五种根本堕罪和五无间罪之一破僧和合共六种是纳入《菩萨地论》中所讲的第四根本堕罪。由于初学者的第三第四根本堕罪谤他，第六根本堕罪是赞己、第五根本堕罪是赞己谤他二者，所以如是四种是纳入《菩萨地论》中所讲的第一根本堕罪。君臣的第三根本堕罪中做打僧人等、除去破僧和合的其他四种无间罪和大臣的毁城邑等这三种是纳入《菩萨地论》中所讲的第三根本堕罪。君臣的第一根本堕罪、第三根本堕罪中夺袈裟、初学者的第七根本堕罪使盗并偷盗三宝财物这两种和第八根本堕罪将修止的财物给与诵经者和受取修止的财物等六种，就是财悭吝和使放弃修止就是法悭吝，所以将如是七种纳入《菩萨地论》中所讲的第二根本堕罪。是故除了这四种根本堕罪外，别无其他。"对此，也有诸智者将初学者的第三根本堕罪、第四根本堕罪谤舍菩萨乘的一种律仪戒和第八根本堕罪作为讲说似是正法后，归入了《菩萨地论》中所讲的第四根本堕罪，而将初学者的第七根本堕罪归入了《菩萨地论》中所讲的第三根本堕罪等不论怎样也不相违。第三种大阿阇梨寂天的主张，是在《集学论》中讲了十八根本堕罪，按照《虚空藏经》，是归入利根的根本堕罪实体十四种，按照《佛说大方广善巧方便经》，是中根以上的四根本堕罪，承认这十八种皆是正规根本堕罪，而除去《菩萨地论》中所讲的四根本堕罪中的后三种之一谤舍菩萨乘以外的那些，是以《集学论》中所讲的“因未执受贪与悭”等而讲说的，未说第一根本堕罪，是指初学者的第五堕罪“颂说已功德，贪财物恭敬，以偈诳谤他。”第四根本堕罪之一谤舍菩萨乘，就是君臣的第二根本堕罪谤舍正法。因此，大阿阇梨承认彼一切根本堕罪是依据的差别成为各自之戒的舍因，因为如说：“是彼等根本堕罪粉碎往昔所生的一切善根。”所以承认说：“因为若粉碎一切善行，特别戒亦成粉碎。”这里对如三种主张中另外两位班智达的主张，不置可否，是遵照阿阇梨寂天汇集《集学论》中所讲的堕罪，将十八根本堕罪归摄为偈句而讲的。

第二，摄善法戒　此中分二：略说和详释。

（一）略说

彼摄善法戒，一般来讲，共同的自性有七：性相、词义、类别、定数、次第、修法和利益。

（1）性相，诸凡菩萨的修习的学处，都有成为属于具有四差别法之六度的一切善事的相应之心。四差别法，就是远离各个度的异品、三轮无分别智慧为伴、满足他人愿望为能作的事。由于如是实行后置讲了法，故能使化机的自心随应缘份成熟为三菩提[1]。此四差别法亦应和合《经庄严论》中所讲的

布施异品灭，具无分别慧，
满足一切愿，成熟有情三；
持戒异品灭。

等其余五种。

① 三菩提：声闻菩提、独觉菩提、大乘菩提。

各个度的诸异品，该《论》中讲道：

悭吝破戒和瞋恚，懈怠散乱恶慧六

能作的事，该《论》中讲道：

布施财等心喜悦，忍他损害勤助益，
辨别神变与取舍，满足他人诸愿望。

（2）词义，梵音“波罗”之义是“彼岸”，“蜜多”之义是“到达”。既然是去往较俗人和声闻独觉之一切美好更加优异的彼岸，所以是波罗蜜多。

（3）类别，就是布施等六波罗蜜（六度）。大遍知讲了“佛子学一切，主要学六度”。若将六度每一度也分成布施等各六种，度他人于六波罗蜜，就是布施度的布施等各个度的布施。同样，做到不被各个度的异品沾染，就是各个度的持戒；以忍受各个度的难行而行，就是各个度的忍辱；满怀喜悦而行就是各个度的精进；以如是精进持住心，不旁骛而修习，就是各个度的禅定；以三轮无分别而行六度，就是各个度的智慧等成为三十六度。如是亦在《现观庄严论》中讲了

各个施等中，各以六度摄，
凡仪轨正行，说如六种六。

（4）定数，菩萨的一切修习的法，观待纳入三学后，是数决定为六度，即由于布施，故远离了贪图受用，所以持戒就成为圆满，由于由彼转变成具有作为沙门的四法，所以是忍辱。彼三

种是根据因、体性和差别而归摄为增上戒学。禅定是归摄为增上定学，智慧是归摄为增上慧学，而精进是成为彼一切之助，即在《经庄严论》中讲了

依三学增上，佛正说六度，
初学摄前三，后二摄后二，
一通三分摄。

(5) 次第，由于从前前生后后，所以是因果，由由于前后、优劣和粗细，所以次第便立为如是，即在该《论》中讲了

依前而生后，安住优劣故，
粗显细微故，说如是次第。

(6) 修法，就是不求回报与异熟而施舍布施，守护远离希求后有善趣的戒律，修习于一切有情无憎恶的忍辱，发起自然踊跃摄一切自他之善法的精进，心入定于排除色等至的禅定，能修方便不离大悲的智慧，即在该《论》中讲了

以无希求施，不求后有戒，
能于一切忍，遍摄德精进，
非是无色定，具方便智慧，
智者正和合，于六波罗蜜。

应当将彼等亦皆实行为具六种殊胜：具有菩提心，人身殊胜；施等无偏私遍于一切处，事物殊胜；普利一切有情，所为殊胜；以无分别慧执受三轮，方便殊胜；回向无上菩提，回向殊胜；正治

二障，清净殊胜。

（7）利益，此中分二：六波罗蜜各自的功德和实行的果。

甲、六波罗蜜各自的功德，此中分四：愿为利他成等正觉，所以目的广大；远离希求回报与异熟等各个度之异品，所以无杂染；度一切有情于胜生、定胜和菩提，所以意义广大；每一度亦以空慧双运的方便和回向执受，所以感果增长无尽，即在该《论》中讲了

广大及无求，最胜与无尽，
布施等一切，功德知为四。

乙、实行的果，此中分二：当前的果和最终之果。

乙（1）当前的果。《宝鬘论》中讲了

因施得受用，持戒故安乐，
因忍具妙相，精进故光荣，
禅定故寂静，心意得解脱。

乙（2）最终之果，就是由属于六波罗蜜的福德资粮能作佛的色身之因和由智慧资粮胜作佛的法身之因，即在《经庄严论》中讲了

布施与持戒，是属福资粮，
余三二聚因，五亦成智资。

以及《宝鬘论》中讲了

一切佛色身，从福资粮生，

大王、总法身，由智资粮生。

（二）详释

就是分别解说六波罗蜜。

（1）布施度，此中分三：体性、词义和类别。

甲、体性，就是具有四差别法的布施心、善行及其种子。

乙、词义，梵音“塔纳”一词之义是译作“布施”。由于将梵音“塔日扎”即“乞讨”这词根之义译成“贫穷”和将“纳夏雅”译成了“断除”或“消灭”，故因断除他人的贫穷之义，所以是布施。

丙、类别，如《经庄严论》中所讲

此复无悭吝，法财无畏施，

当知如是施，智当正成为。

是三种布施，其中财施，由于《入行论》中讲了

佛祖先亦行，蔬菜等布施，

习此微施已，渐能施己肉。

所以，为了远离不能施，故当先从给与微小起，逐渐修学，最后施舍诸凡所求以饶益之。复次，给与吃穿和车马等实物是施舍，给与妻儿等是大施舍，给与头眼手足等难行之类是最极施舍，即在该《论》中讲了

慧心无清净，不应舍此身，

若能成现后，大利因应舍。

无畏施，就是尽己所能，当前救护脱离病魔、贼盗、猛兽和国王等的怖畏，最终救护脱离轮回和恶趣。

法施，就是观察是否法器，以大慧心随应化机的缘份而设善说的喜宴，即在《迦叶请问经》中讲了

凡以清净无垢心，行法施者佛极赞。

此亦讲成了在家菩萨主要施财施，出家僧人主要施法施，而施舍国政、妻儿和手足等，是于无生的法获得忍的所行处，即如《般若波罗蜜多经》中讲道："若以巧方便圆行布施度，则受转轮王等身，当施够自乳轮王的资具，应当守护诸戒律。"又讲道："我既内身亦不恋，何况外受用。"

（2）持戒度，此中分三：体性、词义和类别。

甲、体性，就是具有四差别法的断心、善行及其种子。

乙、词义，梵音"尸罗"一词之义是译作"戒律"，既然将梵音"希达"即"清凉"和梵音"朱拉帕喀"即"获得"这个词根之义译成了境的炎热不能为害而能得清凉，所以是持戒。

丙、类别，如大遍智讲了"律仪摄善法饶益有情，诸佛子当常守护三戒。"就是三种戒，其中律仪戒，在《菩萨地论》中讲成了七别解脱律仪，所以，就是在彼等任一律仪之上发起了愿心和行心后，守护自心，远离罪行的戒律。复次，七种别解脱律仪不论先前受与未受都可以，因为除去彼菩萨律仪之反体外，永断损他及损他因的部分就是别解脱律仪和为了成为利他而永断罪行的部分就是菩萨律仪。

摄善法戒，就是为使属于二资粮和六度的善法于自心中未生

能生，已生增长而永断不善法及其因的作思。

饶益有情戒，就是为了以一切意乐加行利益有情的善巧方便，直接或间接地成为利他而守护自心，远离与彼相违及其因的断心。此复，若成为利他，虽然现似违反自己律统的戒律，但也开许实行，就像船主大悲和婆罗门童子星宿所行的那样。

(3) 忍辱度，此中分三：体性、词义和类别。

甲、体性，就是具有四差别法的无瞋恚心、善行及其种子。

乙、词义，梵音“恰迪”一词之义是译作“忍”，既然是将梵音“恰木”即“艰难”亦称做“忍耐”的这个词根之义译成了“忍耐苦等”，所以是忍辱。

丙、类别，此中分三：安受苦忍、耐怨害忍和谛察法忍。

丙（1）安受苦忍，就是为了无上的长远乐，故以修法的难行不厌当前之苦而甘受，就像为拔除病痛，故靠难行（忍耐）一样。如是亦在《入行论》中讲了

若截杀人手，能脱岂非善，
若以人间苦，离狱岂非善。

丙（2）耐怨害忍，就是对于他人打骂等伤害自己或亲人，由于了知仅一发怒便如星炎能燎大草堆使千劫所积的诸善行成为穷尽的过患，故以心不发怒、不还反损和不记仇恨而忍耐，即如《入行论》中讲了

无如瞋之恶，无如忍难行，
当以诸方便，殷重修彼忍。

就是应当以多种方便而忍的难行而修忍耐。

丙（3）谛察法忍，就是慧不厌利他，慧不畏甚深法空性之义的忍。

（4）精进度，此中分三：体性、词义和类别。

甲、体性，就是具有四差别法的热心、善行及其种子。

乙、词义，梵音“毗热雅”一词之义是译作“精进”，既然将梵音“毗惹”称做“骑士”的这个词根之义译成“勇悍不怯，和合最胜处”，所以是精进。

丙、类别，此中分三：擐意乐大甲的精进、加行付诸实践的精进和勤奋利他的精进。

丙（1）擐意乐大甲的精进，就是衷心想到不被魔损害因直到未安置一切有情于圆觉佛位，我不应舍弃精进。

丙（2）加行付诸实践的精进，就以欢喜能圆满五道十地[1]的因获得断证功德而进入集善资粮，进入后亦不退缩修行，不满足少许功德，依于不因他缘而退转的门理，以恒常虔诚之加行而努力，经中讲了

> 练达精进此是处，不行精进不是处，
> 精进能集一切善，精进使德遍增长。

丙（3）勤奋利他的精进，是欢喜二利成就的因成为有情三利益的精进，此亦如《入行论》中讲了“懈怠耽劣事，自轻而退怯。”就是断除精进的异品三懈怠后，正学奋力的精进，即在

---

① 五道十地：五道：资粮道、加行道、见道、修道和无学道。十地：大乘菩萨十地。一、欢喜地；二、离垢地；三、发光地；四、焰慧地；五、极难胜地；六、现前地；七、远行地；八、不动地；九、善慧地；十、法云地。资粮道十地。旧派密乘随类瑜伽所说资粮道十地：一、变异不定地；二、能依因地；三、重要修治地；四、有学相续地；五、福泽所依地；六、坚固胜进地；七、缘境生果地；八、安住不变地；九、流布法性地；十、圆满周遍地。

讲了

荷负众生担，懈怠丑非胜，
为解自他缚，精进应百倍。

(5) 禅定度，此中分二：体性、词义和类别。

甲、体性，就是一心专注具四差别法的所缘的心善及其种子。

乙、词义，梵音“恰纳”一词是译作“禅定”，既然梵音“岱恰”谓“作思”的词根之义是挤心思之相续于不散乱，故是静虑。

丙、类别，此中分二：世间禅定和出世间禅定。

丙（1）世间禅定，就是成为与外道共同的禅定有色八等至。

丙（2）出世间禅定，就是以出世间道证得的九次第定[①]或是三乘各自的定，此亦在《楞伽经》中讲道：

凡夫所行禅，观察义相禅，
如来清净禅。

此等的地界，在《瑜伽师地论》中依次说成了未入道之心的禅有色的等持、已入道资粮加行的等持和见道以上圣者的等持。

如何修禅之情，就是由于按照所讲的“断离处所、助伴和受用等的嘈杂和心的散乱后，于幽静处以带等引（心住定）的跏趺坐于垫上，一心专注所缘后，此间全不散乱。”一心专注任

① 九次第定：由初静虑至灭尽定次第入住的四初静虑、四等至及灭尽定等，总称九定。

一善所缘，不为虚妄分别所动而入定，故而境相不灭，发生持相的分别心止息的定，而在出了彼定的后得中，于第七地（缘境果地）以内是有所取能取的耽著，在此以后，根本和后得则无体性不同，即在《宝性论》中讲了

证成事且慧，如火常炽燃，
亦恒入定于，寂止禅等持。

由于如是而修，所以戏论相便灭，内心获得禅定所生的喜乐，就是现法乐住（身心留住于今生今世安乐之中）的禅定和修习六度等善资粮时心一境性（一心专注所缘境，不令驰散）的部分或者普遍胜伏等和修习解脱、总持与广大辩才，就是修习功德的禅定；以一心专注有情的利益或者由禅定的正心（根本位）变成所欲神变的庄严而调伏化机，就是饶益有情的禅定。

（6）智慧度，此中分三：体性、词义和类别。

甲、体性，就是极能辨别具有四差别法之法的心、善行及其种子。

乙、词义，梵音“般若”一词之义是译作“智慧”，就是将后译的“般”和往昔的“若”所谓“通晓”或“证悟”的这个词根之义译成“最极证悟”或“最极通晓”。所证悟的境，就是胜义，而胜义的“胜”，就是圣者心中的等引智，“义”，就是成为等引智的所行处，既然是证悟或通晓了即彼，所以是智慧。

丙、类别，如龙树讲道：

能使慧增长，有闻及与思，
修彼亦遍生。

就是三种智慧，其中闻所生慧，诸凡所闻的境佛经及其注释是内明[1]，作为以彼等摄持化机的支分是共同的明处，调伏他人的明是声明和因明，摄持他人的明是工巧明和医方明，这四种明处（学科）也应当学习，因为需要证得一切智位。如是亦在《经庄严论》中讲了

若不善巧五明处，圣亦难证一切智，
故调伏及摄他，并自悟故勤学；
诸佛子若不学习，彼者何处亦非有。

特别是能彻底通晓佛经的诸教义，须以了不了义和秘密意（隐义，言外所指的含义）等的方便来观察，这里暂不赘述，当从余处了知。这里讲的智慧，是指胜观即第一义谛[2]，而能抉择即彼的正理，是五大因（五大理由），即观察体性的是金刚屑；观察果的是有无生灭、观察因果二者的是四句[3]；观察生灭和四句的是破除增益有的边的正理；由于依赖于他，非自体有，非名言中无，所以断除有无二者之戏论的是缘起的正理，就是以如是五大因抉择一切法为离边中道的。复次，断除戏论的道理，有自空见和他空见两种，自空见是说，有法如何显现，由于此等从仅此显现本身讲，各自的体性空，所以承认无遮的空性为胜义，而无

① 内明：内学。佛教徒自称讲述佛教三学、二次第修习方法的唯心主义哲学为内明或内学。

② 第一义谛：二谛之一。佛家四派对此有不同的说法：有部师说事物虽已破灭，或虽经分析仍不排除觉其存在者为真谛，如无方分及无时分二者；经部师说不待名言臆测假设，其本质即已存在且能经受正理观察者为真谛，如诸法自相；唯识师说观察实质的智慧所能察觉者为真谛，如圆成实；中观师说直接现量在内心与外境合二为一的情况下所觉察者为真谛，如空性。

③ 四句：四项判断。论理学中的一种判断方式，旧译四句、四边、四句料拣：生灭、常断、有无、现空，是为四边。是人非男性（如女人），是男性非人（如雄鸡），两者具是（如男子），两者具非（如母鸡）是为四句。

自性论的中观师说，在胜义中虽无不同，但在世俗中有，是如幻术，就安立自续宗和由于唯引出应成，所以亦破除认可的唯世俗，即有如此二规。抉择为他空的诸中观师承认一切所知为三性①和由归摄为遍计所执和圆成实两种的差别产生了两种不同的有法认识，即在瑜伽行的典籍中是将空所依事（空性所依，据以论证和抉择之处）说成依他起所破遍所空的圆成实性和在《宝性论》等中是将法性讲成了圆成实所破遍计所空。所以圆成实性心的本性这个胜义界的本质就无应弃之垢和前无新立的功德，因为本来自性清净，功德是任运成就的。由于超越了优劣和破立，所以那个胜义界就不是它本身的自性空，由于突然幻象的法所取能诸戏论部分成了形态，所以是世俗自性空（无实有法），而且由于彼如是者除是胜义法性外，并非其他，所以说称做胜义他性空，即在《宝性论》中讲了

有分别性相，客尘自界空，
无分别性相，无止法非空。

总而言之，若从世俗方面观察，是无遮与非遮的空性，若从胜义界当面观察，是由己分别他的境空。若谓那么，经中说胜义如自性空的意趣是什么？是鉴于缘胜义后并无如心所取。彼等只是表明了在凡夫位以重要的闻所生慧而抉择之理的门类，因为不闻则不能思和修，如是亦在《宝性论》中讲了“胜慧其所依，闻故闻第一。”由于思所生慧不停留在只是闻而依赖于必定思维所闻之义，故应发生思慧，即在《如意藏》中讲了“如是正闻辅助后，思慧必定心中生。”复次，如果由于详细明辨了如其所闻之

① 三性：遍计所执性、依他起性和圆成实性。

义便随内心思维而转的话，就不仅仅停留于义共相[①]，而以分辨差别的思慧逐一思维词与义的诸次第错与不错来思择而确定。《智藏论集》中讲的“犹如炼剪磋磨金，当善思择吾之语，非为敬尊应受持”的譬喻。就是说，对于显密经续的诸词和义，不只是由于信仰而随转，应当以使生信念的经教、事势的道理和前后不相违等三者思择后受持，即在《四百论》中讲了

诸义以教理，明白作论证，
前后无相违，正士应遍持。

其他三类所知，是讲成了以经教和道理来思择。修所生慧，在《如意藏》中讲了“如是所思若圆满，修所生慧心中生。”所以，一般来讲，是依于取舍的门理来成立而修持如何确定的诸义，特别是胜观的智慧是纳入修无分别智，即在《入行论》中讲了“当知具止观，能摧诸烦恼。”此中以修体验的见，若按中法轮的直叙《理聚论》的解释，是承认了义为无遮，所以将全不修讲成修空性，将全不见讲成证悟真实性。是无著弟兄解释了末法轮的密意慈氏诸论的正文，龙树大师在《赞颂集》中说成了由修体验二取无二智，即此亦和密宗的诸甚深续部之意趣相一致。若认为那么，一切智法王智美沃色在《宗轮藏》和《如意藏》本文注释等诸佛经中成立在以闻认识所抉择的思之时中观应成派为因大乘之巅峰，又承认在以体验抉择修的诸时所体验为远离二取的各各自证智，这二者岂不相违。答：不相违，大师认为，是因为，由于在凡夫位以闻思抉择见之时难理解心中的相执，所以

① 义共相：概念共相之一种，但存在于思维过程中之增益部分，即心中现起的外境形象，如思维中所现抽象的瓶。

在以闻思所生的智慧破除相执时断除增益的智慧应成锐利，又在以体验抉择修所生慧之时即此末法轮所讲的中观见是甚深而最妙，因为诸凡法界自性清净胜义谛即此自然智一切法的原始实性亦和密宗的诸甚深续部所讲的见修持相一致，所以，应当按照《宝性论》和《中观法界赞》中所讲诸心要藏的意趣来理解如来藏，而且彼种姓者发起最胜菩提心后，现前实性即彼界之义理既然亦取决于无分别定的门理，就应当在舒适垫上结跏趺而坐，按照“此中无所破，所立无少许，真实见实，见者得解脱。”不作意于任何妄想相和所缘，于凡出现的自身体性不破不立而一心入定于远离一切清晰明显认识的本来面目，故而心与心所的一切戏论没灭后，便见远离二取的无分别智为各各自证智的自相体性，即在《宝性论》中讲了“内心体法身，慧眼能得见。”《法界赞》中讲了“由依眼与色，无垢相出现。”《罗睺罗佛母赞》中讲了“不可想象智慧度，无生无灭虚空性，各各自证智行境，三时佛母我敬礼。”此亦如云散日轮显现，于等引的智慧前不成为任何辨认的离心智住于自显裸露，就是内心明了心自然光明智，即在《入行论》中讲了

何时事无事，心前若无有，
尔时无等引，无缘故遍息。

当以修所生慧于如是心要之义获得信念时便产生安立不通达原有本智的诸有情于悲力甚大的无上菩提位的真实心志，而且自然进入修习其相续无分别定，所以甚深的因果关系便如圆轮成为运转。总而言之，就是应当在定中修习无分别智，在出了彼定的后得位中观一切显现为现似幻术而无自性后，为利益如幻的有情而回向。如是六波罗蜜亦皆是加行以菩萨心持住，正行以三轮无分

别慧持住，结行以回向美好于圆满菩提持住，即由于加行、正行、结行等三者齐备，故能达到有寂的彼岸。

第三，饶益有情戒　此中分二：解说饶益有情正戒和解说与三戒相属的学处分析。

（一）解说饶益有情正戒

此中分二：略说和详释。

（1）略说，就以摄善法戒成熟自心后，为了成熟他心而随行饶益有情戒四摄事[①]。

（2）详释，此中分四：性相、类别、定数和归摄之理。

甲、性相，诸菩萨修习的学处，都具有为了普遍成熟有情，愿以善巧方便努力饶益他人的相应之心。

乙、类别，就是布施、爱语、利行和同事等四种。

乙（1）布施，就是为了摄受未加入眷属的化机，首先以财施使欢喜，即在《莲聚经》中讲了“当以布施善召唤”。

乙（2）爱语，就是加入眷属后以爱语渐引其心，以宣讲正法使发生希求修彼正法的意愿和兴趣，即在该《经》中讲了“当以爱语词引迎”。

乙（3）利行，如以软硬食物渐次喂养幼儿，由于以一法不能成熟不同类的心，故使修习适合化机之慧的法，就是使下等慧的上、中、下三种人修习声闻、独觉和菩萨等三乘，使中等慧的上、中、下三种人修习行部、事部和瑜伽部，使上等慧的上、中、下三种人修生起次第、圆满次第和大圆满等应当善巧按照觉慧的等级导入九乘等直接间接地成为有情利乐的方便。寂天论师讲了“不于劣慧讲胜法，不将广大法器者，立为劣慧的上等”。

① 四摄事：四摄法。菩萨摄持众生的方法：布施摄，随愿布施法、财；爱语摄，善言慰藉；利行摄，随顺众生意乐行利益事；同事摄，随顺众生意乐，同其所作使得利益。

《莲聚经》中讲了“应当劝导行利行”。

乙（4）同事，为了将彼等有情导入正法和善行，自己亦应学习同彼事，因为自己若不奉行，就像麻风病人的鹏鸟修法一样，虽向他人传授行止的学处也不愿接受，即在该《经》讲了“以同事摄使安心”。

丙、定数，就是化机当前利乐的财物，以及由于最终利益的因持法、随其事转和再再随行彼事，所以加上后三种，是数决定为四，如是亦在《经庄严论》中讲了

施同示劝学，自亦随后行，
是为爱乐语，利行及事同；
能利他方便，令持令修行，
如是令随行，说为四摄事。

又因使堪成法器、胜解、修行和达到究竟，故亦决定为四，即在《莲聚经》中讲了

初使成法器，第二令胜解，
第三使修行，第四使遍学。

所以，能使过去、未来和现在的有情成熟的一切方便都包括在此四摄事之中，即在该《经》是讲了

已摄及当摄，现摄悉皆同，
是故此即是，成熟有情法。

丁、归摄之理，这一切虽然是怀着发心为有情成为直接或间

接的利乐，但是，若归摄，是归入彼四摄事之中，彼亦可以归摄为摄受未加入眷属者和使加入者成熟两件事。此外也有将饶益的方法归摄为十二种，即在《菩萨地论》中讲道："有意义的事成为助益、消苦难众生的苦、为不知方便者讲说明处、知恩报德还以饶益、防护诸怖畏、消除诸痛苦者的忧伤、于无资具者给与资助、善于结集法轮、思维与实行、以正德使欢喜、善于调伏和以神变使怖畏与喜爱。"即直接或直接地归入前面四摄事。

（二）解说与三戒相属的学处分析

此中分三：应观待两种而断与行；行止的方便结合念、正知和不放逸；学习一切威仪以善念度日。

（1）应观待两种而断与行，总的，在《集学论》中讲了"因何不成罪，以此要点知。"若谓什么是菩萨的广大学处的要点，在该《论》中讲了

吾之身受用，三时所生善，
悉施与有情，护彼净增长。

所以是讲成了由舍三事、守护、清净和增长等四事概括了所有菩萨律仪。如何修行之理，亦说成了初学者主要修行守护、胜解行者主要修行清净、住于七不净地者主要修行施舍、住于三净地者主要修行增长。详情当阅即此《集学论》，这里是收集了彼等的修行能彻底的要门，即在该《论》中讲了"成就是正断。"所以，为使成为修习圆满菩提的同品——一切善法未生者能生，诸已生者存住和增长，故当修学先使强烈的愿望发生，此后使三门勤奋，发起不迟延的精进，持心于不忘善所缘而正住。同样，为使成为修习圆满菩提的异品——罪过一切不善法未生者不生，断除已生，愿望等皆如是而行，即在《辨中边论》中讲了

遍知一切种，异品与对治，

为断彼精进，四种净[1]遍生。

此外，应当以勤奋执持、清净和增长的方便保持即彼所发的菩提心，即在《入行论》中讲了

故吾当善持，善护此道心，

除此护心戒，何劳戒其余。

复次，执持此心不令失坏，是心住于愿和行的本质，就是同品——所学之处；清除彼心之垢，是使远离一切罪行，就是异品——断的学处；增长善行的方便，是练习轮番对换己安与他苦，就是同品学处。如是亦在《入行论》中讲了

己安他人苦，不做正更换，

唯不能成佛，虽弃亦无安。

（2）行止的方便结合念、正知和不放逸，如《集学论》中所讲

不离不放逸，及念与正知，

如理思维故。

就是应当依止经常不忘护心的念、观察自心犯未犯罪的正知、特别谨慎行止之事的不放逸等三者来守护心，即在《入行论》中

① 四种净：身净、缘净、心净和智净。

讲了

诸愿护心者，我说正念知，
舍命亦当护，我礼如是者。

以及《劝诫亲友书》中讲了

佛说放逸为死处，不放逸为甘露水，
故为善法能增长，汝当恒诚不放逸。

（3）学习一切威仪以善念度日，一般来讲，在一切四种威仪（行、坐、卧、住）之时，由于观察了三门三行后念与正知不衰，所以行走时目视一牛轭之矩，若遇他人，面带笑容说善前来，以悦耳之语使对方欢喜；坐下时结跏趺而端坐，如其所应进入讲闻修等十法[①]的正行；吃食物时以随念三宝而献新和食子，断除贪爱，以益于养身和腑脏中的虫类之心，怎样适合身体和三摩地，就那样受用，行食物的回向；夜间睡眠时右肋着榻，头朝北而卧，忆念死殁，忆念和相信三宝于枕上，于善事作升起和出现想后，于自然状况中住心而眠，早晨起床时以忆念三宝和菩萨心而起立，梦中若见罪恶，立即忏悔，若见善事，略表随喜后，以益于自他的法行而度时日，即在《经庄严论》中讲了

菩萨行时是如此，随根各种行境转，
是以如是合理语，为利有情现前彼。

① 十法行：谓于佛经缮写、供养、施赠、听闻、受持、披读、开演、讽诵、思维和修习。

特别如《大方广佛华严经》中如是讲道："菩萨摩诃萨进入室内时当发心愿一切有情获得解脱城。"

（三）摄义

此四无量[①]修心后彻底了解有情利乐，就是愿学处的扼要，因为唯将不舍菩提心说成了不失愿的学处。六度中包括了行的学处之理，以上面所讲的正文就能了知，彼等亦在《心性安息论》中也不乏讲道

愿学处修四无量，断其异品当护心，
行的学处修六度，断其异品当精进。

总而言之，就是由悲悯有情的仁慈起心动念，不论任做何事，为因这一切皆成为当前益于自他而成为最终安乐的善巧方便，故当取来，是因为，由于由瞋恚起心动念，发怒诤斗使彼此二者之心成为粗暴，所以今生亦对自他二者不利而有害和是因为，由于来世从诸恶趣引生于痛苦最大的地狱，所以遭受损害，故当断除，而且今生虽然现似安乐，但既然损害来世，故当尽己所能，奋力断除，如是亦在《菩萨地论》中讲道："诸凡世尊所讲的'当知菩萨之罪过大多由瞋恚而生，非由贪生。'其中的意趣当视为是此，即菩萨根据悲悯而爱怜有情，任做何事，彼一切皆是菩萨的所作，不是一般人的所作。所作做得合理，不应成为罪过。菩萨瞋恚诸有情，不是饶益诸自他，彼亦不是菩萨的所作，做如是非事，应成为罪过。"如何学习彼等的方便，无不归入前面所讲的大乘两派的学处之中。

---

① 四无量：四梵处，四无量心。大乘人对向一切众生修行，引生无量福果之心：慈无量、悲无量、喜无量和舍无量。

5. **菩萨律仪能生的所依**，若按龙树之规，若有知事明理又愿接受，所有众生投靠的补特伽罗就广大，因为认为有罪的持命者不论怎样微贱，仅一愿的发心一定能生。《宝积经》中讲了“尔时说此法数时，诸无数天、龙、非天、金翅鸟和大腹行等皆发心愿求阿耨多罗三藐三菩提。”若按圣者无著诀见，行戒未得能得的所依须是三大洲的名能副实的男女人，因为将具任一别解脱律仪的所依身说成了能生。《菩提道灯论》中讲道：

若常具余七，别解脱律仪，
乃有菩萨戒，善根余非有。

由于在《菩萨地论》之规中未说结合应学之数和学习时间的零星行戒，所以显然不是如戒不普遍，所依身亦不普遍。虽然如此，但是那两种规矩，实际上是同一要义，是因为，由于不论七种别解脱律仪先前受与未受，如果仅一戒的断心也无有，菩萨律仪则不生，所以实际上必须是一个能立誓断除罪行者，因为否则就与发心的学处相违，因此，若总述主张，凡被受者的地上菩萨摄受者就是所依身，这里主要是指思想的所依，唯是堪能真正发生信等的殊胜心，因为如是亦在《大方广总持光明经》中讲道：

信佛佛法亦，信无上菩提，
若信菩萨行，是智者发心。

戒存住的所依，就是那个生为何者的所依身，或者亦可是死亡的他所依身，由于若不出现任何损害的因，死而转生为何众生也不舍弃菩萨律仪，所以因是之故，就会自然禁忌罪行而本能地喜爱善行，虽因死亡而改变，也能不费多劳值遇善知识后，于回忆原有律仪的过程中成为受戒，不需要重新正受，因为若不出现损害的因，乃至圆满菩提永不舍弃。

6. **已衰者使恢复法**，此中分二：略说和详释。

（1）略说，就是充分了知所有一切愿和行的学处后，应当守护不令失坏，倘若失坏，应当努使其恢复。

（2）详释，此中分三：将堕罪的建立讲成四句、了知开遮后修学之理、正说还净。

（2）1. 将堕罪的建立讲成四句，就是对于补特伽罗的任何所作都要尽知觉之能观察容许不容许，不观察破立合理不合理，对于所破之事着手进行也罢，或者退出着手进行也罢，或者对行止之事不置可否也罢，都是有罪，彼亦是四句：虽已观察分析，却故意违反应做的事，如因瞋恚故杀生，做不合理的事；如因悭吝故不布施，一切不办合理的事，就是堕罪类；为了完成大事而放弃小事，譬如若因发放布施而犯戒，如《宝积经》中所讲

凡以欢喜心，百年施布施，
何人守护戒，一日更殊胜。

由于戒律比布施殊胜，所以如尔时对发放布施不置可否；或者由于小苦和小忧伤，彼彼成为主要对治，如小孩徘徊于悬崖边缘，被母亲责打等是堕罪的影像，实际上是无罪。如初学者不施舍头和眼等，由于不是自已所能之处，所以不奉行，或者对于所能之处，一切无误地奉行行止，就是无罪。如初学者施舍头部，虽然不是自已所能之处，但于彼发起精进，或者等起若险恶，行为虽善良，也是无罪的影像，实际上就是堕罪。若将彼等亦结合三律仪，结合律仪戒，因瞋恚而杀生，就是堕罪，若以利人之心而杀生，就是堕罪的影像，因悲悯而杀人，就是无罪，虽然有益于他

人，但杀人，就是无罪的影像。结合摄善法戒，因悭吝故不施舍，就是堕罪，以利人之心而不给与，就是堕罪的影像，以清净意乐而给与，就是无罪，为了损害他人而给与，就是无罪的影像。结合饶益有情戒，不作医护，就是堕罪，为了完成大事而不作医护，就是堕罪的影像，因悲悯而作医护，就是无罪，在本有别的医护时，放弃自己的念诵等舍弃大事而作医护，就是无堕罪的影像。

（2）2. 了知开遮后修学之理，就是若成为利他的方便，除了自己的十不善的律仪戒外，还有开许的身语之七品，就是如为拯救众多生命而杀刽子手的杀生；如为拯救挨饿者的生命故从富人处偷取后而给与的不与取；如拯救为淫欲所逼定死的妇女而淫彼的邪淫；如说定杀的士夫已遍尽的妄语；如为制止被恶友欺骗，引往恶趣故分离彼二人的离间；若见因消除愁苦压制或者讲说则欢喜，故随法转的意义，就是如讲说故事和传说等的绮语；如为远离不善之事而责骂的粗语，此等虽然现似不善，但是实际上是善，所以开许为应做，因为除了是心的引发外，非有别的善恶，如是亦在《四百论》中讲了

意乐使菩萨，其善与不善，
一切唯成善，彼心是主故。

《除心罪障经》中讲了

比丘对己父，催促快快走，
因逐父虽死，不是无间行，
善意将靴鞋，置于能仁首，
如是他人除，二者得轮王，

是故意乐根，住于福与恶。

《律仪二十颂》中讲了“具悲且慈故，心善无罪过。”所以，由于善恶之业是唯取决于心的引发，因此意的三业①永远不开许。

（2）3. 正说还净，此分两种规矩。

甲、依怙龙树之规，一般菩萨律仪的舍因都归入舍弃所依处愿心、对立犯根本堕罪和断缘还戒等三者之中。此外，又由于断除前面所讲的一切十八或二十根本堕罪是利根的事，所以，由于中根和钝根二者守护了结合自己智能的彼等各自学处，所以不成为违犯菩萨的学处，因为除了受《胜律仪颂》中讲的“当发菩提心”即愿菩提心后，结合自己的智能程度渐次学习“如是于学处，当次第修学”。即行菩提心外，从起初就未发誓学习一切学处。关于违犯的过患，堕罪总的过患有三种：第一种是由于违背了承诺，故成为诃责之处，是因为，由于欺诳了本师佛祖，所以佛不欢喜；由于欺诳了对象有情，所以他们不欢喜；由于自欺，所以自利便失坏并成为大家诃责之处。第二种是由于名实俱失，所以一切不欲全都聚来，因为经中讲成了如国王国政衰败，今生不幸，临终为悲痛所逼。第三种是由于罪恶重大，所以来世堕入恶趣而难脱离，因为《集学论》中讲道：“等觉佛讲道，无勤成恶趣。”特别是根本堕罪的过患，就是粉碎往昔所发菩提心的一切善根和即彼欺诳了佛宝，因此一般生为恶趣，特别是生于有情大地狱，即在该《论》中讲了“彼等根本堕罪是，有情大地狱之因。”关于奉还戒律，如果除了别解脱律仪，别的不能守护，则开许奉还学处，若奉还菩萨律仪，就成为极重的罪过，是

① 三意业：意业、心理活动，有贪瞋痴三种。如贪为不善意业，戒贪即为善意业。

因为舍弃了曾于佛及佛子前立下的成为众生利乐的誓言。《入行论》中讲了

衷心请客赴，无上安乐已，
若欺诸有情，如何趣善趣；
坏一有情乐，自身既衰败，
况坏遍虚空，无余有情乐。

如是思维过患后，虽已努力不使堕罪沾染，但是因不知学处、放逸、烦恼粗重和不敬等四因而堕戒，应当以还净的方式出出离罪过，所以还净之规，因根差别有三种：就是诸中根认真修本尊瑜伽者虽在自己的本尊前奉行忏罪七支[1]，以忏悔出离堕罪，但是，若愿在密宗总尊虚空藏前忏悔，就应当昼夜不停地忏悔，即从何时堕戒起进行沐浴和清洁而焚香，正说圣虚空藏名号而敬礼，励启白道："祈请圣者于我示现容颜，清除罪过。"于是或直接或于梦中随应机缘，由即彼的形态或由人至鸟等各种各样的形态开示拔除堕罪的方便，倘若不做开示，就在黎明起床，进行清洁，目视东方，焚香供奉而讲说："黎明黎明大慈大悲，愿汝大善好一于瞻部洲升起立即完全关怀我，我亦以偈劝请具大悲心者虚空藏速降，愿以任何方便迅速忏罪，祈请大乘圣者于我梦中展示能得方便与智慧的彼方法。"此后入眠，于是当曙光升起时，虚空藏的形态便按机缘显现于梦中使忏罪。诸下根者须以四力来忏悔，此中所依力有两种：忏悔对象的所依，就是将善知识或者如来的殊胜所依迎请于供奉的正中，并亦缘想面前虚空中住

① 忏罪七支：忏罪、随喜、发胜义菩提心、皈依、发愿菩提心、发行菩提心和回向。

有佛及佛子；自心的所依，就是皈依发心，所以是以欲愿救度一切有情的悲心——具有欲求圆满菩提的心而皈依，特别是主要祈祷度母菩萨救度一切有情脱离危难；能破力，就是忆念罪过，以强烈的懊悔讲说彼彼诸凡堕戒的名称而忏悔；现行对治力，就是默记佛与菩萨的名号、修建佛像佛塔、礼供和巡礼庙堂、念读或讽诵甚深的显密经续、反复重诵如来百字明等赞许忏悔罪业的陀罗尼和所说的胜解性即分别抉择如罪体住于何处而入定于不可得的状况之中，此等是称做现行对治的六门类；恢复力，就是发誓说“今后纵然舍命也不做此等罪业。”不做罪行之业。此外，忏悔对象的差别，就是依次向严守大乘律仪的十人僧团、五人僧团和一个或两个补特伽罗忏悔损害有情的瞋缠和损害法的愚缠两种重缠。若未找到像那样的忏悔对象，一切罪过是在三宝前忏悔。特别是由于在昼夜的六个时段中礼拜了三十五佛后讽诵了忏罪、随喜、回向的《三聚经》，所以除了根本的其他罪，或者由于遗忘和未由正知记住，故未完成还净的诸剩余堕罪就成为除净和恢复了诸衰败的戒，即在《入行论》中讲了

若昼夜三次，念诵《三聚经》，
依止佛菩萨，能息剩余罪。

有些利根的正士是首先依于如梦幻之理，于遍空的佛及佛子前以语忏悔后，由于入定于将观察分析了即彼罪体的无所得了知为如虚空自性的状况之中，所以脱离了一切堕罪，即在《十方增长经》中讲了

凡欲悔罪自新者，应当端坐正观察，
于真实性见真实，若见真实得解脱，
是第一悔罪自新。

这种如是以根的差别将还净归摄为三种，是黑行派的主张，如说有些下等士夫由于执有实体故懊悔而记入心中，于是在他人前悔罪恶后，故能逐渐长久出离彼罪，有些中等士夫由于使明咒与密咒的本尊虚空藏菩萨等欢喜，获得了本尊的随许，故而出离了堕罪，有些正士由于将即此讲说因何犯戒了知为菩提心，故住于不费多劳，即在大乘经中讲道："如圣者宣说一切法为无生。"如讲道："妙吉祥，何菩萨了知为无业[①]无异熟，彼便获得业障清除。"

乙、圣者无著之规，此中分二：辨认舍因和犯戒还净法。

乙（1）辨认舍因，如果根本心舍有情和支分行四不善法[②]，就是舍弃所依处愿心，由于舍弃了愿心，能依行心亦成舍弃。为了获得利养恭敬而不断做赞自毁他等如他胜罪的四事、少许惭愧也不发生、以此为庆幸欢喜和视即此为德等此四支若齐备，就是上品缠的堕罪，既然能毁戒律，所以称做他胜。具备四支中的任何一支又发生少许羞耻和惭愧，因被他人策励，若能远离彼支，就是中品缠。若于彼任何一支发生大羞耻而不待他缘，自己就能迅速远离彼支，就是下品缠。不是由于这二种缠舍弃戒律的。若谓那么，这和《摄抉择分》中在将彼两种舍弃作为一项之上增加了所遮发生了非戒、奉还戒律和中品缠以上的全部四支后，讲成四种舍弃岂不相违？答：不相违，因为此中解说的二种舍弃，按照《菩提地论》的意趣，是依据中根和钝根大体的建立，就像按照《佛说大方广方便经》《集学论》中所讲的四种根本堕罪是中根的根本堕一样，与此相同，《菩萨地论》中所讲的四种根

① 业：业力、宿业，宿命、缘分、气数。使与自己相应之心发动，造作于境（身语意）之思心所或种子习气，名之为业，所作为性。

② 四不善法：欺骗阿阇梨、悔做善事、恶言发心、行为不轨。

本堕罪也是以义理成立为下根的根本堕罪，所以，《摄抉择分》中将因中品漏而犯戒承认为舍弃，是依据了利根，这就表明圣者无著之规也承认利根戒。

乙（2）犯戒还净法，由于舍弃了愿心和因上品缠所造的如他胜罪的根本堕罪而舍弃，所以若犯彼二罪，应当认真进行忏悔旧罪、防止新犯和积净，重新受戒。重受的次数，大遍智讲道："《菩萨地论》中说重受不得超过三次。"中品缠所造的似他胜罪，由在三个补特伽罗以上前忏悔旧罪、防止新犯就成清净。下品缠所造的根本堕罪和除此外的其他四十六种恶作，由于等起不同的缘故，也有是否染污和不成为堕罪，所以，犯了彼等中的何罪，由在一个补特伽罗以上前忏悔旧罪、防止新犯就成清除，即在《律仪二十颂》中讲了

戒律应当重新受，中品漏向三人忏，
一人之前忏其余，不迷染污如自心。

彼一切，若无等同忏悔对象的补特伽罗，应当于加意观想的佛及佛子前进行忏悔旧罪、防止新犯，此亦在《菩提道灯论》中讲了

头段长养是上士，中士是在第二段，
末段长养是下士。

就是一般将昼夜分成六个时段，特别将每一时段各分三部分后，于如此如此的时段中对治达到说成了上、中、下三等补特伽罗的恢复律仪之理。

7. **守护的利益**，此中分三：连续获得福德的利益、成为佛子的利益和获得无上菩提的利益。

（1）连续获得福德的利益，若按照一时发起愿心，此的果不用说唯成佛，就是在当前也多次领受转轮王和帝释天等上界之果，而且给以增上果的功能也永远不尽，即在《入行论》中讲了

余善如芭蕉，生果即枯槁，
觉心树生果，不枯反增茂。

若怀有行菩提心，不仅获得无穷尽果，而且果的因福德也不断获得，所以是和愿心有所不同，即在该《论》中讲了

愿心于生死，虽生广大果，
犹不如行心，连续生福德，
何时为度尽，无边众有情，
立志不退转，正受此行心，
即自彼时起，纵眠或放逸，
福德力不断，量多等虚空；
反思利众生，福胜供诸佛，
何况勤精进，无余有情利。

（2）成为佛子的利益，就是从一发起菩提心起就唤名谓诸佛弟子而成为应礼拜之处，即在该《论》中讲了

生死狱中囚，若发菩提心，
即刻名佛子，人天应敬礼。

纵然犯了某些罪过，若不舍愿心，就能因种姓胜伏声闻、独觉和

阿罗汉，而且菩萨之名亦不舍弃，即在《圣弥勒解脱经》中讲了“善男子，是如此，譬如金刚石虽破裂亦映蔽一切金饰品，而且不舍弃金刚石之名，亦遍除贫穷。善男子，如是于一切种智发心的金刚石虽离黾勉亦能胜伏声闻和独觉之一切功德，而且亦不舍弃菩萨之名，亦能遣除一切生死贫穷。”

（3）获得无上菩提的利益，菩萨亦因根的品级而有三种解脱之情：君王喻发心或名大欲发心即从自我解脱至愿救度他人的诸钝根菩萨获得解脱，是耽搁三十三阿僧祇劫即在资粮和加行道位中耽搁三阿僧祇劫，在十地的每一地中各耽搁三阿僧祇劫。艄翁喻发心或名正智发心即愿自己和众生一起获得解脱的诸中根菩萨是耽搁七阿僧祇劫却即在资粮和加行道位中各耽搁二阿僧祇劫，在见道位中耽搁一阿僧祇劫，在修道位中耽搁二阿僧祇劫。牧童喻发心或名无比发心即愿救度一切有情后，自己获得解脱的诸利根菩萨是耽搁三阿僧祇劫，在第一阿僧祇劫中以胜解行完成资粮道和加行道的修习，就是由于在三品资粮道位中修习了四念住[①]、四正断[②]和四神足[③]，故于上品资粮道位中获得当前的功德五种神通[④]和殊胜果法脉相承的三摩地。此后修所生慧成为主要，就是在加行道位中修习四种抉择分[⑤]，即以暖[⑥]断除杂染、

① 四念住：修胜观时四种所缘行相：身念住、受念住、心念住和法念住。三十七菩提分法之一类。

② 四正断：律仪断，已生恶不善法令断；断断，未生恶不善法令不生；修断，未坐善法令生；防护断，已生善法令增长，三十七菩提分法之一类。

③ 四神足：三十七道品中上品资粮所证四种功德：欲定断行具神足、心定断行具神足、勤定断行具神足和观定断行具神足。

④ 五种神通：神足通、天眼通、漏尽通、宿命通和他心通。

⑤ 四种抉择分：加行道中所有暖位、顶位、忍位和世第一法。

⑥ 暖：加行道四抉择分之一。依各个自证智缘四谛法以观修内能取心但是意言，外所取境本无自性而与止观相应之明得定，有如钻木取火，先现暖相，此种即将生起见道慧之前相，得名为暖。

以顶[1]断除应净的所取分别，以忍[2]断除补特伽罗实有和以世第一法断除了四假有[3]。由于在前二位中修习了五根[4]和在后二位中熟习了彼，故是修习不被异品危害的五力[5]。此后在圣道位中用第二阿僧祇劫完成十地中的七不净地的修习和以第三阿僧祇劫完成三净的修习。复次，由于在第一地见道位中亲见了法性谛，故而灭除了遍计所执一切客障后便获得刹那间去往一百佛土等十二一百功德。那是修习七觉支[6]，主要修行布施度。由于将彼所见之事俱生的所断经常修成断对治[7]，故在第二至第十地的修道九地中便获得脱离自己份内之障的客清净分，于是即彼先前见道位的功德空变化等便日益增长，在彼诸地中一般是修八圣道支[8]，特别是主要分别修行持戒至智慧等十度。由于如是用三阿僧祇劫完成了有学道的修习后，就作为不生带习气之二障[9]的有法，所以是无须修学彼的对治便达到无学道而证得无上菩提，如

---

① 顶：加行道四抉择分之一。证悟外所取境本无自性之明，辗转增上，与智慧相应之明增定。于所治品所能动摇诸善根中最为极顶，故名为顶。

② 忍：加行道四抉择分之一。既证外境所取充有自性之上品明，复证内能取心无有自性之下品明。以与见谛之道相随顺故，能忍空性，不起怖畏，得名为忍。

③ 四假有：仅由照了自境之名言及分别心安立为有的事物。如时间、补特伽罗等不相应行，以及一切遍计所执的事物。

④ 五根：皆修行佛教所依罪的五种内在条件，即信根、精进根、念根、定根、慧根。

⑤ 五力：信、勤、念、定、慧力。是三十七道品之一类。

⑥ 七觉支：七菩提觉支，即：念觉支、择法觉支、精进觉支、喜觉支、轻安觉支、定觉支、舍觉支。

⑦ 断对治：能断烦恼流的智慧，指无间道苦法忍等而言。属四对治之一。

⑧ 八圣道支：也译作八圣道、八支正道。意思是通向涅槃解脱的正确方法或途径，即：(1) 正见，对佛四谛等的正确见解；(2) 正思维，也作正思、正志，对四谛等佛教教义的正确思维；(3) 正悟，指不作一切非佛理之语；(4) 正业，住于清净之身业；(5) 正命，符合佛教戒律规定的正当合法的生活；(6) 正勤，也称正方便，勤修涅槃之道法；(7) 正念，明记四谛等佛教真理；(8) 正定，修习佛教禅定，专心注于一境，观察四谛之理。佛教认为，按此修行可由“凡”入“圣”，从迷界此岸到达悟界彼岸，所以比喻为“八船”“八筏”。

⑨ 二障：烦恼障和所知障。

是亦在《心性安息论》中讲了“如是三十七道品，是修成四有学道[1]后接着不住无学地而般涅槃。”如是此中又是利根的三阿僧祇劫势力极大，所以说成了每一刹那聚合了许多劫的成佛资粮，所以不仅无须按照劫数来积集，而且由于成就见道后获得了自在，故能随意解脱，即在《中般若经》中讲了“于诸法成就清净法眼的彼摩诃萨埵若欲愿，以七天亦成佛为无上正等觉。”彼等亦在《宝积经》中讲道：“此中大愿发心者是以三十三阿僧祇劫解脱轮回。正智发心者是以七阿僧祇劫达到究竟。无比发心者是以三阿僧祇劫成等正觉。若谓彼所以者何，因为心力（勇气）成了小、中、大三等，若将此等作比喻，是如转轮王、艄翁和牧人。”

三、解说密乘律仪

此中分三：本师如何宣讲密宗续部之情、结集彼后以讲修如何执持之情、抉择如是执持的密宗续部之所诠。

（一）本师如何宣讲密乘续部之情

即此我等之本师是于原始界中以解脱明智而成等正觉，即在身与智不即不离的状况中，除了心思和一切三时诸佛住于一味外，自相最极清净，于金刚净土广大色究竟天中，佛圆满受身显现为吉祥普贤大金刚持本身及其补处静猛五佛之相，故于舍此无他的自现眷众无量静猛佛坛环绕的中央，法本智即此不可言说的光明密意便于时依圆满无变迁的界中以自现的方式而成为现相。就是在即此的状况中于十地最后有际出现的他相受用圆满的净土殊胜的色究竟天中，本师以第六佛的行相，用密意表示语为眷属

① 四有学道：顺解脱分、顺抉择分、义现观和后现观。

边地菩萨诸殊胜持明[①]将无量密续连续不断讲到乃至救度众生，即在《秘密藏续》中讲了

无上究竟天胜地，身是毗卢遮那相，
于诸菩提萨埵眷，不说如是最胜语，
由身表示观察法。

如是在菩萨于第九地明见的近似色究竟天和在于第八地明见的诸假设的色究竟天中亦以与上述相同的方式讲了续，在彼等之时，由于威猛天和大威德等于诸恶毒的化机前显现为吉祥嘿如噶之相，故由忿怒明王坛变化解说成为事业，于诸不能往彼等净土的诸清净化机前，是在极乐世界等自性变化的诸自在净土和于各种净与不净的化机前，是在调伏众生变化的净土中三时来、去、住的金刚持显现为随作调伏的静猛天的不灭游戏，所以经中讲成了时间和量不一定，就是无量，即在该《续》中讲了

尔时种种不同者，各自显现为相同，
安住真如虽不动，然因余业现为异。

《文殊幻网经》中讲了

过去佛已讲，未来佛亦讲，
现在圆觉佛，诸凡再再讲。

① 持明：修持密乘、证得成就者、明谓密乘本尊大乐智慧，深入修持此智慧者称持明。

如是从无始以来，在色究竟天等处所讲的诸续，后来也多次重诵而讲说。如此，就是诸时轮派（是指能够理解不同于其他密宗经咒的《时轮根本续》，并精通历算的高僧和格西）承认本师释迦牟尼于此刹土示现了成佛之情后宣讲了三乘，此后于仲夏三月初十，在庄严吉祥聚米宝塔处，下面变出法界语灌顶坛，上面变出吉祥星宿坛，为聚集的眷众灌顶后，讲了所有瑜伽续和瑜伽母续，即在《最胜第一续》中讲了

佛于灵鹫山，如理讲慧度，
于吉祥聚米，如是讲密乘。

又在尼维森格（日光狮子）所著《秘密藏续释》中承认，悉达多太子留置假身于苦行处尼连禅河岸后，智身来到色究竟天时，由于一切如来以五现证[①]而加持，故于广大金刚界成佛，渐次来到妙高山峰金刚宝室和海岸后宣讲了诸瑜伽续，此后去了邬仗那（今阿富汗）和萨霍尔（今孟加拉），为因陀罗菩提等宣讲了一切密宗续部后，复又入住假身，在菩提道场（金刚座）示现了成佛之情。又有一些人承认，邬坚国王因陀罗菩提见佛的弟子在空中飞来飞去时，由于遥远，分辨不清，逐问大臣此等红色鸟群是什么？诸臣禀告："那不是鸟，是佛的弟子。"于是国王欲愿瞻佛而祈祷，因此，翌日早晨薄伽梵连同眷属五百罗汉以神变从波罗奈斯城驾临于此，当时国王供奉后，请求成佛的方便。佛告曰："应当出家，依止三学和续。"于是众弟子讲了："瞻布林园心舒畅，狐狸欲变亦容易，断除妙欲的解脱，永远不愿乔答

① 五现证：佛教密乘生起次第修证本尊五法，即月轮现证、日轮现证、种字现证、手帜现证和全身现证。

摩。”刹那间众弟子消失不见。尔时从虚空发出声响说“此中无八数取趣，亦无天生佛弟子，菩提萨埵神通大，彼等变化成彼色。”并在彼处显示出智坛后，为国王灌了顶，所以此国王成就了双运身，佛将一切续交付与他。此外还在鸡足山、清凉寒林和楞伽主罗刹之处等本师变成坛主之相，或者不变而以各种离贪之相宣讲了许多续部。所以虽是一部续典，但由于化机的见解不同，所以出现不同的由来并不相违，即在《文殊幻化网释续》中讲了

由来是三种，许为色究竟，
妙高山顶峰，及此赡部洲，
是为诸菩萨，天与人宣讲，
本师亦三相，即佛金刚持，
化身转轮王，和释迦牟尼，
时在度化机，眷众聚时讲。

（二）结集彼后如何以讲修执持之情

一般是说成了由金刚持结集了密宗金刚乘的诸续，即以天语（梵语）、土语（巴利语）、讹语（阿波商夏语）、空行母语和蛮语等各种语言文字写成经函，即在《智慧明点续》中讲了“于未来时，由谁向有缘众生讲说密续？赐教曰：是由怙主金刚手作解说。”以及因陀罗菩提所著的《胜乐本续释》中讲道：

授记未来次第结集者，于妙高山东北胜天界，
广大杨柳宫中聚集有，大菩萨众九十六千万，
结集无余诸续时启白，至尊秘密主金刚手，

以说如是我闻将佛语，皆以宝石吠琉璃溶液，
写于金箔所制卷帙中。

特别是续的请求者是谁，最后交付给谁，即彼很可能是结集者，如《金刚心经》和《幻网经》，是交付给谁，就是他结集的，即在《空行海续》中讲了

眷中具胜缘，已到调伏时，
金刚手结集。

同样，如《时轮本续》是月贤结集的、《喜金刚二品续》是金刚藏结集的、《律生续》是金刚手结集的、《金刚空行母续》是金刚亥母结集的。如是虽然将讲说者和结集者说成了不同，但是在了义中本师和眷属并非成为不同的世系（前后不断一脉相承的系列），因为《集乐本续》和《详集本续》中讲道："我乃殊胜王，讲闻亦是我。"《秘密成就续》中讲道："讲续彼是意金刚，彼讲者亦结集者。"如果由于《传授教戒王经》中对请问所谓"引导乘三种，是佛真实讲，因果任运行，他佛前难寻，胜乘何不讲"的回答是讲了"于因胜解者，遍转因法轮，金刚乘捷径，未来将出现。"所以诸智者就讲道："因乘的三藏是亲口所说教，果乘持明藏是开许的教。"但是，由于前者如《般若波罗蜜多心经》，所以不一定是亲口所说教，后者，由于《妙吉祥真实名经》中讲了"此后释迦佛，圆觉两足尊，其口善讲说"，所以不一定是开许所说教。自宗的诸胜缘利根化机说，能仁于人世间也讲了许多续，虽然如此，但是此中所以说成似如未讲，是根据密乘一词一时在人世间尚未流传于普通人，而授记未来出现，是基于普遍流传。那么，在人天世间如何流传之情，若按前译密咒派

的说法，是分续部和修部两种，其中续部，如《知识总纲》中所讲

从此我不在，于年二十八，
流传三天界，佛教正精华，
瞻部洲东隅，彼有缘种姓，
国王称做杂，早先见兆相，
在名猛暴峰，于助伴菩萨，
劣身楞伽主，金刚手显现。

就是在能仁王涅槃后二十八年，由于圣种五贤[①]以各自的神通与神变聚集于楞伽国的玛拉雅山峰，发出了二十三句悲痛语，所以秘密主亲自驾临，为圣种五贤等所聚的大多数持明宣讲了往昔流传于色究竟天、兜率天和三十三天的密乘，彼等悉被慧方便罗刹用吠琉璃的熔液写于金箔制成的卷帙后，以七种意相之能埋藏于虚空。尔时由于其神力所致，萨霍尔国王杂梦见了七种奇异梦兆，依据梦兆，做了修行，于是随顺梦兆，续部的诸经函便真正降于人间，就是诸事续降于波罗奈斯城，诸瑜伽续降于火山炽燃峰，诸摩诃瑜伽续降在了萨霍尔国王杂的宫殿上，诸阿鲁瑜伽续降在了名为楞伽国的僧伽罗岛（斯里兰卡）的森林中。诸阿底瑜伽法，是说成了在西方邬仗那国，由大阿阇梨胜喜金刚根据亲从吉祥金刚菩萨或金刚手所闻而结集，写成了经函。修部，是由秘密主金刚法把往昔在秘密胜地色究竟天普贤最胜嘿如噶以法性自声所讲的诸续，在自己九堆坛场内开许后，首先结集成语，此后写成了经函，作为注释又造了五部阿含经后交付与空行母业大

① 圣种五贤：妙称天、安止龙王、流星面药叉、慧方便罗刹和离车族人无垢称。

自在母，由她分成一般和特殊的诸续，装进了各个宝箧，在大自在天重叠塔处埋于伏藏，总有一天会由得成就者八位阿阇梨托付给守护佛经伏藏的鬼神，所以空行母就将装有特殊佛经的八只小箧交付与八位受教的阿阇梨，将装有一般续的七种宝石制成的未开封的小箧仍然埋藏于原处，后来是由根本上师持明大阿阇梨莲花生请出，完全传授给了心传弟子九君臣或二十五位心传弟子。若按新密派的公认，是承认说："是邬坚国王因陀罗菩提将诸续写成经函，讲说给了诸士夫，于是该国的一切微小生灵以上都获得成就，成为虹身，因此邬坚国便空无，变成了海，充满了龙。是秘密主将诸续部交付给了它们并使成熟，所以彼等诸龙便逐渐演化成人后在海边建起村落而修习，获得了成就。由于他们的诸子女都成了空行和空行母，所以称做邬坚空行洲。彼海亦枯竭，又出现了一座天生嘿如噶神殿，所以在其府库中藏有密教经函。后来由国王帕苏噶巴、龙树和古古日巴等诸得成就者从彼库中取出了大部分续，如是亦从香拔拉等其他地方取出了诸续，逐渐流传开来。"此中新派和旧派的差别，在印度虽没有分成不同；但在此西藏则公认分早期译本和后期译本，就是将从往昔的班智达佛密、菩提萨埵（静命）、邬坚阿阇梨莲花生、班钦比玛拉米札（无垢友）等、译师白若杂纳、玛（仁钦乔）、涅（般若鸠摩罗）和噶、焦、祥等翻译起到班智达弥底来藏以前所译出的一切显密经续及其注释称做宁玛（旧派）或早期译本，而将从大译师仁钦桑布开始翻译起，由大小译师玛、墨、郭、卓、热·仲等迎请印度和尼泊尔的各位班智达翻译的诸经续称做萨玛（新派）或后期译本。这两种译本所以存在理解难易和思察宽窄，是因为，由于往昔的诸译师和班智达全是佛菩萨的化身，所以是如实抉择了义理后而译成的，因此词句易解而思察宽广。后期译本的译师是指定了当时在西藏流传不广的所求一法，佛曾几转法轮后，学习过的诸智者由于未如实达到本义而着重了音译，所以现似词句艰涩难懂，思察狭窄。比如《秘密藏续》，对照玛、涅的译本和塔（尼玛坚赞）译师的译本，便知前后译本的差别。不仅如此，而且由于早期译本是在早先圣境印度佛教未衰落时译出的，所以除了塔译师的约十三部新译本外，也曾译出了与一切显教经典、大部分事部的外续、《文殊幻网经》《吉祥密集续》《佛平等和合续》等新教共同的许多续，而且续部的源流过程也无不同，是同一源流。不成为晚近诸译师和班智达之所行处的经教阿鲁瑜伽、诀窍阿底瑜伽，以及修部的无边续也降临为雪域化机之吉祥，而诸后期译本，由于后来佛教在印度也出现了种种兴衰，因此有些得成就者就从不同的地方当作新典取来修习，所以就形成种种不同的历史。法，也是除了各种事部和行部外，显然主要是瑜伽部的内外续为共同。又旧派经典和伏藏的差别，若按照经典传，密教外三部[①]，主要是阿阇梨佛密的传承系统，而且早先讲修之规十分盛行。瑜伽内续，除了摩诃瑜伽外，诸不共的《幻网经》类，从国王杂至小姐考玛岱维是行的近传，他们连同各自的群体升登于金刚持地，由小姐的弟子佛密解说给了比玛拉米札，玛、涅二译师从他闻习后，依次为努（桑杰益希）和素尔（释迦迥乃）所领受。诸经教阿鲁瑜伽，是努大译师桑杰益希从印度、尼泊尔和勃律等国的诸译师和班智达闻习领受的。诸阿底瑜伽，化身胜喜金刚摄受的阿阇梨是绛班协宁（妙吉祥友），由他讲解给了室利僧哈（吉祥狮子），是由他的弟子邬坚佛陀第二（莲花生）、班钦比玛拉米扎和大译师白若杂纳等三位大师弘传开来的。这一切亦如《知识总纲》中所讲“佛菩萨与瑜伽师，密意持明和耳传，乃至值遇任何者。”就是将传承的领

---

① 密教外三部：事部、行部、瑜伽部。

受系统归摄为三种而讲的。若按照伏藏传，如说：

> 极深究竟藏总于，藏人是新我殊胜，
> 尤怜浊世众生故，边地中区放满藏，
> 发愿将遇有缘子。

就是为了未来的有缘者，故将无上部、大圆满和《心品》三部、修部八教等一般与特殊的甚深法埋藏于各个伏藏处，托付给守护佛经伏藏的鬼神保管，由示现为获得权力、随作调伏的化身现在的主要译师、班智达和君民等逐渐请出，应时成为利生事业，而且传承的领受系统，亦在如前面三种之上增加了受教授记、宏愿灌顶和空行嘱神等三种，故而出现了具六传承之名。尔时一般诸续部，是由获得灌顶的菩萨、勇士与瑜伽母和在瞻部洲原有的八大寒林中获得成就的原来的八位天界阿阇梨等执持后弘传于各地而普遍修习。彼等中的一部分显现为人类的福祉，并由修持密乘获得殊胜成就的八位大圣和八十成道者等印藏的许多学问通达，德行高妙者以了悟教义的注释做了精确的解释。以讲修如何保持之情，特别是新旧两派的主张也有大量可讲，但是，此中正题续部总的正文显然唯是主要所讲，所以彼等的差别若举得太多，则碍要义，而且文字也太繁，所以仅叙此许。

如是不可思议的金刚乘之三法门中经典《经、幻、心》三部[①]、《极密金刚橛》和《阎摩德迦修法》等各自的诸不同的内容条目和伏藏无上部、大圆满部、《心品》三部（心部、界部、诀窍部）、修部八教总体和支分、彼一切的《十万本续》等宁玛

① 《经、幻、心》三部：若按九次第乘，应是《幻、经、心》。幻属九乘中第七乘的摩诃瑜伽；经部属第八乘的阿鲁瑜伽；心部属第九乘的阿底瑜伽。

（旧派）浩若大海的诸经典、伏藏之法理的灌顶、传承、诀窍和讲说之规等至今盛行不衰，当今不仅在雪域西藏，而且在世界许多地方也正在流传弘扬，一切凭依此等经典、伏藏的诀窍获得成就者也正在出现，是为普遍公认的。

（三）抉择如是执持的密宗续部之所诠

此中分七：所得密乘律仪的本质、密乘律仪的类别、未得能得的方便、守护所得不令衰败的方法、密乘律仪能生的所依、已衰败者使恢复法和守护的利益。

1. **所得密乘律仪的本质**，密乘律仪的本质，其中性相，诸凡以能防护的特殊方便持住的大乐智能断除所戒三门细微的习气相执的分别心及其种子，都是从自因灌顶新得的戒律，如是亦在《金刚幕经》中讲了“是故名坛轮，方便是乐戒。”此中若按照四续部[①]各自之规来区分，有两种：三下部密乘的律仪和上部密乘的律仪。三下部密乘的律仪，事部、行部、瑜伽部等三部的律仪性相，依次是诸凡以转任一凝视乐、含笑乐、执手乐等为道用而清除彼彼情欲的智慧自心记持的特殊方便能断除三门的习气和相分别的心及其种子，都是从自因观待续部本身的灌顶所得的戒律，特别是无上瑜伽部的密乘律仪的性相，诸凡以转第一双交乐为道用而清除彼彼情欲的心及其种子，都是从自因无上瑜伽部的灌顶所得的戒律，若加区分，有两种：从宝瓶灌顶所得律仪和从上灌顶所得的律仪。从宝瓶灌顶所得的律仪的性相，诸凡在加行之时承认五部[②]一般和特殊的三昧耶，在正行之时从授予宝瓶灌顶及其属品灌顶新得的戒律，都是以特殊的方便生起次第断除平庸显现执著的相分别的心。若加区分，有以承认告知假立而得的

① 四续部：佛教密宗的事部、行部、瑜伽部和无上瑜伽部。

② 五部：佛部、金刚部、莲花部、羯磨部和大宝部。

戒律和从合格的所修灌顶所得的戒律两种。从上灌顶所得的律仪的性相，诸凡凭依能得的因所授的任一上灌顶，从执着所现前美妙为天的相分别中解救自己的戒律，都以特殊的方便自加持守护自心明空体性的心秘密灌顶的密乘律仪的性相，凡此都是以特殊的方便世俗融乐守护能表譬喻智乐空体性的心智慧灌顶的密乘律仪的性相，凡此都是以特殊的方便无变迁的大乐守护双运俱生智所表胜义体性第四灌顶的密乘律仪的性相，因此，《喜金刚本续》中讲了

一切佛律仪，住于厄旺相，
厄旺相大乐，从灌顶正知。

由于是由厄旺表示的完全净妙的空色大手印引生了融乐，所以由大情欲的明点[①]之行变化的俱生乐就和空色成为一体，称做双运智无变迁的大乐，就是一切佛的律仪，因为既然能从所断漏乐变迁的习气和相分别中便利迅速地解救出意，所以是第四灌顶的律仪，而且宝瓶、秘密和智慧等三种灌顶也是依次成为能引生出那种能从相分别中解救出意的大乐智的远的、近的和极近的方便。若谓那么，那个俱生智，一切有情是否本来就有？答：是的，但是，能认识那个原有的本智和能对治恶戒、须靠上灌顶，因为该《本续》中讲道：

非他告知是俱生，任于何处亦不得，
当依上师时方便，和从自己福德知。

---

① 明点：精液。密乘所说体内风、脉、明点三者中之明点，是大乐的精髓或种子，以种种精华、糟粕的形式存在于体内脉道之中。

若又谓在加行时重诵了应持的五部的律仪三遍的第三白的最后分得不得应持的即彼律仪？若按照不分真假则得，因为《金刚顶经》中讲道："善立三戒后，于彼示坛场。"和绒宋大师所著的《律仪仪轨》中也讲道："是受了共同的戒后，而后受特殊戒。入坛后使获得灌顶，是视作已成成就之器。"倘若不得灌顶，从别解脱律仪的仪轨和菩萨律仪的仪轨也同样不生彼彼律仪，因为并不存在彼彼仪轨有生的功能，此仪轨没有的正规经教和道理，否则佛虽讲了律仪的仪轨也成无意义。尔时如果有人未得灌顶，仅以执持五部的律仪就得密乘律仪的话，有法那位那样的补特伽罗，你就应成可能犯诽谤轨范师等的根本堕罪，因为是心中已有密乘律仪的补特伽罗。若谓不能同意，因为《无垢光释·根本堕罪开示品》中讲了"诸凡依止金刚乘者，是谓已得灌顶者，是金刚持的决定。"此说无过，就像那个已得发愿心的戒者，虽然只是心中具有菩萨律仪，但是彼如者若不舍弃愿心，纵然犯了如为国王制定的任一十四根本堕罪[①]也不舍愿戒一样。因此，在执持五部的律仪时，由于只是愿守三昧耶，所以观待正行后，有权守护的诸三昧耶，是以承认部决定而成就的，是假立的密乘律仪，由于又灌了顶，所以因领悟智慧而成就，才是合乎标准的密乘律仪。复次，由于灌了顶，所以原有的本智得到复复元后，由那种成为威势的能力持住对治品后，就能以和与自己并存的所净[②]较量能力的方式而破除。倘若在灌顶时不正式发生，但也是由那个留存下来的堪生的功能净治污垢和功德发生的开始，所以是身心变化的特点，因为彼者获得了所谓自心成熟、获得灌顶、

---

① 十四根本堕罪：密乘应该戒除的十四种根本罪行：欺凌金刚阿阇梨、违越善逝教言、仇根金刚弟兄、舍弃慈心、遗弃菩提、诽谤佛法、泄露秘密、损害肉体、怀疑自性清净正法、对诸应行诛灭法者施行仁慈、以分别心忖度远离名言妙法、破灭信众信心、不如法服用妙药和詈骂智慧女性。

② 所净：现为有的二取客尘粗分细分皆应净治，譬如覆蔽摩尼珍宝的污秽泥垢。

成就誓言与律仪的名称，是以仪轨培育心相续的功德善种子的部分，从一切佛的第三密金刚（意密）部分来讲也是三昧耶，从守护自心的部分来讲也是律仪，就像瓶本身既是所造也是无常一样，如是亦在《秘密藏后续》中讲了“诸凡不脱离勤奋，梦中亦说三昧耶，承认发誓为律仪。”若又谓获得了如幻化静猛天的灌顶而不减弱的补特伽罗又获得真实或如《佛平等结合续》中所讲的灌顶时有无新得密乘律仪？答：是有新得的部分，彼如是者是上师授予了灌顶也罢，或是自己从佛受了灌顶也罢，既然即彼原先心中已有的密乘律仪之流，后来每得灌顶时成为增长，所以那个增长了几多的部分，就是新得，但是，是因为，由于也没有将所得同类灌顶的本体确立为和今后不同类律仪本体为不同，故无新得正律仪，因此对那个起初灌顶就称做使成熟的灌顶，是使新得密乘律仪的灌顶，后面的诸灌顶虽因自己应得之份，也有一使成熟的部分，但不给安立使成熟和新得律仪的名称，因为那样一种成熟之情，乃至未证得成佛都发生。一般观待基、道、果等三种，也将密乘律仪说成三种：守护一切法的本身俱生智的体性，就是基续的密乘律仪，即在《威猛电光经》中讲了“诸法本净故，邪分别本净，律仪更清净”；以通达真实的特殊方便——成熟解脱道能断除相分别，就道续的密乘律仪，即在该《经》中讲了“因此名坛轮，方便是乐戒”；守护一切法自现智的体性，就果续的密乘律仪，即在该《经》中讲了“此后说一切法谓，同一戒金刚萨埵”。经中承认如是三种密乘律仪中的第一种为假立的密乘律仪，后两种为合乎标准的密乘律仪，这是附带插叙。

2. **密乘律仪的类别**，此中分二：四续部规的一般类别和无上瑜伽部规的特殊类别。

（1）四续部规的一般类别，对此有人说，由于事行二部中未讲根本堕罪，所以除了菩萨的愿与行的学处外，没有别的要守护。若似如此，《文殊根本续》中讲的“开示此五者为根本堕罪”是讲了五根本堕罪和《大白经》中详广讲的“有四种根本堕罪，乃至活命因缘亦不全犯”等也成为菩萨的根本堕罪。若是那样的说法，菩萨的堕罪定数也就不成立，事行二部中若无根本堕罪，也犯支分堕罪就不合理。如果那也承认，就成为也和《大日经》与《妙成就经》中所讲的密乘戒相违，不仅如此，而且成为凭依事行二部的灌顶不得彼彼的密乘律仪。如果承认，二上续部也成为没有发生密乘律仪的功能，因为彼彼部的灌顶有无发生密乘律仪的功能，进退是相同的，所以是应当按照《时轮广释》中将四续部也讲成有根本堕罪数目超出十四种来解说，此中分四：第一事部的根本堕罪，如《秘密总续》中讲道：

尔等从今后，当于佛法僧，
以及诸菩萨，密咒与明咒，
信仰极坚定，特别对大乘，
应恒久信仰，亦敬守誓者，
友伴和上师，不应瞋诸天，
当按时供养，不敬他师典，
经常供新客，怜爱众生心，
极坚应近住，诸爱大乘者，
般重使福生，励力勤念诵，
精进密乘行，密续所讲的，
誓言亦应守，咒语与手印，
不授无誓者，善护密乘续，
彼亦我赞许。

实际是十四种：净信三宝、净信真言、信受大乘、恭敬上师与同门、不瞋世出世的他宗神、按时供养自己的本尊、不敬他经书、供养不速客、不舍弃慈心、不舍弃勤办利生事业、精勤念读与讽诵、其他三昧耶亦尽力守护、不于非器者传授真言和手印、守护自宗的密乘续而领悟。此等的逆品是成为根本堕罪，因为亦在该《续》中讲道：

如是所讲诸誓言，倘若诸凡成违犯，
彼当念读与讽诵，自宗心咒十万遍，
或将迷惑家鬼咒，亦可念诵一千遍，
或举行息灾护摩，或者又进入坛场。

第二行部的十四根本堕罪，就是不惧十不善和四根本[①]十不善，《大日经》中讲了“为因此等十者是菩萨于密乘门修行的一切学处之根本，故名因缘。”四根本，该《经》中讲道：“有四种根本堕罪，乃至活命因缘不应全犯。”云何名为四，由于该《经》中讲了

汝当从今后，乃至命因缘，
悉不应舍弃，正法菩提心，
汝不应悭吝，损害诸有情，
佛为汝宣说，此三昧耶戒。

所以此四种的逆品，就是舍弃正法等四种。若谓那么，由于人天

① 四根本：别解脱戒的四根本学处：不杀、不盗、不淫、不妄说上人法。僧人的四根本戒，若犯此戒，即败坏戒律根本，故名四根本。

乘和声闻独觉也有不惧十不善，所以何故确立为密乘的特殊根本堕罪？答：此中于密乘之门修行的诸菩萨执持无为[①]的戒蕴[②]后，作为其三昧耶，既然执持十善，所以有差别，即在该《经》中讲了

诸日过去与，未来与现在，
任何诸怙主，具方便智慧，
修学无上觉，得无为悉地，
亦说余学处，与离方便智，
当知大勇识，诱进诸声闻。

第三瑜伽部的十四根本堕罪，如《执持五部律法品》中所讲“犹如三世诸怙主。”等，佛部的三昧耶，是执三宝为皈依处，有三种；金刚部的三昧耶，是持金刚杵、金刚铃、手印和阿阇梨，有四种；大宝部的三昧耶，是施舍四种施[③]，有四种；莲花部的三昧耶，是执持无余正法，有一种；羯磨部的三昧耶，是尽力守持前面的诸戒和精进供养业，有两种。此等就是所立的学处，除此以外其他十四种，是讲了“遍说他胜罪，不做断与舍，谓根本堕罪。”对此虽有许多不同的认识，但这里说的是除去那十四种成立的学处以外的其他学处，是阿阇梨贡噶宁布（喜庆藏）将其十四种逆品承认为根本堕罪，因为《真实光明》中讲道：“所说的‘一切如来的戒律，犹如三世诸怙主，是决定为菩提’就是与十四他胜罪相反的性相者。”和《吉祥胜乐广释》中也讲道：“由于讲了‘以此等手印等做什么？’所以若完全舍弃

① 无为：常，无为法。不从因缘生起的种种事物，即非实事法。
② 戒蕴：戒聚，戒身，尸罗藏，五无漏蕴之一。
③ 四种施：财施、法施、无畏施和慈施。

此，就成他胜罪。”

第四无上瑜伽部的十四根本堕罪，是如普遍公认的那样，下面将讲。

（2）无上瑜伽部规的特殊类别，虽然也有从下三续部的灌顶获得的密乘律仪，但是，由于此论著中是讲说从特别优异的无上瑜伽部的灌顶获得的密乘律仪，所以此等将在后面详讲，故不在此解说。

3. **未得能得的方便**，受得密乘律仪后灌顶的仪轨分五：在何处灌顶的坛场、何为所灌四顶的建立、获得如是授予的离系的功德、辨认密乘律仪受得的界限、承认三昧耶等后行之事。

（1）在何处灌顶的坛场，此中梵音“曼札罗”一词中的“曼札”，就是“本质”或“精华”，“罗”就是“执”或“取”，既然能执取本质的德体，所以是坛城。若加区分，有结合四续量的四坛和除此以外，本文要讲的正题堪能成熟当今大多数补特伽罗之坛。

甲、四坛，就是自然智坛、增上定的影像或变化坛、意乐的坛和增上影像坛。其中前三种，在《幻化金刚续》中依次说成了由依止正等觉、究竟道、见道和修道的轨范师于某处为边地菩萨和诸见道、修道、资粮道、加行道的功德圆满者灌顶的坛场，所以是诸圣者的所行处，这里将变化坛称做增上定的影像，是幻化者的自语。第四种增上影像坛，就是由对三摩地仅获得类似坚固以上的正规轨范师在增上影像坛中为有缘的弟子灌顶，此中又由于化机的差别，故有容许凭依彩粉坛为下等缘分的入坛者灌顶、凭依布绘坛为中等缘分的入坛者灌顶和凭依如小堆的少许所缘境为上等缘分的入坛者灌顶，即在《八大法行·集乐根本灌顶仪》中讲了

于何坛场中灌顶，讲成上中下三种，
花朵、画像和彩粉，三种坛场中灌顶。

此外还有容许一些大慧的有缘者从开始就进入轨范师身坛，因为没有决定那个于身坛作坛城想的智者需要依止外坛。如是亦有铃论师讲道："二假造的坛，随化机承许，非智者所立。"同为如是的彼智者所立的境，该论师讲道："诸众生自性，所成坛无二。"和因为《掘坑入坛投花品》中也讲道："是于轨范师身坛。"此复，一般是观待补特伽罗的两种差别的依赖处而成两种入坛之情，即容许观待缘①醒之情后，胜解为何者就首先进入彼，进入后修习与彼相同之道和观自心成熟之情后，一切补特伽罗是渐次进入。虽然未见此亦需要唯在今生积累的决定，但是，此中是按照下等缘分渐次入坛的补特伽罗先前心未成熟能成熟后，现在的诸尊师的常规是承认于任一彩粉和布绘的坛中授予灌顶，此中容许于布绘坛中授予使成熟的灌顶的根据，因为《不动明王无上续》中讲的"或者绘画一坛城，如前绘的坛中央，绘深蓝不动明王。"等是讲了布绘坛城后，作为其属品，详广讲了灌顶的仪轨，以及哆耶茜那论师也讲了

若不能绘彩粉坛，决定于同坛布上，
当绘世尊嘿如噶，以及手印的形状。

乙、本文要讲的正题堪能成熟当今大多数补特伽罗之坛，观待四种灌顶，有四种因所依坛：宝瓶灌顶，所依的是外增上影像

---

① 缘：外因，外在联系。能成熟果的助伴，生长果位特点者。

的彩粉坛或是由彼相对引出的水彩或布绘坛；最上毕竟三灌顶[①]，所依的一般是我真实内身脉坛，特殊秘密灌顶，所依的是咒真实咒字ཟླ་ན(婆迦)[②] 坛；智慧灌顶，所依的是本尊真实世俗菩提心坛；第四灌顶，所依的是智真实胜义菩提心本质智风坛。如是铃论师也讲了“宣说画事业，线彩绘次第。”《密集》中讲了“说婆迦谓坛，菩提心亦坛，诠说身为坛，讲成三种坛。”《喜金刚根本续》中讲了“坛者谓本质，菩提心大乐，能取故是坛，聚集诠为坛。”如是四种坛中的后三坛，虽是于何处授予最上毕竟三灌顶的坛场，但是铃论师讲了“金刚持讲成，灌顶坛先行。”这个讲成先令入坛，而后灌顶的应入何者的坛，是首先重要的。

（2）何为所灌四顶的建立，此中分五：灌顶的目的、灌顶的本质、词义、类别、灌顶之理。

甲、灌顶的目的，就是为了成办为堪为金刚乘的道器。

乙、灌顶的本质，当以能作宾（动作、作者和直接宾）三者关系来了知：作者是由金刚阿阇梨担任，宾是净治身心的成器弟子，能作是以药、咒、三摩地等三者齐备的特殊仪轨来做，所作是由加持弟子身心的特殊作用净治存在心相续中的自己份内的各种污垢或使衰败，所得就是由原有的种种本智得到复元之力现前变成二次第道智慧或使成熟为一定变成的堪能，所以是心变化的所有特点。如是亦在《嘿如噶密集续》中讲了“由谁为谁灌顶使，心净得能故领有”。倘若在彼灌顶时本智纵然不正式发生，但因灌顶成为成熟度的道理，在《经庄严论》中讲了

① 最上毕竟三灌顶：进入无上密乘坛场，成熟身心的三种灌顶：秘密灌顶、智慧灌顶和语句灌顶。

② 婆迦：女性生殖器。

犹如此诸疱与食，能滴堪用故许熟，

故说此身有两种，熟为寂灭和圆受。

如在波罗蜜多乘中安立此身为熟为堪断见断[①]和堪生见道[②]之度，若按照进入此无上密乘后就成立为无障碍，由于就是尔时获得了堪断所断和堪得所得殊胜成就的能力，所以获得灌顶本身就是心成熟之度，就像水、肥、湿度、温度等齐备时四地能播种子一样。

丙、词义，梵音“阿毗喀杂”一词之义，既然是“现前击散”或“浇灌”，所以是灌顶，是因为安立为击散所净的污垢而堪能修道和堪得果的功能，即在《喜金刚本续》中讲了“名为击散与浇灌，是故诠说谓灌顶。”

丁、类别，分因、道、果的三种灌顶，其中因位的灌顶，需要先从上师正式而受，因为凡是使彼成熟的灌顶都须在修前获得。道位的灌顶，是后来从上师而受，或者亦可由持戒者自受，因为是使即彼先前心已成熟的灌顶流增长的灌顶。果位的灌顶，是在有学道完毕的相续后际之时授予，因为是彼能和合究竟果的灌顶。因位的灌顶也是确立为四种，因为确立所净为四垢[③]、确立能净为生起次第圆次第四法门、确立所净果[④]为四身[⑤]。诸凡按照《菩提道灯论》中所讲的“密与慧灌顶，梵行者勿受。”另有用意的说法，说什么不于出家人授予彼彼灌顶，这是不合理

① 见断：见所断。见道位中应断除者。谓一切遍计所执烦恼及粗分所知障。

② 见道：五道之一。往趋解脱历程之中，新见前所未见本性，登圣者地，现观诸法无我如所有性，随应了知一切有法尽所有性，修七觉支以根本断除一切见所断惑，离五怖畏，证得十二一百功德之道。

③ 四垢：贪、瞋、痴、慢。

④ 所净果：净所生果。密乘道位中既已净治一切染污秽垢，因为所有一切功德彻底现前，此种功德，譬如已脱离污泥的如意宝珠，随愿能满足种种欲求。

⑤ 四身：佛所具备的自性身、智慧法身、受用报身和变化身。

的，因为一切出家人就应成不是无上甚深道的法器。如果这也承认，就和《时轮本续》中将密乘的殊胜所依讲成是比丘相违了。

戊、灌顶之理，此中分三：由谁授予的轨范师、于谁授予的弟子和如何授予的仪轨。

戊（1）由谁授予的轨范师、《知识总纲》中讲了

观察轨范师德相，知藏论师汝谛听，
坚固调柔无谄诳，了知密宗续加行，
善巧绘画坛城业，完全理会十真实①，
于诸有情无畏施，恒常喜爱于大乘，
说成此是轨范师。

十真实，《金刚藏庄严续》中讲了

两种驱邪的仪轨，秘密智慧灌顶仪，
和合分开的仪轨，正行金刚的念诵，
食子豪强的仪轨，开光和修曼荼罗，
即是密乘十真实，坛城三摩地手印，
坐姿身姿和念诵，护摩供养业加行，
复又归摄的种类，即十一种外真实。

所讲的十种内外真实，是确定为修习无上瑜伽和下部密乘的轨范师应当了知，特别是《威猛电光续》中讲了“爱重极完备，时数相念修。”就是弟子若启请先行了相、时、数等三种任一的念

① 十真实：密乘金刚上师应当娴练的十种本性：坛场、密咒、手印、守护我及处等、迎神仪轨、念诵、修习、内外护摩、收摄和送神。

修以及补全护摩的轨范师，应当观察是否法器，若堪为法器，则消除障碍而使守护并亦讲说净治身心的诀窍，此后为了请求开许自起为天，故进入补充念修，这是追求利他的轨范师可以逾越的三昧耶。

戊（2）于谁授予的弟子，就具有净信、精进、智慧、十分好施而信许修证和三昧耶等之德者，即在《威猛电光续》中讲了

喜爱修与证，恒常敬师长，
供养三时师，具德是弟子。

《秘密恶咒》中讲了“具足信仰精进禁行是法器。”

戊（3）如何授予的仪轨，如《嘿如噶密集续》中所讲“第一地仪轨，第二预备事，第三入坛仪。”就是头晚地仪轨，次日做预备，三晚正行的仪轨。

第一，地仪轨分四：观地，一般是天、地、中间等三处的勘察，特称的是，从蟒神腹部正前方掘地并以拣除毒箭[①]等而观察土地本身之相。乞地，就是经过观察，若见为可用之地，就给显现与未显现的土地神祇偿还价值，并以祝告乞求其所占的土地。净地，《喜金刚羯磨次次仪轨》中讲了“所净以业、火、咒语，手印、三摩地使净。”摄地，就是修坛轮，即由住于四个方位的弟子启白和由轨范师劝请召集遍空觉醒的诸如来后，以忿怒明王之慢禳解魔障，并以火眼和金刚舞步遣除，加持地基变成金刚自性。守地，《威猛电光续》中讲了“加持八指担木橛，使成忿怒

① 毒箭：就是荆棘、瓦砾、悬险、骨锁、株杌、孔穴、蚁窝、灰炭、卤咸卤、砂石、尘鬓、虫蚁等处。

明王橛。”所以就是将十个忿怒明王橛钉在八个方隅和将上方橛钉在东方橛之东，将下方橛钉在西方橛之西。尔时在旧有的坛室内立彩粉类坛时也可不举行地仪轨，但在新住房立布绘坛时也举行地仪轨为好，因为地仪轨并非只是为了在地基上绘画坛场，而且是为了灭除内外的邪魔和障碍，所以主张立布绘类坛时一概不需要地仪轨，是无道理的。

第二，预备事，有天、瓶、弟子等的三种预备，天预备，就是在各个尊处陈设香精及其小堆，观想起现为天，令入彼中，进行供赞与知会，举升于天空后召请安住。此仪轨不只是彩粉坛，而且立布绘类坛时也完成为好，因为知会不仅唯在绘坛时需要，而且也是为了成立。说什么如是之时与陈设小为如曼扎的常规全无相干，也是由于不懂此要义而误解的。瓶预备，就是准备好等同尊数的合格之瓶或者亦可省略成两个尊胜和羯磨瓶（净水瓶），加以装扮，装满瓶物[①]和香水而陈设，此后观想各个尊或尊胜瓶中满是坛城，在羯磨瓶中是羯磨讲堂，进行生起、融入、供赞和念诵，最后化作光，是将此作为无上瑜伽部的总灌顶而成为另外的。在经幻等部中，羯磨瓶是连同金刚铃杵、颅水和彩线等分支另外举行开光仪轨。弟子预备，就是弟子在幔幕处面供献曼札而启请，使生欢喜，劝勉听闻后，诸受持如何适宜的律仪者自起为天，加持身语意而供奉。此后为了观察成就的征兆，令投齿木和观察梦相，后者的加行，是给与勺水（半捧水，仰掘手掌所容的水）、护身线和吉祥草的枕席，为使不退转亦说法后，正行是观察梦相，若是凶相，当于明早举行遮止的仪轨。

第三，入坛仪，此中分五：绘画坛场、陈列饰物、修供坛场、进入彼坛和灌顶。

---

① 瓶物：瓶内装的物品，有五药、五宝、五谷、冰片与紫檀等。

第三（1）绘画坛场，此中分二：用线弹画和用颜色绘画。

A. 用线弹画，就是将两条长短是坛的两倍，粗细是门量的二十分一的线加持成为智线和业线，交付给线的照看者佛母后，由于八条大线环绕和住的方位无错乱，故弹智线于上方虚空，同样，按照仪轨，在地上画出分段的、圆圈的和内外等的业线。

B. 用颜色绘画，就是加持彩粉和手，首先用彩土填满中央的橛孔，此后从东北起，画出墙宽约一门之量，往后连接时为了观察圆光[①]，故而埋藏，于如何弹了线的地基处依次涂以彩粉，于诸尊居处各自的座位上绘画各个尊之身大手印、语咒字和意标帜或可绘画与自身颜色相同的任一圆点，或者按照《威猛电光经》中所讲的“圆满绘成主尊形、眷众绘成诸手印，诸一般以咒字表。”的次序安放任一画像或用颜色绘成。

第三（2）陈列饰物，就是完美严饰坛场，如理摆设灌顶物和供品。

第三（3）修供坛场，此中分二：加行坛场开光和正行修供坛场。

A. 加行坛场开光，如《威猛电光经》中所讲“不论造何坛场等，若不开光具智尊，全无众与绘功能。”不只是彩粉，而且立布绘类坛场，若是新坛，都应当举行开光。

B. 正行修供坛场，此中分二：自前相异的修法和自前不异的修法。

——自前相异的修法，就是观想自己和面前的坛场主尊为不同后不令混合，修成相异。

——自前不异的修法，就是首先观想自己和面前的坛场主尊为不同，使混合后修瓶和从开始就以一个三昧耶坛集中自身、面

---

① 圆光：预兆，征候。根据镜中所显现的景象占卜吉凶的一种迷信活动。

前的坛场主尊和瓶等三者而修，念诵时，以分开坛室的仪轨分成不同后念诵，特别要将总持绳指向瓶而念诵，最后是化作光。又自前不同混合类有七混合和六混合的名称，但是，自宗前译派的种类，从开始就观修为不同，是主要的实行，若是新坛，开光时，或者如旧的布绘坛无须开光之类，在正行的头一天时是将自性智坛和将先前举升于天空的预备坛投入等持三昧耶坛后取了三混合之名，就是《总纲释·授记品》中所讲的“此后绘第十二品大会聚规之坛、陈设饰物、做事前准备并混合三坛和做供养等。”之事。总而言之，就是在修观行者之禅定的心目中尔时不净的情器世间相消失，出现所依及其能依的坛轮而不沾染贪恋地以有学的要领修等持，进行各种供养和称赞，此等便是修供坛场的仪轨。

第三（4）进入彼坛，此中分二：轨范师入坛和弟子入坛。

A. 轨范师入坛，由于《嘿如噶密集续》中讲了“变成具能相，行者自进入。”就是以弟子如何进入的仪轨自己进入而受灌顶，或者如《秘密藏续》中所讲“皆以自在智进入。”就是以进入自现坛之理投以智花也起到自入的仪轨效用。

B. 弟子入坛，就是该《续》中所讲的“此后弟子应进入。”的事，此中分二：进入外增上影像坛和进入内智坛。

——进入外增上影像坛，就是诸弟子在坛室外面或幔幕外面沐浴，先行敬礼和供献曼札，蒙面，手执花鬘而启请，询问愿望而回答。授予共同与特殊的戒，使发生二谛二双运之心，并使坚固后，当引入坛室或幔幕之内时以咒印（密咒中之手印）开启四门，以业金刚杵引导，以四无量之行进入，并敬礼等。

——进入内智坛，就是以四种誓守誓言[①]约束自心后，正行引降智尊，以使乐空正智或即彼少许所得类坚固，此后为了辨认本尊，故系彼所投之花于弟子头上，交与部尊，开目后当开示坛场。此等就是入坛之法，即意想与天同分，如是亦在《佛平等结合续》中讲了“凡观先见坛，彼有此福力，后降亦如是。”倘若由于不守誓言不持戒等虽是不堪授予灌顶的补特伽罗，但也开许为一个只是入坛者，因为《金刚顶经》中讲道：“设若彼非器，开许彼进入。”和讲道：“于此一切如来之密坛大王，尽一切众生界皆可进入。不应简择器非器，仅一进入便极爱好，故当引摄，所以者何？一切有情仅一得见，立刻唯成不退转。无信仰、不积善根、身心全不成熟和无胜解等虽多，仅一得，即不返转。”

第三（5）灌顶，此分宝瓶、秘密、智慧和第四等四种灌顶。

A. 宝瓶灌顶，就在彼已入的坛场中灌顶时以先行供献曼札而启请，在坛场的东面安置弟子于灌顶台上。由谁来灌顶？就是由与上师无二的身金刚化身的本体坛尊、由彼变化的本尊和从自性界（法身净土）请来的本尊，彼一切亦住于三位[②]齐备之相。为谁灌顶？就是修弟子亦如灌顶物起为各个部尊，或者修一切（弟子、瓶、坛）起为所有本尊相。旧译派的诸灌顶中，大多按后者而行。如何灌顶？就是为了将弟子的五蕴和五惑[③]加持成为清净五部佛和五智，故由诸灌顶者修瓶起为三昧耶尊和智尊无别的五部佛，举起已成各个尊相的灌顶物，以相应的真言、手印和

① 四种誓守誓言：为令弟子得与本尊缘分相同，依于如理守护誓言有利、不守有害，利害两俱，及师语尊严等四种要约。

② 三位：密乘通指蕴和界为男女佛位；根和境为男女菩萨位；诸肢为忿怒佛母位。

③ 五惑：五烦恼：结、随眠、缚、随惑和缠。

三摩地洒注瓶水于弟子头顶，系五佛冠于其首，授金刚杵于右手，令其旋转摇动，指向心间，授金刚铃于左手，令其摇振执持，取以投花所中的部尊之名，就是五种明灌顶[1]。为将有垢的智界加持成为方便金刚萨埵的体性，故有调伏平庸之行后，随金刚萨埵之姿态而行——金刚禁戒的共同与特殊行的禁戒灌顶类，此亦授予就是弟子的六种灌顶。此后是方便所生佛金刚持的加持，即为使具有利他的能力，故授予金刚杵意、金刚铃语和手印身的三昧耶，故从内外金刚铃杵和合所生的乐空，就是金刚阿阇梨的灌顶，即有七种正式宝瓶灌顶，作为此的分支，就是授予随许等。复次，由于胜解了获得消除了五惑之巨垢的五智后，五蕴发生了变化，所以果五部佛之诸特殊的断证功能，就是五种明灌顶的体性。由于消除了智身与金刚身之不散的巨垢后，所取能取和三种能所取发生了变化，所以方便金刚萨埵和闻所生金刚持之诸特殊的断证功能，就是禁戒与金刚阿阇梨灌顶的体性。在一切彼等之时，由于随行瓶水之事，所以称做宝瓶灌顶。这两种无上瑜伽部共同的五种明灌顶和金刚阿阇梨的灌顶虽然仅仅相似依次代替了了幻化派规的受益灌顶和后三种功能灌顶，但是不能代替彼彼灌顶，由于此无上瑜伽部共同之规的宝瓶灌顶的所净五蕴与五惑等是如共乘所公认，而幻化派规的灌顶，在《道次第论》中讲了“所依处脉与明点，具十、五、三灌顶。”受益和功能两种灌顶亦如甚深灌顶，是与凭依风心、脉和明点的甚深身坛相关，所以差别很大。

B. 秘密灌顶，就是在半夜之时于坛场的南面供献曼札和具相的明妃而启请后，迎请一切佛放入语金刚圆满受用身之本体上

---

① 五种明灌顶：行部密乘入门五灌顶：灭瞋恨火瓶水灌顶、平我慢山冠冕灌顶、消贪欲毒金刚杵灌顶、解嫉妒链金刚铃灌顶和除愚痴暗名号灌顶。

师父母之身（阴阳体）和咒字ཧྭ་ཧ（婆迦）坛，被情欲溶化，从金刚摩尼①流出的甘露赤白菩提心②不许向无缘者展示，故名秘密，将即此授于弟子的舌上，就是灌顶。伏藏之规直接从父母的明说而受的方便与智慧的秘密灌顶，是从父舌所取的落于“母之虚空”的“菩提心流”而受，如若不能，就以有柄的明镜而取，和以甘露而授予，就是无二的秘密灌顶。彼“菩提心流”由经喉间增长，充满全身，犹如往稀饭中加了酵母，由于加持，故而消除了语不散的巨垢，留植了语金刚之特殊的断证功能，由于通达了心为远离言诠的明空③智，故而远离了执著形状为天的分别，就是获得了秘密灌顶。

C. 智慧灌顶，就是黎明在坛的西面供献曼札和启请后，上师与天无二无别住于法身意金刚父母和合（交媾）的本体，由于将所依智慧母付与世俗菩提心④坛后放入一切佛、弟子和父母（阴阳体）而入三摩鉢底⑤，故而能依界⑥融化的“菩提心流”就以上降四喜⑦之行而顺行，于“金刚摩尼瓶”中持成无漏，从领受融乐之缘，自性俱生的光明便依明相⑧、增相⑨和得相⑩的次第出现于大乐中，故是意加持，获得意金刚之特殊的断证功能，就是灌顶的实质，既然是从所依智慧母产生了能依四喜智，所以

---

① 金刚摩尼：龟头。

② 赤白菩提心：男精和女血。

③ 明空：自心体性不离明为明，明分全无形色可得为空。

④ 世俗菩提心：由文字言说可以理解的粗分菩提心。

⑤ 入三摩鉢底：交媾。

⑥ 界：精液。

⑦ 上降四喜：无上密乘圆满次第所说摄气入窍修脐轮火所生证境之一。菩提自顶下降为喜，降至喉轮为胜喜，降至心轮为离喜，降至脐轮为俱生喜。

⑧ 明相：隐没次第中首先现似秋夜晴空，月光满天，唯见白茫茫一片空明无别无所有的微细意识景象。

⑨ 增相：密乘隐没次第中唯见天空日光映射，一片空明红霞，别无所有的微细意识景象。

⑩ 得相：近得相。密乘隐没次第中唯有深夜一片漆黑别无所有的微细意识景象。

称做智慧灌顶。

D. 第四灌顶誓言宝灌顶，就是由上师自性身[①]智慧金刚本体在胜义菩提心[②]坛中授予，此亦是前面第三灌顶时的上降四喜圆满后，以方便使“菩提心流”自下逆行，在从逆行中所生的下固四喜[③]的最后领受的智慧和自心俱生智以仅语句的表示开示为一味，就是语句第四灌顶，不可思议的俱生的真实性身和智慧无别双运殊胜大乐的三摩地于心中发生，就是义第四灌顶，若不认识智慧，依止业印[④]而引生领受，就是有相第四灌顶，将彼修为道用，就是道位第四灌顶。四喜的每一行亦分成各四小喜，共十六喜，以其中四喜结合资粮道，此后以每一喜结合加行道与见道，以九喜结合修道，以最后第十六喜结合无学道即将上降四喜与因位的地道结合，将下固四喜与果位的地道结合，在下固的第十六喜的最后，由于在精血融入体内上下的刹那间气息停顿，所以体验彼三者之变化的智慧亦间断，现起四身，就是果位第四灌顶，此亦在《金刚业次第》中讲了

种类就是十六智，从初资粮加行等，
乃至究竟即佛地，如是四种类别中，
第二第二欢喜等，地相等同波罗蜜，
故是解说成圆满。

（3）获得如是授予的离系的功德，由于授予了四种灌顶，

---

① 自性身：智度七十义之一。佛身之一。具足两种清净究竟法界之身。

② 胜义菩提心：现证空性的智慧。

③ 下固四喜：无上密乘圆满次第所说修脐轮火所生证境之一。菩提自下逆行，由隐经脐、心、喉乃至顶轮四处所生四喜。

④ 业印：活佛之妻。

故除掉了何垢？由于四位[①]中的醒觉位和其现分量蕴等是粗法，故由宝瓶灌顶除掉了三门中身明点之障和能摧毁四魔[②]中的蕴魔，同样，由于梦幻位和彼出现于心中是细分，而且即彼是从风息吹动明点中显现，或者属于欲言的分别，故由秘密灌顶除掉了语明点之障和能摧毁烦恼魔，由于沉睡位和彼是粗分六聚停顿的分别，故由智慧灌顶除掉了意明点之障和能摧毁死魔，由于等至位和彼是漏乐的爱，故由第四灌顶除掉了极细微的所知障转变的明点障和能摧毁天子魔。此外，《金光明经》中讲道："由于烦恼障清除，故能显现为报身，由于业障清除，故能显现为化身，由于智障清除，故能显现为法身。"所得虽然不以四身的体性而分，但是，若按照从清除的反面设立为彼彼，就是以宝瓶灌顶主要消除业障，以秘密灌顶主要消除烦恼障，智障即所知障有粗细两种，以智慧灌顶主要消除粗分所知障，以第四灌顶主要消除细分所知障转变的诸习气障，不仅如此，而且还有讲成了以前三种灌顶分别净治三门后，以第四灌顶平均净治。此中的平均，就是由于由精血风三者成为轮回的身语意和苦乐与不苦不乐等，所以应当安立为"赤白"（男精女血）平均随风而转的带心的转变的习气，故是同一要点。有权修何道？由于授予了宝瓶灌顶，故有权讲闻修习内外生起次第以及羯磨集[③]，并能产生境成为现空双运的感受，同样，由于授予了秘密灌顶，故有权修习自加持猛厉火[④]和幻身并产生心为明空的感受，由于授予了智慧灌顶，故有

① 四位：身中具备风、脉和明点，故有四位：不识三者本来体性，执著二取，六识暗昧，敛入藏识为沉睡位；此时意识发起造作为梦幻位；六识正常感知外境为醒觉位；体验从此转趣往生为等至位。

② 四魔：蕴魔、烦恼魔、死魔和天子魔。

③ 羯磨集：汇集各本尊所有息灾、增福、怀柔、制伏等羯磨仪轨于一处者。

④ 猛厉火：脐轮火，或名拙火。梵音译作旃陀离。密乘圆满次第根本法之一。集中坚守脉、风、明点，以使脐中针影（形如倒竖梵文字母如阿）燃起乐暖。功能猛厉焚烧一切不净蕴界，灭尽一切烦恼寻思，迅速生起俱生妙智。

权修习凭依业印和智印的譬喻智并产生由融乐使身成为乐空的感受，由于授予了第四灌顶，故有权修习胜义智手印和大圆满并产生如观圆光占卜见一切法的自性胜义光明极不变的大乐为自证体性的感觉。获得何果？由于以二次第培育了那个播于心中的灌顶的种子，故是堪作以种种直接间接的方式获得究竟果身语意智金刚本体四身的功能。

（4）辨认密乘律仪受得的界限，律仪发生之初，是从加持弟子的身语意成为三金刚之时开始，已生之际，唯是那个四续部各自的灌顶结行[①]完毕之时。三下部，如果本部的正式灌顶的仪轨已完成，由于是在观待各个部的轨范师处结束了灌顶，所以界限就是彼等之际。无上瑜伽部，于宝瓶灌顶的最后获得生起次第的密乘律仪等全部四种灌顶之时，就是已受得了观待各个生起次第和圆满次第的所有律仪，因为尔时那个如是者堪为发生观待自己的彼彼根本堕罪的能依。说什么“由于诸凡无上瑜伽部的全部密乘律仪，已在正式宝瓶灌顶时受得，所以上三灌顶中除了各有一次重新受得三昧耶外，并无新得律仪。”难免与《三律仪论》中所讲的“寻求师受四灌顶，由彼能具三律仪。”相违。

（5）承认三昧耶等后行之事，如是结合法器授予了多少灌顶，就在如此如此的灌顶仪轨完毕的结行中详细告知三昧耶后，集拢起来以承认而执持，执持后亦当对如理修学律仪和三昧耶的诸取舍发起精进，此外，供奉福田和送往收摄坛城的诸事，是应按照各自的仪轨而进行。

4. **守护所得不使衰败的方法**，此中分三：略说、详释和摄义。

---

① 灌顶结行：灌顶仪轨已毕，弟子供曼札以酬大恩，自承许以守誓言，献三门以为仆役，回善行以向菩提。

（1）略说，就是不可只满足于起初受得的密乘律仪，在彼期间应以守护所得不令衰败的真心诚意来守护，是因为，由于三昧耶和律仪是一切密乘学处的根基，所以彼若衰败，一切学处皆成无意义，就像命根若没灭，一切根皆成没灭一样，所以，《秘密藏续》中讲道："为使诸咒师不磨损，故特诠说此大三昧耶。"

（2）详释，此中分五：解说二十五种禁行、五部律仪、十四根本堕罪和支分粗罪，特别解说早期译本的大圆满之理。

甲、二十五种禁行，成为一切三昧耶和律仪的根基即此金刚萨埵的三昧耶支二十五禁行，最初是《时轮本续》中讲了的如说"当断除损他、妄语、受用他女人。"和讲至"如是诸轮回主之二十五禁行。"此等是在迎降智尊后授予，即使未获得正式灌顶，但是不论成就任何迎降智尊的正次第和观想修习[①]，都是应当守护的事。此中有五种应断为一组的五组，即五罪业[②]、五近罪[③]、五种杀生、五种瞋和五种贪等皆是应断。如是五罪业、五近罪、五种杀生和五种瞋等此诸二十种，是应当立即以威仪努力断除的，而应断的五种贪，虽然须以能引后有的圆满业来断除，但是，欲界凡夫即使不能根本断除，也应当将每天分成三座后努修行对治，对治，也是以生起次第将境和根变成佛像和以圆满次第收摄的瑜伽阻止五根随五境[④]转。如是主要的禁行五种贪断除的方便就是收摄，就像将此说金刚萨埵之道一样，此中名为后有之主金刚萨埵的二十五禁行，是《释续》中讲的，由于不应违

---

① 观想修习：胜解修道。智度七十义之一。审定印可智度，具诸功德之有漏修道。

② 五罪业：《时轮》所说五种罪恶：损他、妄语、邪淫、不与取和饮酒。

③ 五近罪：近五无间。与无间罪相同的五种重罪：污比丘尼、杀见道菩萨、杀有学僧伽、奇僧伽资具和拆毁灵塔。

④ 五根五境：五根，即眼根、耳根、鼻根、舌根和身根。五境，即色、香、声、味、触。

越彼等，故是三昧耶，既因三门唯成了彼的本体，故是禁行。

乙、五部的律仪，此中分二：共同的五部律仪和特殊的五部律仪。

乙1. 共同的五部律仪，此等之事理虽然高出外瑜伽典籍中所讲，但是名词则相同，不仅如此，而且既然也和发愿心发行心与三戒等大乘总的学处相同，所以是共同的，除去彼原因外，这里应当按照殊胜金刚乘的意趣来解说，此中种姓特殊的瑜伽行者也应当守护五部的律仪，虽然如此，但是主要应当修学凡是自部的律仪，所以公许为不同五部的律仪或三昧耶，此中首先佛部毗卢遮那的律仪，若按外瑜伽所讲，就是发了愿心和行心后将律仪戒、摄善法戒和饶益有情戒等各自性相记持得齐备而坚固，作为彼一切的所依，是皈依不共的三宝，因为就像毗卢遮那佛主要是身种姓，而身是一切果法的所依一样，总之，戒律是诸凡一切功德的所依，一切彼律仪的所依就是皈依，因为如是亦讲的

如诸三世怙，铭记菩提心，
菩提心无上，正士我当发，
三戒律仪戒，饶益有情戒，
与摄善法戒，当分别坚持，
佛法和僧是，无上的三宝，
佛瑜伽所生，戒从今坚持。

就是承认的讲说。若按内瑜伽，隐义，就是将乐空无别的菩提心和心性本来清净认定为三宝的自性。复次，阿阇梨阿嚩雅迦惹承认若不授予外瑜伽以下或金刚阿阇梨的灌顶，虽不举行金刚部等其他部的仪轨也容许。此后金刚部不动佛的律仪，就是持合格的外物金刚铃杵，认定自已为天身大手印，即如《摄真实续》中

讲了

彼特金刚杵，振法铃加持，

誓言大手印，此后诵心咒。

内金刚铃杵，就是方便父的摩尼金刚[1]和智慧母的莲花铃[2]，手印就是彼此融成一体后交媾。同样，密瑜伽，就是赤白二界[3]以增长和滴露的方式而双运转，真实性不变的大乐和完全净妙的空性，就是金刚铃杵，彼二者双运转的智身，就是大手印。应当如是记持内外密真实性的金刚杵、金刚铃和大手印，为求正法，也应当以服事等来正持而依止能无颠倒开示彼等之真实性的轨范师，即在该《续》讲道：

最胜金刚部，铃杵和手印，

执为真实性，亦持轨范师。

是因为，由于不动佛主要是意种姓，特殊的方便与智慧和能开示彼者的是菩提心的本体和其俱有缘[4]，所以永不从此起动，因此立为不动佛的三昧耶。大宝部宝生佛的三昧耶，若按外瑜伽，就是每天亦应在六个时段中布施财施、法施、无畏施和其根本心想愿一切有情获得无上安乐的大慈施等四种施。若按内瑜伽，隐义，就是布施由欲火使菩提心下降和返回中所生的四喜智，即在该《续》中讲了

---

① 摩尼金刚：男性生殖器。

② 莲花铃：女性生殖器。

③ 赤白二界：赤界，血和月经的异名；白界，男子精液的异名。

④ 俱有缘：与近取因共同生果，主要生起非质流部分者，例如生苗芽时具备的水、肥、暖、温；成为陶罐因素的人工；成为心识增上缘的感觉器官等。

最胜大宝部，合意三昧耶，
每天六时中，恒施四种施。

复次，宝生佛主要是大宝种姓，就像从珍宝能获得欲求的事一样，由于四种施亦是能给与欲求事的本体，所以将即此立为宝生佛的律仪。莲花部无量光佛的三昧耶，若按直述，就是无余执持外声闻独觉菩萨乘、内事行瑜伽乘和密生起圆满次第三法门乘的正法。隐义，就是由于系风息于中脉，故修不可摧毁之语，即在该《续》中讲了

大菩提所生，清净莲花部，
内外密三乘，正法无余持。

就是将即此立为莲花部的律仪，是因为，就像无量光佛是语种姓一样，由于正法也是最初由经教而著成，所以是语的本体。羯磨部不空成就佛的三昧耶，若按外瑜伽，就是在具有前面的彼一切律仪之上亦尽已所能执持内外空的供养、献食子和护摩等一切业次第，隐义，就是在彼一切双运俱转中以厄旺的律仪印证和以融乐供养蕴界根境的诸神使满足，即在该《续》中讲了

最胜羯磨部，具一切律仪，
执为真实性，尽力供养业。

就是将即此立为不空成佛的律仪，因为不空成就佛，就是一切业和业种姓，彼等亦在《时轮本续》中分成了六种，即如《略摄续》中所讲“欲界金刚亦持金刚铃杵、手印和上师；大宝部施

布施，此轮守护佛尊的三昧耶；宝剑部做养供，差别是莲花部守护诸律仪；为诸有情获得解脱，佛陀生起成道部是自己生起菩提。”除了毗卢遮那佛的律仪和无量光佛的律仪外，大多相同，就是将所持不动佛的三昧耶立为根本后，诸其余者皆属于三种资粮：福德资粮，是根据下等对象，给与大宝部的十种施，根据上等对象，是奉行羯磨部的供养；戒律资粮，莲花部是正行无漏的戒律，作为此的因，毗卢遮那部是依止五肉五甘露[①]；智慧资粮，就是发起金刚萨埵种姓的空性和悲心无别的菩提心。若谓如是，金刚部是归入三种资粮中的哪一种？三昧耶是分成了生起次第和圆满次第的不同之规，依次确立为福德资粮和智慧资粮，阿阇梨的三昧耶是确立为三种资粮。

乙 2. 特殊的五部律仪，就是诸依止不共的无上瑜伽者的三昧耶，所依的补特伽罗于不同的五部瑜伽获得坚固和功能后，若成为自他之利，就文从义顺地实行，就是不了义生起次第的三昧耶，改变文字，讲成密意的彼义，则文义悖谬，既然是作为了义的所显部分，将上灌顶的三昧耶和律仪确立为圆满次第，所以是表述了特殊，此中杀生是瞋恚清净，金刚不动佛的三昧耶；不与取，是我慢清净，大宝部宝生佛的三昧耶；依止四印，是贪欲清净，莲花部无量光佛的三昧耶；妄语，是嫉妒清净，羯磨部不空成就佛的三昧耶；遍依肉、酒、境，是愚痴清净，诸凡佛部的三昧耶，就是将彼等分成内、外、密等三种或者了不了义两种而讲了的，此等在《时轮本续》中也讲了“决定金刚部杀生，宝剑部亦说妄语、大宝部夺他人财、殊胜莲花部亦夺他女人，开示酒、灯、诸佛和诸妙境全部轮；屠家女等所有诸女人，弯刀部亦

① 五肉五甘露：五肉是象肉、人肉、马肉、狗肉和黄牛肉或孔雀肉。五甘露是大便、小便、人血、人肉和精液。

不讥毁虚空莲，为了利益有情，当施此身连同财物，汝不应守护。”就是分开了了不了义后而讲的。此中弯刀部，不了义是讥毁女人，舍弃自身，彼在了义中，除了说成严守无漏的净行外，其他五种大都事理相同。此诸如是的三昧耶和律仪的次序，也是先讲了二十五禁行，是因为，由于二十五禁行的五种一组的前四组大部分是损害有情和第五组根贪著境也是产生烦恼的因，所以，实际上外法相乘和内事行瑜伽三部乘也应当断除彼等。此后是宣讲了五部的共同三昧耶，因为彼的直述，若按外瑜伽所讲，名词和瑜伽部乘相同。此后是宣讲了特殊的五部三昧耶，因为其中的了义和不了义的两种说法，就是密宗无上金刚乘的特点，所以应当将不违犯诸化机随行的次第而指导和实行了知为无上瑜伽部规。

丙、十四根本堕罪，此中分二：总略宣说、将特殊十四根本堕罪的品类引述为其他而讲说。

丙1. 总略宣说，此中一般根本堕罪的共性分六：罪体、词义、支分类别、定数、次第、认识观待不同四灌顶的根本堕罪。

第一，罪体，身语意三者之一意是成为主要，因为经中将承认不善为有色者讲成了都不是释迦的弟子，但是也有作为身的助伴需要的堕罪，所以称做三门的所护，即在《意明点续》中讲了

一切进入密乘门，三门己之所守护，
犹如国王的法令，不离彼律仪本体。

性相，若犯密乘无上瑜伽部之律仪的任何所治罪，都属于能根本舍弃凡受的律仪之类。

第二，词义，梵音“木拉巴底”一词之义，是译作根本堕

罪，就像如同树根若坚固，枝叶则繁茂，若拔除，一切皆枯一样，是因为，由于若守护，便是能生一切道与果之功德的根本，若不守护，便堕恶趣，故成为苦根之根，即在《内典明灯》中讲了“释名被正误品改变。”

第三，支分类别，此中分五：所依支、境支、因支、时支和意乐支。

第三（1）所依支，补特伽罗，须是一个具有密乘律仪而心识正常者，因为若不具律仪，除了只生性罪外，不发生遮罪，因为念若衰败，则不发生堕罪，这与一切乘的意趣是一致的。

第三（2）境支，就是这十四种根本堕罪，依何而犯的境，如犯第一根本堕罪的境是师尊一样。

第三（3）因支，就是堕戒的四门①或六因②，是根本第六节中讲的。

第三（4）时支，就是若犯支分齐全的任一十四根本堕罪，诸唯由意成为根本堕罪，是在一个座间内对治未达到了诸属于语的根本堕罪，是被任一对方已了解；诸属于身的根本堕罪，若做了彼事，是成为根本堕罪，若犯了观待三门任一者的一条根本堕罪后，后来虽犯了另外一条根本堕罪，也不成为第二根本堕罪，但是成为重罪之支。

第三（5）意乐支，就是不将不同堕罪的彼境错想成不是彼。

第四，定数，就是十四根本堕罪，因为无须较彼更多，少了则包括不了。

第五，次第，密乘的成就的根本是上师、凭依彼后是教法、

---

① 四门：不知学处、放逸、烦恼粗重、不敬。

② 六因：能作因、俱有因、同类因、相应因、遍行因和异熟因。

修法的助伴是断等对治，就是密乘的次第，由于前前重而后后轻，所以也是轻重的次第。

第六，认识观待不同四灌顶的根本堕罪，按照十四根本堕罪中的主要条款，将第十三和第五堕罪作为因果后，是违反秘密灌顶和智慧灌顶的根本堕罪，特别违反智慧灌顶的是第十四根本堕罪，第九和第十一根本堕罪是违反第四灌顶的堕罪，其余九种根本堕罪是违反宝瓶灌顶的根本堕罪。在后后灌顶时，前前灌顶是成为共同，正是灌顶时的本身成为不共的，所以，由于只受得了宝瓶灌顶，若犯正是此灌顶的九戒，就成为根本堕罪，虽然犯了除此以外的其他五戒，也不正式成为根本堕罪，因为并未受得断除彼等的戒。

丙2. 将特殊十四根本堕罪的品类引述为其他而讲说，特殊十四根本堕罪的品类等，由于已为普遍公认，故不在此详录，当从其他佛教典籍中了知。

丁、支分粗罪，此中分三：略说、详释和摄义。

丁1. 略说此中分三：性相、词义和类别。

第一，性相，就是若犯诸凡密乘无上瑜伽部戒之应断的罪，都属于使戒的分支衰败之类。

第二，词义，由于类似十四根本堕罪，故是支分，虽然不是能舍戒的他胜罪，但由于能障碍速成成就，所以粗重，故名粗罪。就像树枝若断，除了树干枯萎外，并非不再生长一样。

第三，类别，八种粗堕[①]中前三种是障碍能成熟自心的支堕罪，后五种是障碍能成熟他心的支堕罪。

丁2. 详释，此中分二：解说八种粗堕和引申为其他说法的

① 八种粗堕：密乘律仪所说八种支堕罪，即所御明妃无三昧耶、大众坛场造作斗诤、从彼无相明妃力采甘露、不为来学弟子讲授密乘、对于净信问法者讲说异教、在声闻中住满七日、无瑜伽智矫饰密乘行者和为非器讲甚深法。

种类。

第一，解说八种粗堕，不以灌顶成熟自心，唯依止不具三昧耶的明妃是第一业；于大众坛场行列中对上师或金刚弟兄并无损害心而以身语造作斗诤和辩难是第二业；不按照仪轨而以自力从不具续中所讲之相的平凡明妃采甘露，作为丸药或安乐之因是第三业；隐秘吝惜书籍，不为堪为法器来学的弟子讲授密乘法是第四业；对于净信求法者按时间法不讲授彼法而说异教是第五业；在谤密乘观行的声闻或推理者中住满七日是第六业；不具密乘瑜伽真实性智而将自己说成并矫饰为诵持密咒者密宗师是第七业；为欲求学的非大道法器的补特伽罗非时讲说当众讲经所讲的甚深义是第八业。

第二，引申为其他说法的种类，就是不做念修而为弟子灌顶；以想象做开光和护摩业而进入加行；为虽非畏惧甚深见的种姓，但信服外道法的补特伽罗无故开示身印；受了后二别解脱戒和菩萨戒的咒师并无会供轮[①]和护摩等特殊需要，却违反如过午食如此如此的遮制。如是等等粗堕的认识和次第虽有许多不同，但是本文中归摄的八种粗堕，是和《三昧耶海经》的宗旨一致的。

丁 3. 摄义，如是等等粗堕虽然数目甚多，不能一概确定和任一支分不齐备的恶作等也很多，但由于都说成了小罪，所以这里不加评论，因为《时轮广释》中讲道：“诸粗堕很多，决定处罚彼等谓极轻。”

戊、特别解说旧译的大圆满之规，此中分二：略说和详释。

---

① 会供轮：藏传佛教寺庙，每遇宗教节日备办各种酒肉供品，齐集男女信徒，共同举行的祭祀活动。

戊1. 略说，讲说了生起次第圆满次第三法门中的摩诃瑜伽[①]以下中所讲的新教旧教共同的诸三昧耶后，这下该讲说由于未遍布于诸新续，故而特别即大圆满为主的前译诸续中所讲的诸规矩，此中分二：三昧耶的本质和词义。

第一，三昧耶的本质，就是诸凡不违越所守护之事密乘的良好禁行而防护的特殊增上意乐及其种子，都属于一般、特殊和最胜等的三昧耶类。

第二，词义，梵音“三昧耶”一词之义，由于译成了“正式单另制定的誓言”，所以不违越如何遮制，故是誓言，即在《本续总集》中讲了“难违金刚誓言毕竟求。”

戊2. 详释，此中分二：本质和类别。

第一，本质，就是诸凡不违越所守护的特殊事而防护的心及其种子，都属于根本和支分誓言之类。

第二，类别，此中分二：根本誓言和支分誓言。

第二（1）根本誓言，给根本三金刚（身语意）的誓言安立所谓“上师”，是因为守护自己的三门不和诸佛一体的上师之三金刚分开，或者梵音“谷如”一词义是译作“重”，若违犯，难净治之义。由于这是建立了自性大圆满口诀部规的誓言，所以大圆满的誓言既然超出了守护的界限，因此虽无逾越和违犯，但是修道的初学者为了使自心清净，就应当使三门不违越三金刚。此若区分，由于《清净三昧耶》中讲了

由依众生三熟齿，密乘誓言讲成三，

---

① 摩诃瑜伽：大瑜伽乘。旧派密乘九次第乘之一。入门：由外十力、内五力、密甚深等十八种最上灌顶成熟身心。见：论断胜义七财。世俗三重座位、本尊、坛场，任运自成，自性无别，胜谛无别，法身平等。修：主要修习三定布局，完成本质净、圆、熟三。守命四钉以为密封等生起次第，亦修风、精、光明等圆满次第。果：四种持明所摄五道到达究竟，证得双运金刚持位。

于彼抉择其差别，有身语意三誓言，

第一亦有各九种，以行与业种类知。

所以，根本身语意的三昧耶是分成内外密三种，彼每一种又分成各三种，故有二十七种三昧耶，其中第一，三种身三昧耶为一组的三组内外密，三三昧耶，依外三三昧耶，就是断除不与取，不净行和杀生等三种；内三三昧耶，就是断除讥毁父母和金刚兄弟姐妹、法和补特伽罗、作践自身和以苦行糟踏；密三三昧耶，就是断除准备打击金刚兄弟姐妹之身并讥毁装饰、打击金刚兄弟姐妹和伤害上师之妻、畏惧上师身影和在上师前诸身语之行放逸。第二，三种语三昧耶为一组的三组内外密三三昧耶，其中外三三昧耶，就断除妄语、离间语和说伤人感情的话；内三三昧耶，就是断除责骂说法词、思义理和修实性者；密三三昧耶，就是断除蔑视并违背金刚兄弟姊妹之语上师的手印和近侍之语上师的诸语。第三，三种意三昧耶为一组的三组内外密三三昧耶，其中外三三昧耶，就是断除嗔心、贪心和邪见；内三三昧耶，就是断除邪行放逸、邪修沉掉与迷障和邪见常断边见；密三三昧耶，就是断除不昼夜逐座地作意观修行三者、不作意本尊、不作意上师瑜伽和慈爱金刚兄弟姊妹。

第二（2）支分誓言，有二十五种，其中第一组五应断，如经中讲道："杀生不净行与不与取，妄语绮语等是五应断。"第二组五应舍，如经中讲道："贪欲嗔恚愚痴和我慢，以及嫉妒等是五应舍。"第三组五接受，如经中讲道："大香小香以及血，男精女血五接受。"第四组五所知，如经中讲道："五蕴五大和五境[①]，

① 五境：五尘：色、声、香、味、触。

五根[1]五色[2]知为天。”第五组五所立，如经中讲道：“佛金刚大宝莲花，羯磨等部五所立，以应时修取密意。”

（3）摄义，以彼如上面所讲为代表，经中虽然讲了许多三昧耶的建立，但是彼一切无不包括在根本与支分三昧耶之中，因为凡违犯，都属于舍弃密乘律仪之类，即使不舍弃，也属于使支分三昧耶败坏之类。

5. **密乘律仪能生的所依**，由于是以金刚乘道新修，所以殊胜成就的所依，就说成了主要是具六界[3]的人，即在《无垢光经》中讲了“所谓此生，就是于人生遍给佛果者心王，不是天等五趣之生。”若谓那么，是否就当作一个先已造积了二资粮的有相者？答：不是，就像那个以钝器砍树须耽时长者用利器能顷刻砍倒一样，那个以显乘须在多世中造积资粮后方能修成正果者，就此密乘来讲，不仅不是先已造积者，而且在其他乘中虽是已弃的化机一个正在造着无间等严重罪者，但是，如果天资聪颖，心力强大，就能以密乘道即生成佛，是因为以甚深而多方便的要领，因为如是亦在《圣第一续》中讲道：

屠夫造箭人，造五无间者，
随行密乘行，即生能成佛。

《四座》中讲道：

天天杀僧侣，造五无间罪，
靠盗业受用，此道使解脱，

---

① 五根：眼根、耳根、鼻根、舌根、身根。
② 五色：青、黄、赤、白、黑。
③ 六界：空、风、水、火、土、识。

不染诸罪恶。

《集经》中也讲道：

无间等大罪，众生虽造作，
金刚乘大海，有此殊胜乘，
自心谤师者，虽修咸不成。

但是，有缘的具有善根者所造作若是最胜，就不存在唯须人有相的决定，因为在诸续部中将天与非天等归摄为闻续之器，因为听闻秘密主讲说密乘的主要化机五贤中除了离车族人外，其他四位不是人有相，因为说成了由于在邬坚国中为诸龙灌了顶，故皆获得解脱，因为所有声闻应供和独觉应供也有需要舍弃年寿之行，以意生身进修密乘。

6. **已衰败者使恢复法**，此中分二：略说和详释。

（1）略说，由于应当守护根本和诸支分三昧耶，不使衰败，若衰败，应当努力恢复，故接着讲了名为恢复法。

（2）详释，此中分二：还净的作法和不做还净的罪过。

甲、还净的作法，此中分五：堕罪的因及其对治、够不够轻重堕罪的标准、无罪的因、超过忏量可否恢复的类别、正还净作法。

甲 1. 堕罪的因及其对治，如《别解脱注释疏》中所讲“堕罪因有四，不知与放逸，烦恼重不敬。”就是虽愿学习三昧耶，但不知不同堕罪的取舍界限，虽然了知，却不恭敬地随上师和其传授的学处而行；一般虽然恭敬，但由于不见过患或无念知，所以虽生少惭愧，但因三毒[1]极盛，故心随烦恼而转，烦恼甚多，就是堕戒的四因，由于在此之上增加了失念（忘性）和念不清醒，故有六因，即在《空行律仪续》中讲了

不知与放逸，烦恼重不敬，
失念念不明，毁誓言六因。

如何依止对治彼等的方法，对治不知堕罪之相，是认真学习学处，以正知守护取舍之处，对治不敬，是怀着对益处的兴趣，生起恭敬而守护上师和其传授的一切学处，对治放逸，犹如提防大敌，由于畏惧过患，故而专心致志防护，不论产生任何烦恼，都发动彼彼的内外对治而防护；对治失念，是不忘开许与遮止的界限，昼夜思维作意之念而悔前防后；对治念不清醒，是以伺察违不违反三昧耶来建立随取舍而转的正知的守望。此外若违犯，应当想到自己恶劣，凭依自己，以惭愧之惭[2]努力防护，若违犯，应当想到被他人耻笑后，成为讥毁处，以依他的有愧之心，努力防护，因为《律生经》中讲道：

若求胜成就，宁舍全部命，
纵至于死殁，恒守三昧耶。

甲2. 够不够轻重堕罪的标准，经中讲了

皆具境意乐加行究竟，等起抵触何惑知为彼，

① 三毒：贪、瞋、痴等三种烦恼。

② 惭：于自我、于事物均属可羞，从而耻诸罪过、防护恶行之心。佛书说为十一善心所之一。

身语加行正行悉中止，无错乱行无愧超忏量，

名为他胜正罪若不备，称做逾座罪是如僧残，

若逐渐下劣是犯粗堕，当知恶作是堕罪影像。

就是一切堕罪皆具四支或七支，此亦是具足何为堕戒的境，于是彼作彼想的意乐、进入如仇恨金刚弟兄的加行和完善修习由何三门而成的业道[①]到究竟等四支，或是由强烈的烦恼起心动念；将由依何成为违反三昧的境了知为彼，如十四根堕罪中的第五条当下舍弃一切殊胜事，是依靠身的加行之助做了彼事；如第七条泄露秘密，是依靠语的加行之助而言说，彼若被对方了解，就是正罪，成为根本堕罪；如第九条怀疑自性清净的正法，就是诸由意成立的那些，在昼夜六个时段中对治尚未达到，就被一段时间中断；由无错乱的想而犯；以彼为喜，故不懊愧；逾越了各个忏量的时间等。如是完全犯了如是七支，就是舍弃密乘律仪，所以极重，由于被异品挫败了对治，故称做他胜。又任何根本堕罪是如和对治更迭而生，如果正罪不完备，尚未忏悔就过了一段时间，是称做毁犯[②]。如别解脱的僧残[③]，从他胜罪以下起是重罪，如是则安立所谓“罪过逐渐低劣”就是属于他胜罪类，支分不齐备，染污性者是粗罪，一切其他支分毁犯是堕；诸细小的同品罪是等同恶作；如以饶益之心仇恨金刚弟兄是堕罪的影像，实际上无罪，如是亦在《阿阇梨莲花生略传》中讲了

① 业道：相应思心所游履之所。引向六趣，故名为道。

② 毁犯：《毗奈耶》所说违犯佛制戒律所成罪。

③ 僧残：众余，罪聚，僧初残。梵音译作僧伽婆尸沙。僧谓僧伽，婆谓初，尸沙谓残。别解脱戒五罪之一。比丘若犯僧残，须依赖僧伽始能长养还净，所受律仪仅余残分，故得此名。

一切成就成根基，就是根本与支分，
根本逾时同他胜，是说成标准堕罪，
支分主要是逾时，解说此者谓重罪，
加行不备是粗罪，细小支分是恶作，
细小细小一坛城。

甲 3. 无罪的因，由于将彼等一切称做自己有病和根损坏，所以就将失去自主或违犯所得灌顶、所作成为更大的利他、成为他利或见重大意义、无生之义坚固、具有导他等的意义、获得证悟娴熟之能、获得犹如本尊特殊境的开许、吩咐即上师的教言和出现生命危险等讲说成无罪，即在《心要庄严论》中讲了

有病根损坏，利他和大义，
无生坚有义，得能与开许，
吩咐与危险，当知为无罪。

甲 4. 超过忏量可否恢复的类别，由于如是昼夜六个时段的每一座亦集中精力观察是否违反所舍所取的三昧耶之诸事，如果在昼夜六个时段中对治未达到，是称做逾时段；如果一天不间断，是称做违反；一月以内不间断，是称做衰败；一年以内不间断，是称做背弃誓言；两年或三年以内不间断，是称做败坏等就是观待时间后罪渐次逐重。如果在彼时间以内真心十分努力忏悔，就能出离罪过，超过了三年以后，则不堪恢复，即在《三昧庄严续》中讲了

总之三昧耶差别，皆由时间定差别，
所谓背誓凡恶作，一日都不间断者，

若于所缘境忏悔，由此亦能使恢复；
月不间断谓衰败，以猛追悔忏恢复，
年不间断是背誓，不断忏悔使恢复，
超过两年或三年，称做败坏三昧耶，
忏悔彻底堪恢复，如果超过满三年，
此后则不堪恢复，倘若重受双方恼[①]
毕竟国王于诸苦，唯是经常不断受。

此亦应当以观待本质，是败坏根本与支分誓言和观待时间是逾时段、违反、败坏等来了知所忏悔的轻重。

附则：《总纲》中所讲的“楞伽主，云何名为违犯此，就是普遍违犯、根本违犯、支分违犯以及月违犯和日违犯等五种。”中的普遍违犯，就是因猛厉的缠缚[②]所致，故修习极凶险的境，或者出现多次、逾时和败坏等，月违犯，是结合败坏的罪，日违犯，是成为他人面谀的罪。

甲 5. 正还净作法，此中分四：观待四种灌顶的恢复法、观待逾时的恢复法、《心要庄严经》中所讲的二十五种还净和以三瑜伽的总瑜伽沐浴来恢复。

第一，观待四种灌顶的恢复法，此亦由于获得灌顶的界限不同，所以《时轮本续》中将观待于彼的消除犯戒的方法也讲成了不同，就是由于约受得了七宝瓶灌顶，故以坛城的每组尊数或主尊的三十六千次念诵来消除，由于受得了宝瓶和秘密灌顶，故是在此之上以阿阇梨所讲的惩治的禁戒行来消除，由于受得了智

① 恼：忿恨为因，自不能忍，恶言向他。二十随烦恼之一。

② 缠缚：在修止及修平等舍心的时候，反复萦缠内心的烦恼现行。此种烦恼，分为三等：凡属连续不断、无惭无愧、庆幸欢喜、不以为过者为上品缠；不以为过，其余三支不全者为中品缠；其余三支虽全，但能视以为过者为下品缠。

慧灌顶以上，故是唯以在幽静处修习生起次第和圆满次第加持自心来消除。若从亦以彼三种方法消除中明见净相，是重入坛场，持戒而受灌顶，经中讲成了尔时不进行接受获得先前灌顶的戒类和利养恭敬。

第二，观待逾时的恢复法，就是《立三昧耶》中所讲的“违以会供轮忏悔，犯以己财物酬补，逾越当以子与妻，近来以及身和语，意与财物等酬补，败坏以己命酬补。”的宗旨。以命酬补败坏，就是如为了上师和佛教，故以牺牲生命的强烈精进来酬补。在彼一切之后，联系大众坛场，若违犯了上师，特别是违犯上师和同门，违犯了谁，就在其前，或者若无彼二者，应在佛像等前怀着追悔之心忏悔，严守防后的禁行。此外，《总纲》中讲的“业、物和愿望，等持与真实。”是说成了五种酬补的方法：以业来酬补，就是以护摩①或以念诵来酬补，次数，普遍违犯，是念诵十三万次；根本违犯，是念诵五十三千次；支分违犯，是念诵五十三百次；月违犯，是念诵五百三十次；月违犯，是念诵五十三次。以物来酬报，就是若从败坏五部哪一部的三昧耶的差别中找到境，就毫不吝惜地将五种宝物中那件等同该部的珍宝供奉给分成不同平民和戍陀罗的五种姓中的正上师或者胜解的上师五如来的自性者以酬补。以愿望酬补，就是由净信和乐信发出的由于强烈懊愧恶作而悲痛的哀号来忏悔，即在《羯磨集》中讲了“不净罪恶的习气，当吟悲歌来忏悔。”以禅定酬补，就是观想由于以全部四力②而忏悔，于是从境的三处放出光辉照射了自己。故而消除了一切罪障和衰退。此亦是以定火焚烧，以菩

① 护摩：火供，烧施。燃烧柽柳等进行的火祭。

② 四力：忏罪四力：所依力、弃舍力、离恶力、对治力。所依力指皈依和发心两种念头；弃舍力，指对以前恶业所生之悔改决心；离恶力，指以后不再作恶的誓言；对治力，指为对治恶业而行善事的实际行动。

提心光消除黑暗，以广行水洗涤等。以真实性酬补，由于《本续总集》中讲了“以大慧了知心的一切习气为无自性。”所以修习三轮①不可得慧，是诸忏悔罪业中特别优异的方法。特别是败坏不同的根本与支分三昧耶的酬补法，亦在《威猛电光续》中讲的“若成败坏三昧耶，若知怙僧相同义，即彼成为酬补处。”就是讲了结合自己的三门而酬补身语意的衰退之理。

第三，《心要庄严经》中所讲的二十五种还净，就是在迎请的资粮田②前进行悔前防后；以瑜伽所讲的灭除的咒印消除；从外瓶水和内虚空的自在天受五种明灌顶等沐浴的次第；以拙火焚烧脐间的ཀ།（冈）字；修习三轮不可得慧；从上师或以自入③受四灌顶；以会供曼荼罗或勇士空行母的宴会供养后进行悔前防后；由于在开光的三所依④前先行了七支，故以伤叹来忏悔；奉献以曼札为主的一切身受用和善资粮而忏悔；修建标准的佛塔或制泥塑小塔；以详细的息灭护摩⑤或如帝释、金刚杵空行的护摩火来消除；以净治、证悟、点燃等加持食子，供献给一切有寂觉醒为轮自在天相而启白所追求的事；念诵自己的本尊密咒；修习甚深的静虑止观三摩地；放生释放水栖动物于湖中；诵读甚深显密经续；依止如顶髻珠的上师；观想从于心间所修的三昧耶金刚不空成就佛父母心间的种子降下甘露流消除罪障，由于先行了ཨོཾ་ཨཱཿཧཾ་ཧཱུྃ།（唵啊康吽）的念诵，故于任何身坛或外坛中自受灌顶；巡礼灵验的所依或坐于其前念诵如来百字明五千遍；于上弦月初八和十五吉日忏悔罪业时多多念诵咒师的灵验陀罗尼咒；于昼夜

① 三轮：对境、能作、所作。

② 资粮田：福田。进行顶礼、供养、祈请等事以积集福德智慧资粮的对境。

③ 自入：自受灌顶。为他人灌顶之先，金刚阿阇梨自己进入智慧坛场之中，观自我与本尊身语意德业五者无二无别，接受灌顶，取得允许弟子进入坛场之权。

④ 三所依：三佛田。佛像为身所依，佛经为语所依，佛塔为意所依。

⑤ 息灭护摩：一种消除疾病魔障等八难的火供。

六个时段中念诵《三聚经》；观修顶上住有上师金刚萨埵，以洗涤罪障的所缘念诵百字明；观修在自身显现为原始天的顶上住有上师金刚持，观想在其三处三咒字显现后，封闭运气，三咒字的意念诵，就是修上师瑜伽；对于自身显现为天，心中明白显现出脉轮①，使其与瓶风②和合后修练精液增长滴漏，就是修明点瑜伽；持心于五脉轮③中脐间出现的五佛的细微标帜，挟制五怙主④的风气，就是修细微瑜伽。

第四，以三瑜伽的总瑜伽沐浴来恢复，如从《大象涉河续》中单另提出的劫⑤品续《无垢忏悔续》中所讲，就是凭依补足进入三种瑜伽之门的诸瑜伽行者的衰退而消除分别的稀奇总沐浴拔除奈洛迦（地狱）的诀窍，若在藏历每月的十五、三十和初八进行外资具会供的酬忏、内蕴身所依的酬忏和密菩提心的酬忏，彼以内的一切衰退便恢复，即使如是不成功，也能由经常唯将手中的役使牌修成本尊除掉一切衰退，如说：

诸凡稽首礼拜此，幻化静猛坛城尊，
一切衰退亦清除，五无间罪亦除净，
奈洛迦处亦拔除，许为持明胜者田。

又讲了“诸男女瑜伽行者是依上述彼诸坛尊的名号，补足了一切根本与支分三昧耶衰退。”总之，乃至梦中未出现上师和本尊

---

① 脉轮：人体中脉分出若干瓣状旁枝形成的轮形脉道。

② 瓶风：下体气息向上提升，上体气息向下抑压；留住脐间如瓶闭口的一种气功修练法。

③ 五脉轮：由体内三条主脉分出瓣状旁枝，在顶间形成三十二瓣的大乐脉轮、在喉间形成十六瓣的受用脉轮、在心间形成八瓣的法轮、在脐间形成六十四瓣的变化轮和在私处形成三十二瓣的护乐脉轮。

④ 五怙主：身怙主、语怙主、意怙主、德怙主和业怙主。

⑤ 劫：梵音译作劫簸、劫腊波，略作劫。佛书计算久远时间单位名。

说善哉、沐浴、穿白衣、登上大山之顶和日月升起等罪过清除的征兆，都应当努力进行四力齐备的忏悔。复次，支分齐备的根本堕罪，出现由忏悔而除净的征兆是有别于重入坛后接受灌顶。

乙、不做还净的罪过，就是败坏了根本三昧耶，若不忏悔，今生亦成为收复，故如对境起为怨敌，一切修行皆成颠倒等所有不愿（不喜欢，不中意，嫌厌）皆如磁石吸铁屑而汇集，来世堕入金刚地狱后，于许多劫中经由世界，因苦难而成贫困，即在《秘密藏续》中讲了

根本誓言若败坏，一切修行成颠倒，
种种不悦意之果，皆于不愿中汇集。

那个犯根本堕罪者不仅自己败坏，而且还将相对败坏罪转嫁给他人，即在《秘密藏续》中讲道：

败坏根本的违犯，全不精进于恢复，
不做一念顷坦白，败坏之罪说不尽。

《本续总集》中也讲了

犹如乳汁变陈腐，能使一切乳陈腐，
一个财坏的行者，使诸行者不驯善。

不仅如此，而且在梦中作恶和虽在寻思他人会怎样说或在成为他面谀之顺便中发生败坏，若不马上忏悔，就变成大罪。败坏支分誓言的罪，是今生无成就，来世堕恶趣，即在《秘密藏续》中讲了

支分誓言若败坏，无有果报堕恶趣。

经中虽然讲成了相似由于根本和支分堕罪二者同样生于地狱，但是痛苦大小和受苦的时间长短，差别很大。

7. **守护的利益**，总之，三昧耶是成为一切功德发生和存住的根基，即在《总纲》中讲了

如依沃土地，播种种子后，
以所成熟果，维持活生命，
若依诸法因，即此三昧耶，
无上觉熟故，正持善生命。

特别是由于在现阶段也能如实成就一切心事、合众心愿、成为世界诸国王的恭敬处、被诸佛菩萨勇士瑜伽母许为弟子同门而加持和进入如来之所行处，故能渐次和合持明地，即在《幻化本续》中讲了

诸佛加被持明尊，被圣贤正士开许，
为弟子同门加持，被世间主仆尊敬，
进入如来的境界，确立为无畏普贤。

以及《誓言三尊》中讲了

严守密乘金刚誓，由彼成就一切愿，
亦被诸天常保护，被诸佛尊佛弟子，
许如弟子任正士，定德无量而成为

普贤种姓的正士。

此亦由于誓言清净，勤修二次第，所以利根者今生能获得殊胜成就，诸中根者临终时现前胜义光明[①]后，于中有中起为双运身。复次，彼所依补特伽罗若是一个现前譬喻光明[②]者，彼就值遇临终的基位光明[③]，于是成为胜义光明后，起为有学的双运身。若是一个现前胜义光明者，彼就和基位光明混合，故而现前真实际，依于起为无学的双运身而成佛。下根者是经中有，安在自性化身的净土中而成解脱。即使今生未勤修二次第道，若不败坏誓言，便于来世或者七生，或者不论怎样延迟也不超过十六生而成就，即如《秘密藏续》中讲道：

若具正授的灌顶，生生世世成灌顶，
是于彼之七生中，虽不修亦得成就，
若能严守誓言戒，虽注今生无成就，
他生定能得成就。

和如《莲花金刚三昧耶》中讲道：“若无毁犯，十六生成就。”若谓那么，云何名为所立的彼成就？此中分二：共通成就和殊胜成就，共通成就分大中小三种，其中小成就，就是八大业，即在《喜金刚本续》中讲了“怀柔、诛灭、毁灭敌部、驱逐、杀害、勾召、息和增等成为正成就。”中成就，就是八成就，即在《宝帐论》中讲了

---

① 胜义光明：圆满次第之法，睡眠错乱所起见修所断二障种子，亦被道位强力光明永远断除，成为顿然离垢之基位光明。

② 譬喻光明：圆满次第之法，收摄风心入于脑间，由此之力，依错乱睡眠的二障不复现行。

③ 基位光明：一切众生心之本性，本来清净，自然光明，即因位如来藏。

为因以彼非难行，眼药、神行和宝剑，
土行、金丹和飞游，隐身以及辟谷术，
能使金刚持欢喜，从彼迅速得成就。

大成就，就是大自在天的八功德，如说：

身细能触轻，遍满得真实，
极明与不变，自在欲满足。

此等就称做共通成就，因为《集经》中讲了“眼药等成就，是说谓普通”。外道徒也有，而且仅以生起次第，乃至色究天的生死流转之际也能获得世间殊胜成就。复次，乃至未获得以密咒或定力改变酒和消毒等的暖，都称做初学者，即有以小事成为如何应理的他利。那个于生起次第获得少许坚固后，获得能以密咒加持药物的暖相者以修行宝剑等药物持明而成就时，就能以此身现身于诸人天之处而游行并以明咒成为事业，由于生起次第坚固，故凭依行的近因业印，获得与欲界天同分身细轻盈等八种功德，成为欲界持明[①]，凭依智印，利根和钝根者能由粗分人身或欲界持明身转化为色界持明。欲界持明虽来到人们之中亦不见，色界持明虽亦无来，但是以多种变化成为利生事业，自己亦以彼身进修圆满次第而能成就殊胜成就。所以，如果圆满次第的证悟堪能发生，生起次第坚固的话，便修行资粮道，不修生起次第，虽以圆满次第唯修行资粮道和中等暖，也获得大暖，经中承认说：

① 欲界持明：修行密乘所生效果之一。获得共道成就暖位之时，身与欲界诸天同分，能得明咒及诸成就，奉命自在。

“这是勤勉修成二次第双运。”

殊胜成就，《如意藏》中讲了

四轮风心堪能时，四道功德渐次生，

许由中脉结双开，十地功德从内生。

就是由脐间变化轮等四个脉轮[①]的风心堪能成为资粮、加行、见和修等四道的功能，当存在于中脉左右的精血二脉的二十一脉结双双解开时，便成为十地[②]每一地的功能，由于解开了最后脉结，故承许为佛的成就，《时轮本续》中讲成了从十八一百业风每一停顿中现起一个不变的如许一念顷[③]，何时由于二万一千六百次呼吸的气息停顿，一切脉结解开后，具一切种胜的明点[④]等同虚空时，就成为第十二地（无喻地）的菩萨。大多数智者承认如是所说的彼等十地的建立为合格的圣者地[⑤]，又有一些权威智者讲道：“成就与获得灌顶的菩萨同分（同类）的智身时，由于须是一个在此之前十二合时[⑥]已停顿者，所以不是圣道的十

① 四个脉轮：密乘所说由体内三主脉分出瓣状旁枝，在顶间形成三十二瓣的大乐脉轮，在喉间形成十六瓣的受用脉轮，在心间形成八瓣的法轮，在脐间形成六十四瓣的变化脉轮。

② 十地：资粮道十地。旧派密乘随类瑜伽所说资粮道十地：一、变异不定地；二、能依因地；三、重要修治地；四、有学相续地；五、福泽所依地；六、坚固胜进地；七、缘境生果地；八、安住不变地；九、流布法性地；十、圆满周遍地。

③ 一念顷：顷刻，瞬间。最极短暂的时间。中观自续派以下至一切有部共许男子一弹指顷的六十五分之一为一刹那。中观应成派则许其三百六十五分之一为一刹那。

④ 明点：精液。密乘所说体内风、脉、明点三者中之明点，是大乐的精髓或种子，以种种精华、糟粕的形式存在于体内脉道之中。

⑤ 圣者地：远远超出凡夫道中一切功德所依之地，即见道、修道、无学所摄诸地。

⑥ 十二合时：合时，观测日影长短变化和星宿位置以定季节，返回来又可以在任何季节，根据已测定的数据推算太阳入宫时刻和昼夜长短等等的方法。一天分为多少段时间本是任意的，为了与十二宫配合，故划分为十二个“合时”。

地。若谓那么，什么是圣道十地，就是这个所说的将不变智的一念顷和所有二万一千六百次呼吸气息称做五次第中的第四次第的光明和六支加行①中的禅定地，从此现前成就圣道，才是双运身或智身，是给此取名谓佛。”总之，依次修行道的过程，就是迎降智尊、极领有智慧和以修习真实达到究竟后，由于诸看法②成为无阻，成就了法统定，故获得从佛化身现闻教诫，此等便是依次属于四念住、四正断、四种神足的大中小三品资粮道。此后圆满次第真正融乐达到究竟，在五根的自性暖与顶、五力的自性忍与世第一法等加行道四位中的后三位中纵然未成就清净智身，但由于在昼夜的明相和一切根本与后得位中现空如幻的佛像出现于周围，所以是现前了幻身唯内心之身，此等便是胜解行③地。此后凭依行的近因，以见道的五现证亦将幻身风心之身纳入光明，亲见胜义各各自证乐空光明，就是最初明见觉支④的道欢喜地——行相悦目的自性十六谛⑤。此中幻化，素尔派诸上师的说法是，虽见法性谛，但由于心的能力大小之故，尚不能以光明智火净治肉体浊身，就是异熟持明⑥，由于能净治，故无生灭，变成净身，就是胜道圆满寿命自在持明⑦，即在《菩提道略论》中讲道：“因为讲了‘是成为能得与未得的两种见道’。”遍智法王讲

① 六支加行：密乘时轮金刚圆满次第修炼气息时，于所缘境上进行的收摄、禅定、运气、持风、随念和三摩地。

② 看法：见解，对待事物的态度、瞥见、睇视。密教眼观的方法。

③ 胜解行：信解行。资粮位和加行位中未证空性，但依信解，或循名循义修学佛法。

④ 觉支：七觉支，七觉分，七等觉支，七菩提分。能令定慧平等七法：念觉支、择法觉支、精进觉支、喜觉支、安觉支、舍觉支和定觉支。

⑤ 十六谛：无常、苦、空、无我、因、集、生、缘、灭、静、妙、离、道、明、行、出。

⑥ 异熟持明：旧密所说地道修行过程中四种持明之一，属见道位。此过程中，虽于生起次第已经坚固，心已证成本尊，但肉体浊身尚未能净清。

⑦ 寿命自在持明：旧密所说修行地道过程中四种持明之一，属于见道位。此过程中，身已转成世第一法净金刚身，心亦成熟为见道智，故无生死得寿持明。

道："平凡身和心成熟为天，是异熟持明住于资粮和加行道，彼若未成就世第一法而死，是在中有成就大手印，因为身已舍，心已成熟为佛像。如果由彼所依成就世第一法，是正式确立为寿命自在持明，就是身即此诸世第一法的所依之相已成为净身金刚身，心生见道①。"但是，若按照显密一般典籍的说法，开许即此后一种道理易讲说。此后从彼见道光明所起的双运智幻身大印持明②地九种有学双运，就是离垢等其余九地——修道③，因为如是亦在《菩提道次第广论》中讲了

> 自心即是大手印，由修现前的本尊，
> 具足共与胜相好，第二受用印种姓，
> 成为金刚、轮、大宝，莲花、宝剑五持明。

所以将第二地至第五地四地称做金刚持明，因为所证悟智如金刚能摧毁自地④之障。由于在第六地主要是修行慧度并转法轮，第七地也是方便善巧，如轮变化，所以在此二地中称做轮持明。由在第八地于无分别智获得了修学的权，所以称做大宝持明。由于在第九地无贪，故能净刹土，成办事业，所以称做莲花持明。由于在第十事业圆满，故能成就利生事业，所以称做宝剑持明。复次，唯将十地归摄为修道手印持明后，相续后际的净智⑤，就是

① 见道：五道之一。往趋解脱历程之时，新见前所未见本性，登圣者地，现观诸法无我如所有性，随应了知一切有法尽所性，修七觉支以根本断除一切见所断惑，离五怖畏，证得十二一百功德之道。

② 大印持明：旧密所说地道修行过程中四种持明之一，属于修道。从见道光明定中起后所证有学双运智身大印持明。

③ 修道：五道之一。往趋解脱之门径，于见道位所证之理反复串习，由修八圣道支根本断除诸修所断，增长无漏殊胜功德之道。

④ 自地：修学佛法过程中各自到达的阶段。

⑤ 净智：四净之一。无挂无碍了知所知界中一切事物。

解脱道，特殊的道，就是究竟道任运持明①，即是具有七支的智成为上界之相，如是具相续后际的修道，就是八圣道②支的自性，在彼诸十地中修行十度，以及十二一百功德③等，当按照经藏所讲了知。此中乃至十地相续后际之前仍是超越色法④的白（男精）、赤（女血）和风息等三种，既然唯在彼三者平均混合的带意的识中存在智慧，所以二现不灭，因此彼是在能净——十地相续后际授予大贪之道的果位灌顶。如果因第三第四灌顶的贪欲究竟果的五现证⑤，精、血、风息三者停止，领纳变化乐的智慧也就间断，就是现前获得四身五智的本体无学双运。即此如是双运之身，以反体分辨后，是具有和合七支⑥，双运俱转远离一切障彼正等觉的一切种别之语，就是受用圆满支；一切种别之身成为所有所知的影像，就是和合支；大乐支，就是受用远离二取之分别的无漏不变的大乐；无自性支，就是脱离了无遮性相之观察际的俱生自性各各自证之相；大悲遍满支，犹如如意宝，他利能不劳自成，是无缘的悲心；利生无间支，由于即彼大悲永无间断而流转，所以是常；永住无灭支，就是不同有情的胜解和根如实化为不灭的色身影像和无边法门。复次，是因为，既然讲成了由前四支圆满自利和由后三支圆满他利，所以二利便不寻自成，

---

① 任运持明：旧密所说地道修行过程中四种持明之一，属于无学道。证得究竟果五身任运成就的金刚持位。

② 八圣道支：八正道，即：正见、正思维、正语、正业、正命、正勤、正念及正定。

③ 十二一百功德：一刹那顷见一百佛、感一百佛加持、示现一百变化、现刹那为一百劫、智照一百前后际、出入一百等持、成熟一百有情、震动一百刹土、光被一百刹土、开演一百法门、示现一百身和一百身有百圆满众簇拥。

④ 色法：无生物，没有觉知的东西。

⑤ 五现证：密乘生起次第修证本尊五法：月轮现证、日轮现证、种字现证、手帜现和全身现证。

⑥ 和合七支：受用圆满支、和合支、大乐支、无自性支、大悲遍满支、利生无间支和永住无灭支。

因此，无上殊胜果就成为圆满，因为《心要概论·明灯》中讲道："成就圆满诠为果。"若区分彼，则有所依身、能依智和事业的建立，详广者，当从其他经书中了知。

第六节　解说一个补特伽罗之身心践行三律仪为不相违之理

一、根据对所诠之体的认识而略说

若谓那么，如是别解脱、菩萨和密乘等三种律仪，于依次受了的补特伽罗的身心中如何具备的？在抉择彼时，这里归摄为六事而讲的，所以也和遍智法王智美沃色的意趣完全一致，因为若将《静虑安息论》中所讲的"声闻、菩萨和持明，应不违反三律仪，尽为利他防自心，转凡显现为净道。"的释义讲成清净大乘，就是如云"若尔云何，守护一个补特伽罗的身心具备三律仪，就是自反不共、所破所作完备、体性变化、功德相应增长、三律仪不因要点而相违和由于阶段不同主要做何变动等六事。"

二、根据详释支分而分析

（一）自反不共

此亦是因为，由于彼三律仪，自己从谁受的境、以何动念受的思想和如何受的仪轨等不同，所以乃至受时也肯定不同，是故，本体虽然变化，但反体不可能同位（异体的两种事物同时存在于一处），所以各自的反体是存在于不共，因为所得不衰败是分别存在的。也非如此，因为别解脱律仪乃至生存都接受、菩萨律仪乃至现证实质菩提都接受、受得密乘律仪时并不将彼彼律仪说成衰败的缘和舍弃的因，比如由于由发心持住了思想，所以容有按照声闻乘的仪轨而受的大乘别解脱律仪，或者仅此声闻比丘的律仪，由于又受了发心，所所以也容有凡是尔时转化了的密乘别解脱律仪。此中有等起菩提心的反体和律仪的反体两种，前者，在死殁时不舍弃，因为那不是菩萨律仪的舍弃的因，后者受律仪时的反体，是由于死亡故舍弃，因为那种比丘律仪是乃至生存边际的律仪。因为如是亦在《三律仪论说》中讲道：

> 虽是大乘别解脱，比丘等戒之反体，
> 是于死殁时舍弃，菩提心的反体与，
> 其果虽死亦获得。

（二）所破所作完备

这三种律仪在断除自心的不善上是相同的，即在《毗奈耶》中讲了“应知诸凡法皆是直接和间接地成为遍贪的因，此不成为远离遍贪者不是法、不是佛、不是佛教。应知诸凡法皆是直接和间接地成为远离遍贪的因，此不成为遍贪的因者，就是法、就是律、就是佛教。”乃至详细讲到了瞋恚等。此亦如不净行，小乘人在本有行的能力时不进行和以前之律仪的方便持住而行这两种，在破除所破烦恼和所作不被烦恼系缚上是同一要义，因为此二者同样都不沾染欲垢。所以，各自的道虽然现似不同，但从同一要义方面是完备了所破和所作，就是既然小乘人观二谛为实有，故以别解脱律仪断除烦恼；菩萨观世俗为实有，转烦恼为法尔；密乘者观五烦恼[①]的自性为五智，转为道用，所以彼三者的

① 五烦恼：结、随眠、缚、随惑和缠。

对治方式虽然现似不同，但是实际上，在断除烦恼自相[①]上是相同的，就像戒毒、用药消毒和施以咒语而服等这三种亦皆完成不被毒死的所作是相同的一样。

（三）体性变化

对此，总的有前后出现的诸大师承认三律仪体性为不同和承认所转化为共一体性的两派。承认体性为不同者又分成承认前者胜伏后者和将后者作为前者的所依，承认为所依能的两派。前一派是以日月星三者的譬喻，承认前者荫蔽后者后，后者住于潜伏在阿赖耶之状而不住于显露，这是不合理，具备菩提律仪的身心，虽无比丘律仪显露，但是，仅因阿赖耶中有其潜伏，能否当得起比丘？若能当得起，有法一切有情都应成比丘，因为阿赖耶应该有比丘的习气，不仅如此，而且有法奉还了比丘戒的补特伽罗，你的身心应成有比丘戒，因为在心识中有戒的中有戒的习气在随行。所举的譬喻也不合理，因为若是那样，就应成日光下容有能遮蔽月亮和星光的异常黑暗，因为若是那样，就容有当三律仪内部条款全聚时只违反除去前律仪之遮制以外的后律仪之遮制的许多不共堕罪。后一派承认说，若往盛有净水的透明器皿中放进如祖母绿，器皿和水二者，虽因变成宝石的颜色而成为宝石之支，但是彼三者作为所依能依之状，除了是在实体本不相同中加入了前者时，后者才成为支分外，实体是不同的。此说也不合理，就像那个器皿，作为水和宝石的所依是不可缺少的一样，作为前二律仪的所依，别解脱律仪就成为必需。若如那样，前二律

① 自相：由各自特性表明其存在之实有事物，即不由内心思维假名安立，而是外境本身实际存在者，如柱及瓶等不待断除应破分及其现起概念，而自身现于现量中之一切有为法；一切有为法都是事物；瓶所有的无常，即为瓶的自性；托住横梁的作用，是柱的性能。

仪也应成除了所依唯三大洲的男人和女人外，其他人都不发生，不仅如此，而且比丘明见密宗师定成为利他后，奉还比丘戒时，有法其心中的比丘戒，由于被你奉还，所以前二律仪也应成舍弃，因为你是前二律仪发生和存在的所依，诸凡所依若舍弃，就是舍弃能依，因为若无所依器皿，依彼的水和宝石也应无。承认荫蔽和所依能依的两派的共同过失，因为若如那种承认三律仪为异质[1]，作为一个心王的属品心所、作思和同类性异等三者应成同时存在，所以不合理。因此，此自宗典籍的意趣是，承认三律仪转化为同体异面，此道理是如早期所译的续《幻网经》等中明白所讲，就是译师绒松·却季桑布（法贤）、素尔派大多数上师和取其说法的精华而讲说者纳敦·森格维（狮子光），特别是遍智智美沃色、阿里班钦·白玛旺杰（莲花自在王）、多吉札持明·白玛程烈（莲花事业）、邬坚德达林巴（本名白玛噶旺·局麦多吉）、大译师达磨室利（法祥）、久梅才旺乔慧（不变寿命自在殊胜成就）、司徒·却季嘉措（法海）、我等之先师殊胜导师久梅旦巴朗杰（永固佛教尊胜）、大堪布喜饶饶赛（慧月）等诸旧译派的贤哲和新派的大译师仁钦桑布（宝贤）与妙吉祥圣人萨迦班智达及其追随者等新旧密派的诸无比贤哲的正确无误的意趣，故值得智者称赞。此中转化之情，就是以前前变化成后后的方式而转化。若谓是怎样？虽然是由寻常烦恼所造的三门之业系缚生死轮回，但是若以一种智慧和悲心持住了即彼后，依于永断罪行的律仪时，便脱离恶趣后，成为善趣和解脱的因，这就是声闻的别解脱律仪，若以方便和大慧的意乐持住即彼后，进入利他的行为时，就成为于大菩提获得解脱之因，这就是菩萨律仪，即彼亦以最广大的方便和智慧做到完全持住时，就成为无上大菩

---

① 异质：各别本质所生起的事物，如色法与心法。

提不劳自成的因，这就是密乘律仪。因是之故，如前面所引的《十万续》中所讲“冶炼特殊石，故出铁铜银。”就是按照所讲的三种姓的律仪变成密乘律仪的道理，若是按照《大译师仁钦桑布全传》中所引《密行续》中所讲的

如由矿石变成铜，由铜变成黄金类，
于铜位时无矿石，变成金故不见铜，
如是佛不将持明，中的比丘讲说成，
具有别解脱律仪，以及菩萨的律仪。

和按照大遍智引述为清净大乘而讲的。就像由于冶炼了铜矿石，故变成了铜，由于给铜加入了点金剂，故变成了黄金一样，就像声闻，那种以下等心所受的别解脱戒，又被菩萨律仪持住时，虽然舍弃了下等心，但本身体性那个断损他因等①的反体则转化成菩萨的律仪戒，由彼二戒成为能力时，舍弃那一个原有的未以大平等方便摄持的平庸执著的反体后，别解脱戒的断损他因和菩萨律仪的那个饶益他人的反体这二者就是以实体发展的方式转化成了由特殊的大平等的方便持住的密乘律仪戒和五部总的或毗卢遮那的三昧耶。此后三门的同体所作亦依方便多少而转化成上上，因为持明在密乘的本位时是称做别解脱律仪和菩萨律仪，无不同的别的实体，则有体性转化成密乘律仪的实体。复次，若举例说明同体，就像在别解脱律仪，菩萨律仪和密乘律仪的阶段成就的那三种戒杀生的作思，是前者转化成后者，同一体性一样，就像为了利他，故于三大阿僧祇劫中希求证得圆觉的作思和终身希求

---

① 断损他因等：别解脱戒之自性，谓断损他之身语不善七，损他意之不善三，即断十不善。复次，非唯慈善渡怖畏，而是厌离轮回之出离心，为真正别解脱戒。

证得密乘的圆觉的作思二者是前者转化成后者，同一体性一样。虽然如此，但是三律仪之作思的那三种不同的反体，其生灭住等三事并非同时，因为如起初如何受的那样是能住能灭的自反体不共[①]。具三律仪之心中的诸前律仪虽和后律仪是同一体性，但是后者和前者转化不是同一体性，因为后后较前前广大，因为受后戒时应该有不是前戒之质流的若干新戒实体发生。对此，有人说，有法具三律仪的密宗师心中的比丘戒应成其心中的菩萨律仪和密乘律仪，因为已转化成彼彼。对此的回答有二：周遍不定和相违。周遍不定，就是你说的那种情形是周遍不定（不一定全是），因为前者虽然转化成了后者，但后者也不应该是前者，就像阿赖耶和染污意虽然转化成佛智，但是此佛智并不就是彼彼。相违，就是在将实事作为其之上，你讲的那种周遍是相违的，就像青年虽然变成了老人，但是他和他相违一样。复次，转化时若是将彼开示为此，当三种姓的律仪转化为密乘律仪时，有法声闻和独觉的律仪就应成大乘律仪，所谓因为是持明律仪，就是没有回答。所举的譬喻也表明彼三律仪不可能是同位[②]，因为当以点金剂使铜铁银三者变成金子时，彼三者虽转化成了金子，但是，彼铜铁银三者不可能就是金子。此外，如果由于具三律仪的身心中的别解脱律仪和菩萨律仪存在其身心且转化成彼，就认为是密乘律仪的话，那就无可辩驳，应成须将比丘身心中居士戒和沙弥戒，咒师身心中的生起圆满次第的诸律仪也承认为彼彼。如是所说的成立的事理有二：转化之理和同一体性。转化之理，就是前前转化成后后，即律仪戒的断心是诸前者转化成后者，先前于菩

---

① 自反体不共：自反体：与各自异体相反的事物。现于分别心中的所表事物自己或各自反体，如瓶自己，即为瓶之自反体。不共：不混合。

② 同位：异体的两种事物同时存在于一处，如说金瓶，此既是金，又是瓶，故说名同位。

萨乘中成就的摄善法戒和饶益有情戒二者是后来转化成了如此的密乘。同一体性，就是具三律仪的密宗师身心中的断损他因等的作思、利他为有情成为利乐的作思和修学一切持明的三昧耶的作思等三种是同一体性，因为其身心中的那种成为饶益他人的作思也是断除损害的作思和修学密乘三昧耶的作思。同样，由于另外两种作思也是互为彼此，所以那三种的反体虽然不可能同位，但是体性是可能同位。

（四）功德相应增长

如讲道："世净瑜伽师"和"复因慧差别，层层更超胜。"所依补特伽罗，既然由心思超越之力将诸下功德纳入上功德而清净，所以若能不败坏密乘的三昧耶，就能顺便守护别解脱律仪和菩萨律仪的诸所守护，无需另外守护。若谓何故如此？是因为别解脱律仪和菩萨律仪的所有学处都归入密乘总的三昧耶，特别是归入五部三昧耶中毗卢遮那的三昧耶和不空成就佛的三昧，诸凡败坏此者也纳入第二根本堕罪，就像三升之内包括了二升。如是亦在《明显论》中讲了

> 若守大乘三昧耶，既然能够不守护，
> 后面律摄颂誓言，比丘故是菩萨与，
> 瑜伽行者大行者。

复次，在以菩萨律仪饶益他人之中是具备了这个以别解脱律仪断损他因等，彼二者也是以功德相应增长的方式而齐集于以密乘成为佛的事业，于大平等的状况中不费辛劳，自然成为利他的善巧方便之中而清净，即在《秘密藏续》中讲了

无上殊胜誓言中，为因属于律经故，

汇集所有戒律与，无边律仪而清净。

总之，由于主要实行了密乘律仪，所以下二律仪的所破和所作也是成就为相应增长之情。譬如密乘第三灌顶的实行如交媾的三昧耶，如果也不远离自心的淫欲，就不成为密乘道，但是，若以证悟娴熟的自信远离平庸的执著且固精不泄的话，就不会沾染不净行的他胜罪，因为诸凡制伏了所破烦恼，情欲从自相退返，便在所作不造集烦恼习气之上，福德资粮和智慧就成为圆满，是因为，由于一切别解脱戒、菩萨戒和律仪等圆满，所以功德就成为相应增长，因为该《续》中讲道：

若遍确定无上乘，虽然全做烦恼业，

已作不积成资粮，戒律律仪悉圆满。

（五）三律仪不因要点而相违

复又这样认为，下二律仪归入上律仪不合理，所以者何？如果认为因为永断别解脱律仪的四他胜罪及其分支和以菩萨律仪远离了损害有情及其分支后，那两种饶益他人的反体，此时显现为和密乘律仪之所行的五三昧耶真正相违的话，如是虽然现似和下律仪相违，但不因通达了见、串习了三摩地和方便善巧之行持住要点而相违，下律仪是成就为相应增长，理由是，声闻比丘若犯了覆藏四他胜罪，经中只讲成了别解脱律仪坏灭。此中不净行，是因为自己和明妃起现为本尊父母作天的想和了知虚空与秘密为“金刚杵”和“莲花”作密乘想的事依支不具备；是因想到要以此方便修习大乐智作法想的发起心支不具备；是因为以律仪的善巧方便之行摄持了能作（做事的行动）且欲味显现为智慧的加行和究竟支不具备；是因为，由于了知一切法为心性的自相，由于如梦中所行不沾染罪过且成为成就无漏智等之义，所以所破和所作是同一要点，故不相违，因为该《续》中讲道：

> 贪著于不贪，此贪是无贪，
> 此即胜净王，就是极大贪。

对此，有人说，一般虽然是如此，但是不净行，是因为“性体”过逾了皮层（包皮），所以犯了他胜罪。这是权当作不精通方便且无智慧而讲的，真实是，未施以咒的毒能致死，但是，具咒者在无失误中以特殊方便持住时则无害，是因为，由于此时以作密咒的想加持了虚空和秘密，所以所逾的实体不成立，是因为如魔术师于出现为假人的女子发起交媾，自他也不成立，如是亦在《秘密藏续》中讲了

> 本来无生是真如，现为幻化假人状，
> 虽然全做交媾事，但仅尘许也未做。

以及《智慧增长经》中也讲了

> 犹如彼诸魔术师，于己所变的戏法，
> 造作善与不善行，任何罪过不沾染，
> 是以善巧方便行。

不仅如此，经中既然将阿阇世王对比丘尼赛迦桑莫虽然多次行淫，但由于比丘尼无欲念，所以彼业不能产生他胜罪也讲成了声

闻乘，何况在大乘。同样，杀生，也是由于知所杀为如假人，所以事依不具备；由于是被欲离其苦的悲心而引发，所以发起心不具备；是因为，由于杀者本人如魔术师不将如假人的所杀执为生命和士夫，所以虽杀彼也不成立，因此加行不具备；是因为，由于后来无嗔恨的随喜，所以究竟不具备，因此不沾染罪过且由于以截断应诛的恶业流的善巧方便使资粮成为圆满，所以所破和所作是同一要点，即在《秘密藏续》中讲了

有、无、中道不可得，是如魔术假人情，
无生命亦无杀生，生命士夫邪分别。

不与取，也是因为，由于通达自他为无二，取印象之物如取乐化天之资财，所以实际上没有取，因此事依、发起心和加行不具备，而且是因为，由于脱离了所得能得的耽著，所以也无成就究竟的心，因此所破和所作是同一要点，即在该《续》中讲了

由于二谛分不开，乐化天情非不同，
为因无他和不与，故是一切无取界。

说妄时，也是因为，由于一切法无实有，所以既然观待彼的妄语也不成立，因此，由于事依以是谎言的想向对方讲了，彼虽听到也不可得，所以虽然讲了也不沾染罪过，而且由于按照如何有益而讲，所以所破和所作是同一要点，即在该《续》中讲了

给诸犹如幻术法，取名与词皆是假，
因于唯假运用假，故谓妄假立非有。

总而言之，在彼一切之时，自己须是一个严守律仪、于彼境一一无误、发起加行而成就究竟者，此外由于此时以证悟娴熟的方便了知一切为天，所以和声闻律仪不相违。同样，由于被欲愿利他的悲心和特殊方便持住，所以也不和菩萨律仪相违，因为将具有彼二者亦开许为菩萨。由于在不沾染罪过之上获得了无量利益，所以所破和所作是同一要点，因为《华严经》中讲道：

凡成众利之方便，彼即佛子第一戒，
从云降下甘露雨，能使庄稼悉茂盛。

总之，由于这三种律仪都是若发生不善与罪过便制止，若发生功德与善行便开许为所作，所以是同一义理，故不因要点而相违。

（六）由于阶段不同主要做何变动

就是罪恶不善品诸性罪和下律仪，应当按照声闻乘规，主要在会众中间防护，因为《密集》中讲道："外护声闻行，内喜僧伽事。"佛陀第二大阿阇梨莲花生讲道："外按经部规行持，因果取舍应缜密。"《菩萨地·戒品》中也再再讲道："若守护《律经》内戒无罪。"又若在大乘定成利他，便开许不染私欲的毁犯诸身语的遮制，在"密行"时和在幽静处是主要守护密乘，因为虽然认为尔时违犯下律仪，但彼是犯戒的影像，因为如是亦在《入行论》中讲道：

慧远具悲者，佛亦开许遮；
和合已为天，精进众生利，
瑜伽受妙欲，不招致解脱。

以及大阿阇梨莲花生讲道：

内按密乘共规行，应当联系生圆义，
密行大密阿底[①]规，毕生解脱为光身。

此外，《入行论》中还讲了“世间所不信，随俗避讥嫌。”所以，成为他人不信的部分，诸符合三种律仪者，应当努力守护，如果成为他人随行的因，由于被大乘开许，所以应当了知所破与所作，此等亦如《三律仪论说·大乘别解脱品》中讲道：

此中罪恶不善品，多按声闻规防护，
一些无贪的毁犯，当按菩萨规防护，
世间不信的部分，勤护符合二戒者，
若成世人随行因，许为大乘别解脱。

不论任何会众和隐居，在不和三律仪的毁犯聚合在一起之时，应当按照各自之规，不混杂地全部守护，倘若聚合在一起，应当清点所破与所作，不论何者之规，发生罪过的部分都是所破，故当破除，若是发生功德或善行的部分都是应学的所作，故当实行，不混杂地了知开许与遮制和一般与特殊的诸要点是至关重要的。复次，由于具三律仪的密宗师，应当行无罪过，结合时期而行，所以也应当了知不同时期的取舍。初学者主要防护别解脱律仪的所破，从获得坚固起，应当按照心思超越的次第，主要奉行上上律仪的所作，就是不混杂地取舍瑜伽师、成道者和一切智等阶段

① 阿底：阿底瑜伽。

的诸行，如是亦在《时轮广释》中讲了“此中的初学者不做瑜伽师之所作，瑜伽师不做成道者之所作，成道者不做一切智的所作。”

三、以概述三律仪实行之情而总结众义

一切佛经的教义都归入三律仪的实行之中，就是应当以与声闻共同的道——厌离生死轮回而起心动念，尽力受持断四[①]或具七[②]的八种别解脱戒，远离身语的罪行，在此之上应当以对一切遍空有情虽然本来清净，但不如是通达，故而备受苦因苦果的真实慈悲而起心动念，为了利他而发起具有愿和行之自性的菩提心后学习三戒[③]。如是以别解脱律仪和菩萨律仪净治心后进入因位四所依的坛场，此后为了特意安排四身的吉兆，故授予四灌顶，以使具有三律仪，根据对所破和所作的要点的领悟，如爱护眼睛一般地守护各个律仪的诸学处，已成熟者为了获得解脱，故进修二次第，此亦是由于将因位所依的四个坛场领悟为佛与佛、菩萨与女菩萨、男女忿怒明王等三位齐备，故而根据对所净基[④]及能净的认识而修习净治不净相为法界的坛轮，就是有相的生起次第和圆满次第自加持的次第集中坚守脉、风息、明点的方便和由于彻底修习了成为彼的印证指认无相自然智为心性光明诸真实性的圆满次第，而且修习了近因之行有戏论、无戏论、极无戏论，所以上根者便于今生成就双运身，中根者以临终光明起为双运身，下根者依于真实的神力，从中有往趋妙喜等自性化身之净土，依

① 断四：断除语之四不善。

② 具七：忏悔、随喜、发胜义菩提心、皈依、发愿菩提心、发行菩提心和回向。

③ 三戒：律仪戒、摄善法戒和饶益有情戒。

④ 所净基：所净基因，人身，即未经修治的不净五蕴等。

次如实亲见不动金刚等如来及其自部的诸眷容颜、授予灌顶、授记菩提和获得劝慰后，于元始界成等正觉，二利成为圆满，如是亦在《幻化现觉经》中讲道：

唯因净地[1]之灌顶，故由全部五佛与，

五妙法及五种智，成为三菩提实体。

就是如是佛正等觉为了教化所应调伏的无边众生，故按照各自的觉知等级宣讲了无量显密正道，这一切亦归入一个补特伽罗成佛的方便这个齐备而无误的清净妙道，但是，由显密不同理论的主张甚深而精细，所以不会集中为一体，于是在此雪域就出现了所谓“《毗奈耶》和密乘二者相违。”的犹如瞎牛吃草似的偏执，诸即使想做集中者也除了三律仪各自的传授仪轨的实行仅仅相似外，不会将开许与遮止的学处、一般与特殊的诸事讲成与经教、道理和教授不相违，所以徒留空名而已。见此情形后，本论著是不违反经教、道理和教授地集中了断除偏执之心和臆说，如实抉择显密教义的许多贤哲之正论中诸如是所讲诸显密的宗旨而编纂的。

第七节　解说旧译派所讲三瑜伽的地道类别

论述旧译派所讲三瑜伽的地道，此中分五：总述内外和合说；分别解说摩诃瑜伽、阿鲁瑜伽和阿底瑜伽的地道建立；以说略表其他而收尾。

---

① 净地：清净地，能断除微细所知障的菩萨地。

一、总述内外和合说

总述内外和合说，此中分二：道的解说和地的解说。

（一）道的解说

前译密咒之规差别虽多，但主要是内外和合的说法，一般若按照普贤隆钦绕绛的金刚句中所讲，总的就是能修道的风心[①]堪能（能作事）和熟练二者，风心堪能，就是风心进入不同脉轮时能作事，熟练，就是需要解开彼等脉轮的微细脉结。此亦由于风心在从脐间生出的瓣状支脉能作事，所以出现上、中、下三品资粮道的暖相，亲见佛化身的容颜，而且由于成就了五眼[②]、神通和微细神变，故能显现和变化。由心间法轮的风心能作事，故能修习加行道四位[③]，此亦是由于在暖顶二位修习了五根，所以暖无分别的明相智，就由犹豫和无暇穷尽等征象表现和获得顶增相智与善根坚固等，通达一切法为如梦境；在忍和世第一法二位以五力获得忍进入真实品得相智，恶趣断绝和获世第一法无间三摩地近得相智，更加获得善报解脱、菩提不变和三摩地神变等；由于喉间受用轮的风心能作事，故于圣者的初地见道和十二一百功德获得灌顶，游行于受用身五部佛[④]的净土而闻法；由于顶上大乐轮的风心能作事，故以九种修道而登地，就是下下品第二无垢等三地至上上品第十法云地。在彼等地之时不同脉轮的微细脉结解开，智风进入；脉轮的风息连同染污的所依脉道同时瘦弱或名残废（丧失机能）；那十二十百功德便在此等地中一一刹那间

① 风心：风即最微细气息，心即心识活动。指密乘修气的活动。

② 五眼：唯佛具有的五种眼，即肉眼、天眼、慧眼、法眼、智眼。

③ 加行道四位：加行道顺四抉择，即暖、顶、忍和世第一法。

④ 五部佛：不动佛、宝生佛、无量光佛、不空成就佛和毗卢佛。

同时增长。此外，由于在第八地意识发生了变化，故于无分别获得灌顶，在第九地识等五门识[①]发生了变化，于净土获得灌顶，由于在第十地阿赖耶识发生了变化，故于事业圆满获得灌顶。当如是四脉轮的风心依次能作事之时，资粮、加行、见和修等四道齐全的功德便渐次获得。

（二）地的解说

中脉有精血（左右）二脉的二十一个脉结能系缚生死轮回，修道，当风心在脐间变化轮能作事的那个时候由于两个第一脉结解开，故登第一地，由于脉结双双解开，故登十地的每一地而出现彼等的功德，由于最后两个脉结解开，故而成就《顶髻金刚顶经》所讲的第六圣地的自性位，即在《定义顶经》中讲了“左右中脉打结故，即是轮回的幻象，解开故是智涅槃。”是遍智法王将此等承许为新旧显密的共同意趣。

二、分说摩诃瑜伽的地道建立

解说《幻网经》传规的摩诃瑜伽，此中分三：入道之理、修行正道之情和道的助伴行。

（一）入道之理

称做前译派三种瑜伽之一的密宗摩诃瑜伽，若按照十八大部怛特罗的根本《金刚萨埵幻网经》之传规，如《三次第论》中讲道：“说成体性三种慧[②]，使之发生五种心[③]。”就是依于五心

---

① 五门识：依于五种根门之识眼、耳、鼻、舌、身识。

② 三种慧：闻所生慧、思作生慧、修所生慧。

③ 五种心：如贤士心、如金刚心、如大地心、如环围山心、如奴仆心。

发生道体。复次，心发生之情，名为从基位地生心，经中讲成了是从未进入任何乘的分位（阶段）而发生；名为从道位地生心，经中讲成了是从进入声闻与独觉乘后，舍弃彼道，从进入此乘发生；名为从果位地生心，经中讲成了是修学至下乘的果位后，从进入此密乘道发生。如何发生之情，自然黑暗者凡夫和专造的黑暗者外道徒等脱离了诸下乘的欲望后，于摩诃瑜伽动心，是起动菩提心；由于彼因缘，希愿通晓摩诃瑜伽，是愿菩提心；随其义理而转，是行菩提心；随转后，住于修习无差别义的精进，是安住菩提心；由于安住，五道达到究竟，是究竟菩提心；彼五道发生后，出离恶趣，就是人天；出离轮回，就是声闻和独觉；出离二边，进入较四波罗蜜多乘特别优异的无上瑜伽的捷径后，是以五心将智慧解脱道和方便决定道修到究竟。智慧解脱道，若总计此道，就是通达见后，心于彼定起动，此后希愿幻化，随彼等同手印而转，住于有戏论和资粮成就[①]，四种持明[②]得究竟。若只计有漏，就是于见动心、希愿、随转和住于彼定至戏论等四种，资粮成就得究竟。每一道亦各具五心之理，上述彼等已说明。方便决定道，当明点从脉道摇头时，安乐住于冒头之状，就是起动菩提心；前安乐坏灭，进入后安乐，就是灭入菩提心；由于体内的诸脉与明点住于原处，安乐亦住于生而不灭，就是安住菩提心；专注前安乐而希愿后安乐，就是愿菩提心；由使明点下降和回转的加行使“菩提心”任于来去“金刚杵”与“莲花”之端，就是来去菩提心。彼等也是从发生五心的根基方面讲成是道，从发生本身方面讲成是道体。

---

① 资粮成就：智度七十义之一。成为究竟趋入大乘资粮，即依大乘发心成为二利事业之直接能生自果大菩提者。

② 四种持明：旧密所说从有学道至无学道中间诸地所证四种持明，即异熟持明、寿命自在持明、大印持明和任运持明。

（二）修行正道之情

此中分六：资粮、加行、见、修、究竟等共道和计算道的边限。

1. **资粮道**，一般道有漏、返、有、无等四类，其中漏返皆具之类，是以大空、悲心、幻化、同手印戏论即资粮道的四瑜伽修行此道。附则：有漏而无返回之类，下面要讲，就是加行道小堆资粮成就，因为行的时间和定数就是正行无漏的无间道。无漏而有返回之类，是如先修了下道的圣者阿罗汉住于密乘的资粮道，因为此者可以以作意自利的意乐使返回。二者皆无类，是如下面要讲。此中有主要漏和支分漏二种，主要漏，就是因具染污的业，故堕入并往生于三界，支分漏，是讲成了三种：无自主而受身，是生漏；无自主而领受身体健康不健康，是界漏；无自主而舍弃身，是身漏。

2. **加行道**，就是由于以生起次第近修四支[①]正守由有漏而无返回、小堆资粮成就和五圆满成立的依据，于具有焚香仪轨的六月中修习，所以修行无漏而正行的无间道[②]后，成就持明果，依生起次第者的共通成就业印和智印的差别，确立为任一欲界持明和色界持明。依圆满次第大空等瑜伽四部[③]、资粮成就和有戏论、无戏论、极无戏论等任何一种，将结合上中下等三器根的六个月或一年零两个月或一年零四个月的道所变的果确立为漏与返回皆无的属于见、修、究竟等三道的四种持明。

3. **见道**，此中分二：异熟持明、寿命自在持明。

---

① 四支：修念、近修、修和大修。

② 无间道：无碍道。断除自道应断障盖，为正对治；别无间隔，直接生起自果者。

③ 瑜伽四部：噶举派修习大印之道：专缘内心，名为专注；通达内心离诸戏论，名为离戏；通达心境平等一味，名为一味；不依有相进行修习，名为无修。

（1）异熟持明[①]，见道者虽然同样通达了法性谛，但由于智能大小的缘故，就分不能以智慧净治肉体浊身的异熟持明和能净治的寿命自在持明两种，即《道次第略论》中讲了“能力得不得，见道成两种。”此中异熟持明，就是由于同手印戏论的三摩地成为坚固，所以除了结合上中下等三根器的时期成就资粮外，是具足了身异熟远离血肉之躯、意成熟光明天身、于如何欲愿中一离身之罗网，马上确立为大印持明[②]等三法，即在《道次第论》中讲了

意持天形色，身罗结解开，

手印身显现，称彼谓异熟。

行状，就是为了自利，故以庄严坛事业等使二资粮圆满，以统治四业[③]的方式使他利圆满，而且由具足了清净的无漏[④]天眼等功德，故唯于第四洲的世间中亲自成办事业，化身和色身示现之情是略同寿命自在持明。

（2）寿命自在持明，一般寿命自在持明有凭依药物辟谷术的寿命自在持明、凭依降下和执持明点的寿命自在持明、凭依明灯[⑤]风轮的寿命自在持明和圣道圆满的寿命自在持明等四种，其中这个圣道圆满的寿命自在持明，成就较三种寿命自在持明特殊优异，除了以三慧之见和对三摩地的证悟娴熟已成特殊的觉慧成

---

① 异熟持明：旧密所说地道修行过程中四种持明之一，属见道位。此过程中，虽于生起次第已经坚固，心已证成本尊，但肉体浊行尚未能净治。

② 大印持明：旧密所说地道修行过程中四种持明之一，属见道位，从见道光明定中起后所证有学双运智身大印持明。

③ 四业：息业、增业、怀业、诛业（伏业）。

④ 无漏：不同作为所缘或与之相应，均不增长烦恼之法，如道谛及灭谛等。

⑤ 明灯：密乘大圆满修习法观想境界。

就资粮外，是初地的证悟已到究竟，一切漏穷尽后，身心二者成熟为光明天身，具足轻细等虹身[①]之特殊功德的无生无灭金刚身圣道圆满的寿命自在持明，即在《道次第论》中讲了

见境随行到究竟，修部行的成就，
身界生漏悉穷尽，成金刚身寿种姓。

行状，就是为了自利，故消除遍行[②]之垢，为了利他，故以四种神变[③]和四业成为利生事业。外貌，亦在《秘密藏续》中讲了“虽然持有人与天，梵天等的清净生，是于特殊地变化。”此等也是变化的标帜。本体，由于现在此身转成金刚身，所以住于凡是往昔的所依之相，超越了六通[④]，特别是超越了此时识界，以自现于智界的要点，单以眼识亦能做见色、闻声、受香、尝味、知所接触物[⑤]等五根的所作，同样由亦结合其他四根的二十五种五门根识能成为等同百千万刹土那么多的四大洲的事业。为了自利，故以渐次或超越的方式和合任一大印持明和任运持明，而且也有大慧和合究竟佛地。

4. **修道**，就是由于串习同手印戏论的三摩地之流和消除遍行之障后，所修现前，故以不动的三摩地消除了俱有垢后，便证得自心大手印，故是修道大印持明智慧幻身，即在《道次第论》中讲了

自心即是大手印，以修现前天具有

---

① 虹身：光身。密乘所证转五蕴成光明身像的果位。
② 遍行：随逐一切心法相应生起的诸心所。
③ 四种神变：等持神变、加被神变、灌顶神变和供养神变。
④ 六通：神足通、天眼通、天耳通、宿命通、他心通和漏尽通等六种神通。
⑤ 所接触物：触觉器官所接触以引生感觉的外物。

共通殊胜的相好，第二受用印种姓，
本智幻化的外貌，脱离肉身金刚身。

复次，从第二离垢地起至第十解脱道以内是属于金刚、轮、大宝、莲花和羯磨等的五种持明，由于该《论》中讲了“成为金刚轮大宝，莲花宝剑等持明。”所以经中将第二地至第五地的四地称做金刚持明，因为通达的智金刚①能摧毁粗分障。由于第六地主要修习慧度并转法轮和第七亦善巧方便如轮变化，所以此二者称做轮持明；由于在第八地统治无分别智，所以称做大宝持明；由于在第九地无贪，故修治刹土，成为利生事业，所以称做莲花持明；由于在第十地事业圆满，故成为无量利生事业，所以称做宝剑持明。对此，地道分齐的主张也有不同，装束双运的天身相好圆满的本体为了自利，故消除俱有垢，为了利他，故能示现为随作调伏猎人至娼妓等等的化身和色身，即在《道次第论》中讲了“不从等持中起动，能以化身来调伏，猎人以及娼妓等。”神通的境（所知）义，也是二十五根识的功德虽然和寿命自在持明相同，但是，这里以显现和坚固作为特点，而且成为等同报身净土的利生事业。

5. **究竟道**，由于在修道的期间熟习见道之力已完备，故以三慧清除了俱有垢后，便证得住于究竟道位的自体等觉地而不造登。虽由种属高低的差别而分三种姓和五种姓，但是，此时是如五身任运成就，持金刚大持的外貌，任第六佛的补处者秘密主。行状，就是为了自利，故以金刚喻定②内心的现证净治微细的所

---

① 智金刚：心间不破的明点。

② 金刚喻定：在摧毁一切障证得大小修道究竟果位之极微细应断分时，具有威力无阻之能治无间道。

知障三现分[①]之垢，为了利他，故于后得位中成为等同佛的利生事业。化身和色身亦示现为和十二行等殊胜化身相同。神通的境义了知尽所有的境和佛本身相同，随应成为虚空遍及之量的事业，即在《道次第论》中讲了

如是清净智本身，五身任运金刚持，
住如须弥不起动，唯安住于无分别，
和能摧毁诸随眠，刹那净业持明际。

6. **计算道的边限**，异熟持明和住于因乘之见道位欢喜地的菩萨二者是同类，其他寿命自在持明等是和只住于第一地、第八地和第十地的菩萨同类、即道的边际限度相同，但是意趣和行状，则因许多差别而高出彼，因为承认寿命自在持明和住于因乘的修道第八地的菩萨相同，承认大印持明和住于第十地的菩萨相同，承认任运持明和住于无学地普光地的菩萨相同，如是亦在《道次第略论》中讲了

此亦第一同第一，第二的彼殊胜类，
类同第八地菩萨，第三和第十同类，
意趣行为具殊胜。

（三）道的助伴行

此中行（所作）的体性，《三第次论》中讲了“等持成为特别故，随顺行按经教行。”所以，就是诸凡以特殊的方便持住，

---

① 三现分：修行萨迦派道果预备位。显乘的共通三现分道：不净现分、瑜伽景象现分和清净现分。

成为行者三门的所作。此中行亦有根本行和后得行两种，根本行（修定中的所作），就是那种修习专注五道和四种持明阶段的各自的三摩地。这里是说主要按照后得位（出定后）如何行之理，就是依于被无我见摄持的智慧和方便大悲双运而行，故能清除身语意之垢。解释字义，梵文“杂雅”一词之义是译作“行”，就是为使三门不磨损（有意义），故是行密乘行的作事者。若加区分，一般是使身语意完全清净，若将此稍作解说，就是由于在初学者的阶段三摩地未成为坚固，所以应当像青年沙门之行那样谨慎学习，殷勤接受，即在《金刚顶经》中讲了“乃至未坚固，无有尘许罪，应穿三律仪。”复次，应当谨慎地延长等引的证悟，在座间应奉行出定后的事十法行。三摩地稍成坚固后，若能将根本与后得合而为一，就能忍耐证悟，是如疯人的禁戒行，三摩地成大坚固后，证悟若无增减，唯修学利他，是如国王之行，即有三种行状。特殊的，是说成了方便道禁戒行和解脱道不放逸行两种，解脱道不放逸行有信仰精进行、随顺智慧行、随顺方便行、同品行、有戏论行、资粮行和神变行等七种顺序行和无取舍奇异顿行共八种。此亦信仰精进行，是在抉择见之时，就是依清净信、希求信和胜解信等三信，进入闻思后将不张不弛的精进进行彻底。第二随顺智慧行，是在修大空之时，就是在根本位中保持大空定，在后得位中亦坚持此而行。第三随顺方便行，是在慧心幻化之时，就是在根本位中于属于六趣的一切有情修习无执如幻的悲心，在后得位中观一切所行处为幻化。第四同品行，是在等同手印之时，就是在根本位中观修空性和悲心双运的天身在静相时静和观修忿怒明王为忿怒相等同手印，在后得位中亦保持其相续。第五有戏论行，是在有戏论的手印之时，就是在根本与后得二位中修学从彼等同手印的先前天身天相极大增长，故而自现为双运的本尊聚（群体）和主尊与眷属的行相扩展于周围。第六资粮行，是在资粮成就之时，就是在根本与后得二位中行威仪（举止行动，行、坐、卧、住）不贪五资具①，《道次第论》中所讲的“威仪受用五资具，正式供养是两种”的五资具，如说：

衣、饰、饮食歌与词，资粮云丛和舞蹈，

知为ཧཱུྃ（吽）字遍受用，神奇变化坛欢喜。

第七神变行，是在四持明之时，此亦是异熟持明、寿命自在持明、大印持明和任运持明等四种，异熟持明，就是修习为了自利，故以庄严坛事业圆满二资粮，以事业圆满他利。寿命自在持明，就是为了自利，故修己见，练习智能，消除遍行之垢，为了利他，故以四种神变和四业等成为利生事业。大印持明，就是为了自利，故消除俱有垢，为了利他，故于心思不动中以种种变化成就一切净与不净的众生事业。任运持明，就是为了自利，故凭依五身佛等消除所知障，为了利他，故于无边佛土示现十二宏化等种种化身的行状，担任密续的结集者。第八解脱疲乏顿行（无取舍奇异顿行），就是在类智②中不论怎样行，都不可得，无贪，远离勤事、执着、分别等的奇异之行，即如《本续总集》中讲道：“不可得是瑜伽行，虽然遍行如是行，然是胜义第一行。”就是应当行彼等行并反复念诵。

三、分说阿鲁瑜伽的地道建立

分说阿鲁瑜伽的地道建立，此中分二：总述结合根的道理和

---

① 五资具：《律经》所说比丘使用的六种生活用具，即三衣、钵盂、水滤、敷具。这里是说其中的五种。

② 类智：类证悟之智。缘上二界所摄诸法，如见四谛，永断见所断惑，领纳离系果之解脱道。

分讲地和五瑜伽[1]结合的建立。

（一）总述结合根的道理

阿鲁瑜伽之规，一般是因为，由于诸上慧大力者能独断一切娴熟的证悟，所以能到究竟，因此远离了渐次修行地道之劳，下慧和中慧者则以任一渐次或超越的方式修行第十地的四有学道[2]后和合无学道究竟果。又关于含义，就是确立为下面词句之义。

（二）分说地和五瑜伽结合的建立

此中分五：资粮道、加行道、见道、修道和究竟道。

1. **资粮道**，若略讲此规之十地和五瑜伽结合之理，第一变异不定地和能依因地二者属于资粮道思欲乐观行[3]，是胜解行[4]的佛身，由此成就共通成就天眼和神通等。

2. **加行道**，重要、修治、相续、福泽所依地乃加行道辨种姓风心佛身，就是第三重要修治地、第四有学相续地和第五福择所依地等三地是加行道辨大姓观行[5]，成就风心佛身。

3. **见道**，此中以凭依部行的近因，摧毁粗分变异乐，一切漏穷尽后，第六坚固胜进地，就是见道大安息观行[6]，成就乐空光明佛身。

---

① 五瑜伽：五观行。旧派密乘阿鲁（随类）瑜伽中作为五道本体的五种观行：资粮道思欲乐观行、加行道辨大姓观行、见道大安息观行、修道得大授记观行和无学道全大勇观行。

② 四有学道：顺解脱分、顺抉择分、义现观和后现观。

③ 思欲乐观行：就是资粮道中，作为欲乐空分光明和现分佛身二者所引信解之所缘境，故名思欲乐观行。五观之一。

④ 胜解行：资粮位和加行位中，未证空性，但依胜解，或循名循义修学佛法。

⑤ 辨大姓观行：就是证得加行道中，虽尚有漏，但不退转，种姓已定，故名辨大姓观行。五观行之一。

⑥ 大安息观行：就是见道位中，远离五畏，现见法性，超出一切世间法，故名大安息观行。五观行之一。

4. **修道**，从见道位光明出定后，第七缘境生果地，就是修道位大授记观行①，成就通达法性的智慧和清净佛身之相不断有学的双运身。

5. **究竟道**，此后第八安住不动地、第九流布法性地和第十圆满周遍地等三地，是属于究竟全大勇观行②，在此最后，由于凭依无学道最后有际的无间道，以大欲道授予了果位灌顶，故而消除三现分变迁的细微习气、领有了无别于无学的二十五果法③——任运成就的体性四身五智的本体吉祥普贤之位，故以恒常、周遍和任运成的事业成为应化有情的利益，即在《摄义辨边论》中讲了

> 正果即是正等觉，属二十五身语意，
> 功德事业无边际，任运圆满一切智。

此中在欲望发生时等和十地每一地结合的十个阶段中，由于在如实随从真正法性的自地的道位，按照超越的次第而修，所以十地各自的所净——缘变化业的粗细两种习气；显露的粗中细三种习气；遍行、俱有、粗中细三种睡眠的诸障便依次清除后，就是和合上上地的变动菩提心等十种心。是《本续总集第二品》等《毗奈耶本注释》和诸教授中详广讲成了比如结合小行星等十种而修行。

---

① 大授记观行：就是修道位中，获得时地等决定授记，故名得大授记观行。五观行之一。

② 全大勇观行：就是究竟道位中，有学双运功德、之力究竟完全，故名全大勇观行。五观行之一。

③ 二十五果法：就是佛的五身、五语、五意、五德、五业等共二十五。

四、分说阿底瑜伽的地道建立

按照诀窍阿底瑜伽之规解说，此中分四：结合清净四灌顶、结合四相出现之情、略说彼等的功德和修习持续的瑜伽所作之情。

（一）结合清净四灌顶

此中分二：总述结合灌顶的道理和分说持明四地的升登之情。

1. **总述结合灌顶的道理**，就是由于在此不费多劳的阿底瑜伽乘中能真正转光明为道用，所以避免了从下乘开始进入，渐次净治渐次修行地道的勤事而圆满上地道，所以下地道就成顺便圆满，本此意趣，经中讲成了大圆满一地无需净治和修行。一地，就是本觉任运成就，即如《心本续》中讲道："不变不治本觉任运圆满地。"但是，在自宗的道中三门之垢、实体蕴身、放逸之心和粗分风心等需要清净，当彼等清除时，由于下地道成为顺便圆满，所以比起下乘更加优异。关于将一地分成智慧分和功德分的现证的秘密建立，若按照不共续中所讲，一般道圆满的所依，就是有戏论等的四种灌顶，而四种灌顶又分成有戏论的有有戏论等十六种细目，这在下面再讲，或者成为十六共地之功德圆满的所依，以及胜解地、进入地、转变地和断绝地等四地也同样由于胜解的胜解等差别而成为十六地，前后共计三二地，经中讲成了能作成就金刚持的三十二殊胜妙相①的因。由于将十六地分成了

① 三十二殊胜妙相：千辐轮、足善住、手足缦网、手足细软、七处充满、指纤长、跟圆长、身广洪直、足踝端厚、身毛上靡、繄泥耶腨、立手摩膝、势蜂藏密、身金色、皮肤细滑、身毛右旋、眉间白毫、狮子上身、肩头圆满、肩膊圆满、得最上味、身分圆满、乌瑟腻沙、广长舌、得梵音声、狮子颔轮、齿鲜白、齿平整、齿齐密、四十齿、目绀青和牛王睫。

本智存生、发生、获得和出现等各四种，所以这六十四种地就能使金刚持的胜地圆满。此中一般由四种灌顶圆满道的道理，就是有戏论的灌顶能作获得十二品资粮道圆满的功德的所依，无戏论的灌顶能作加行道四抉择分圆满的所依，极无戏论的灌顶能作见道圆满的所依，最极无戏论的灌顶能作修道九地圆满的所依。由于由灌顶本身体性的十六种类别外能使十六大种业清净，内能使心的十六分别清净，密能使十六次引发和收敛明点清净，而且能使获得住于十六无上地的信念，所以将灌顶讲成了十六种。十六种灌顶是如何结合四地的呢？有戏的有戏论灌顶属胜解地，是渴望和福报的种类，其中无戏论的灌顶属清净进入地，是由信仰根据定解而进入自主，其中极无戏论的灌顶属改变事物为清净的地，是不住于身语的系缚，其中最极无戏论的灌顶属断绝无间业的地，是不住于戏论和轮回。同样亦当应用到其余三种灌顶。十六地的类别和体性，胜解的胜解是由信仰决定，胜解的进入是由悲心决定，胜解的改变是以方便执受，胜解的断绝是以智慧断绝外境；进入的胜解是胜解寂止，进入的进入是进入胜观，进入的改变是改变根本位的证悟为不同，进入的断绝是断绝后得位的心思外骛；改变的胜解是解脱对衣的贪着，改变的进入是解脱对食物的贪着，改变的改变是解脱梦境为光明，改变的断绝是解脱习气和烦恼；断绝的胜解是行不住于轮回，断绝的进入是静想住于禅定，断绝的改变是见不住于幻景、改变三界为三身，断绝的断绝是同时断绝生死轮回和涅槃寂静。

2. **分说持明四地的升登之情**，就是瑜伽地、大瑜伽地、分辨瑜伽地和证悟瑜伽地等四地。一般虽有统御与未统御各两种，共八种地，但是特殊的是分成四项细目为一组的四组，第一组是瑜伽地、事瑜伽地、行瑜伽地和改变瑜伽地等四种；第二组是极瑜伽地、自地决定瑜伽地、戏论瑜伽地和出世圆满瑜伽地等四种；第三组是名地、义地、名义无别地和不共地等四种；第四组是神通变化地、知差别地、出离地和辨勇士种姓地等四种共计十六地。如是十六地中的第一地，由于从能立的七神通至十五之间神通各有七种和由第十六地能显现十九神变，所以十六地统治一百神通，是称做持明地，从随念四灌顶的感知而升登，就是诸殊胜的因地。

（二）结合四相[①]出现之情

此中分二：解说十六相和解说十六地。

1. **解说十六相**，法性现前相[②]等四相，由于各有明相、增相、得相、近得相等四种为一组的一组，所以十六相地就是自心成熟为本智的掌握，称做怙主金刚持的果位地。此中十六相地的本体，法性现前相，增相是眼、近增相是眼的真实性、得相是见金刚链、近得相是于彼见获得串习；证悟增长相[③]，增相是光、近增相是明点、得相是明点显现为五色、近得相是由明点摇摆跳动放射各种光；明智如量相[④]，增相是佛身、近增相是显现为父母（本尊阴阳体）、得相是成就五小聚（群体）、近得相是坛城圆满；法遍不可思议相[⑤]，增相是不住于身和智、近增相是空无定准、得相是不可言说、近得相是无所见的法性何处亦无等十六种相。

---

① 四相：修习密乘大圆满道，证得有学乃至无学所有道相，法性现前相、证悟增长相、明智如量相和法遍不可思义相。

② 法性现前相：旧密大圆满所说的四相之一。现见法性本来清净之理，超出伺察假立边际，开启如来秘密不可思议刹土之门。

③ 证悟增长相：旧密大圆满所说的四相之一。由于目视胜观本智连环金刚，大光明点即将化成身形，证境增长，幻境没灭，中阴之智现前生起。

④ 明智如量相：旧密大圆满所说的四相之一。大光明点已成身形，智慧如量，超越证悟三身的道相。

⑤ 法遍不可思议相：旧密大圆满所说的四相之一。一切现分化为大光明点，心识假立诸法，遍尽于法性境界之中，亦皆趋于无可感受，遍尽至极，现见法身。

2. **解说十六地**，如是假设为因与果地的十六次序等级亦于今生解脱为光身和在中有获得解脱二者中具备，即如《明觉自现续》中讲道：“所谓地，并非另外有，是一个见谛的补特伽罗诸地圆满后而有。此亦是那个得到指点和开示的补特伽罗在起初见谛时于彼产生了欢喜，就是第一欢喜地，将彼认为是自己的感觉，就是登第二无垢地，此后串习了彼，就是获得第三发光地，此后串习了彼后，现见光相，就是获得第四焰慧地，此后现见智相，串习了彼后，一切染污自然净治后，现见本智，就是获得第五极难胜地，此后那个穿过光的佛身现前，就是获得第六现前地，此后串习究竟后染污远去，就是获得第七远行地，此后住于彼的状况中不起动，就是获得第八不动地，此后功德圆满，就是获得第九善慧地，此后自己的心识持住智相后明相悠然出现时，现见一切法为如云后而串习，就是获得第十法云地。这是补特伽罗不舍弃即此见谛之管获得地，诸舍弃了管子的补特伽罗不是如此获的。幻象淡灭后出现为小聚（群体）相，就是获得第十一地普光地，此后亦不贪恋彼相，不为一切内外法沾染，就是获得第十二无贪具莲地，此后从自己的胸间放射本智光带后，空中五光束住于轮圆之状，就是获得第十三字轮大会地，此后住于智相，就是获得第十四大等持地，此后于任运成就地获得定解，就是获得第十五金刚持地，此后于本净地本智悠然出现后，在此之上别无其他，就是获得第十六无上智地。”就是依次结合现见真正道谛等第一欢喜地圣普光十一个地和特殊地具莲地等。但是，彼等地虽然是由现象结合每一相等，然而彼等地则是由根本明智光明无所净治无所修行的一地之现分而区分的，实际上就是明智一地。证得佛金刚持时无须特别净治因地，因为如是结合了不同要道的入门，所以不是普通菩萨的正十地。因此是如普通菩萨那样依因果次第获得每一地之理和如内外密乘那样以努力成就生起次第和圆满次第而无需净治，即如该《论》中讲道："因是之故，有情虽有无数，但本智体只有一个。所谓地和道并非另外有，应当了知为地和道是无须净治而修行。"

（三）略说彼等的功德

但是，此时以特别优异的教授要领将风息置于自息，从此不同瓣状的风息成为自净时，由于光脉的智风于本位自显，所以除了清净智相佛身、净土和光的本色等外，并无不净的幻象出现之时，而且由于中脉的诸光脉增长，所以地的诸现证便由诸脉结之相渐次隐没于光的功能出现为自相，此亦由于两个第一脉结隐没于光，所以外相就是于光内出现一百佛国（诸佛菩萨的清净世界），在彼等佛国中放光，以聚为自相而运行；由于身体摇动，一百佛国便动；内心出现由进出一百法性无分别定所表十二一百殊胜功德等不共的证相增长的特别优异的现证自相就能不费多劳而出现。

（四）解说修习持续的瑜伽（观行）所作之情

由于《明觉自现续》中讲成了不以相和词的瑜伽等十二品类中的前八类往趋原始解脱地，而以究竟果、真实义、究竟解脱和所作圆满等四瑜伽进入解脱地，所以如是的修观行者所修习的事经常进行的观、修、行、果的四瑜伽，就是《珠宝镶嵌续》和《聚宝续》中所讲的修习十二事之情，这里略讲其中的行持续的瑜伽，以次序一定之行认定的阶段有三：初学者之行是依次学习十二法行；分辨有寂之行是修习甚深教授；在第三灌顶加行中由身语意三者之行分开有寂后，以心思正常之行使恢复；禁戒立道之行，《日月和合续》中讲成二十一种，在此时是主要修习其中的如蜜蜂行等前七种，此亦首先比较所有法门后，寻求在心上修习一种的事如蜜蜂寻窝，即以闻分辨法与非法，以思通其义后抑制烦恼，以修住于通达之上，以彻底出离烦恼；作为此的助伴是无犹豫如鸽子入巢之行，就像彼马由于在入窝之前断除了人的虚构，所以无误而至一样，由于以闻思断除了增益，所以修习坚信的教授；作为此的助伴，不是大家的所行处的如走兽之行，就是彼修观行者亦怀着疑惑堕入轮回追悔，于人迹不至山中独居修行，就像走兽带着受伤的懊悔单独孤居一样；作为此的助伴，是如哑巴之行，就是禁语，不同任何人说话，当如是做时由于忆念僵化，故如疯人之行，就是身语意之行全无定准，如疯子一般是变相出现，在此之时不分净秽如猪狗之行也顺便发生，衣食全不选择而受用。当如是六种行为齐备时便出现不被他人制伏，反能压倒一切的如狮子的行，就像狮子无论对什么全无惧怕一样，此修观行者亦远离一切感觉的与人和非人的损害后，获得无论什么都能统治。若给彼等行为命名，是称做统治感觉之行，是因为，由于彼亦能改变他人的不信仰，能起死回生、成就神变且法性的感悟升华，故如酒醉一般远离偏颇和凝望后，获得了能统治四大。

第五根本瑜伽，出现了修行结合印藏公认的不同教授之道次第的内外地道的许多说法，这里虽不能集中讲完，但是，基本都包括在上述此等之中。

第八节　正说前译密乘规的果位建立

特别抉择前译密乘规果位建立，此中分二：按照《幻网经》解说所知果续[①]和按照《光明金刚藏经》解说三等级解脱之理。

① 果续：近取因远离客尘烦恼，从此转依圆满现证二净之身。

一、按照《幻网经》解说所知果续

按照《幻网经》解说果续，此中分二：总述所知果续和分说彼的建立。

（一）总述所知果续

若简略讲说《幻网经》规中金刚萨埵究竟到何者果续，由于《别说幻风》中讲了

所或瑜伽大瑜伽，任运如实虽现前，
只是假立无第二，是故将彼说成彼。

所以，由于能净彻底净治了所净基凭依因相续的所净诸客尘[①]，故而因便彻底如实现前。此中所净基，就是一切有情的心中本来自然具有的因相续如来藏，就像存在于泥淖中的神珠宝。所净，就是现无为有的二现粗分客尘和细而又细的客尘，就像覆蔽摩尼珍宝的污泥浊垢。能净，就是属于生起次第和圆满次第的道，就像能洗的水和洗涤剂一样。净所生果，就是从以如是道净治了一切污垢中因所有的功德彻底现前，就像由脱离污泥的如意宝珠随愿能满足种种欲求。解释字义，若谓何故成为果续？《注释总纲》中讲了“成就圆满诠为果。”所以，诸追求无上殊胜的究竟果者既然意愿完全圆满，故称作果，既然永不间断，故称做相续。

① 客尘：烦恼和所知二障、非心本性，临时染污，终能远离，故名客尘。

（二）分说彼的建立

此中分三：成就自利、成为他利、附带解说显教密教佛的差别。

1. **成就自利**，此中分三：获得之理、性相和品类。

（1）获得之理，如何成就上面刚讲过的那个果续？就是由于如实现前了因，故而无舍无得，自行显现为体坛和智坛，如是亦在《秘密藏续》中讲了

稀有神变优胜法，非从余处会发生，
是依方便的智慧，如是状况中出现。

（2）性相，性相不舍离边佛密意，犹如水中注水是一味。果续的性相，是因为，由于不舍一多等一切边而远离，故是不可言诠之义现前，因此脱离了所取境[①]，所以一切因净的佛的密意就如水中注水成为一味（不二），即在《三次第论》中讲了“为因具四法相[②]故，一切非一非不同。”

（3）品类，此中分二：不同的名称和不同的体相。

（3）1. 不同的名称，果续的不同名称，是如《道次第论》中讲道：

不供佛异名，谓善逝如来，
薄伽梵与佛，大喜不思议。

---

① 所取境：所取能取分别。法我执与人我执，或执外境内心真实为二之虚妄分别。

② 四法相：了知法相、殊胜法相、作用法相、自性法相。

(3) 2. 不同的体相，此中分二：现为不共的品类和无别顿成的体相。

甲、现为不共的品类，此中分三：详广之理、适中之理、简略之理。

甲（1）详广之理，果法的体相身语意功德事业等五种每一种都不可思议，即在《幻网经》中讲了“一切身不可思议，一切语不可思议，一切意不可思议。”功德，《功德广论》中讲了“因以慧眼庄严故，净土功德不思议。”事业，《秘密藏续》中讲了

于约尘许十方世，佛世业有微尘许，
变化微尘无边故，刹那之间任运成。

甲（2）适中之理，身语意功德事业等五种，经中将彼每一种亦讲成了五种：

第一，五身，由不可思议之理建立为品类者，就是二十五果法，此亦在彻底了悟自利的体相法界上明智解脱，就是法身；住于法身不起不动，于缘分清净的化机第十地菩萨之中所依身成为无漏的疏果[①]显现为具不共的相好，就是报身；随顺不净的化机六趣胜解而显现为各种各样后成为事业，就是化身。虽然显现为色身和化身，但无自相续，或住于法身不起动，或者法身和色身不分开，就是金刚身；由于彼二身任运圆满为本觉，故在住于法身不起不动中随顺化机的缘分显现为各种各样，就是成等正觉身等共五身。

① 疏果：间接果。由因间接生起之果。如事物之最后刹那，是其第一刹那之疏果，因果之间别有多因相间隔者。

第二，五语，就是本师以五身向自己的眷属告明教言，此为以法性远离言诠，成为一切所诠之因上讲，就是法身无生义的语；如明镜能除所沾的面垢，以身的动态指示眷属的心了解义理，就是报身密意表示语；随顺所教化者的语音，于同一时间宣说法，就是化身言词语；由于一切语音皆声空无二，故脱离二边，就是无别金刚语；由于一切声音皆于自证之中任运成就，所以全无没灭、加被心意之语，就是现证菩提语等共五语。

第三，五意，空性智是法身全无分别意、平等性智是报身大平等意、成所作智是化身救度生意、妙观察智是不退金刚意、大圆镜智是现觉能明显了知任何一切的意等共五种殊胜智意。

第四，五功德，净土，该《续》中以"一切十方即佛国"和"清净刹土无边际"表明；没有幅员越量宫，是以"超越范围安堵宫"表明；明亮清净的光辉，是以"光辉放射的大会"表明；殊胜宝座，是以"狮子大象马孔雀，金翅鸟的宝座上，饰日月莲花珍宝"表明；俯仰受用，是以"各种音乐如云丛"表明等五种功德。

第五，五事业，就是息业、增业、怀业、诛业和任运成就业，即如《掘坑役使品续》中所讲：

> 烦恼妄念满心者，佛以行息其暴躁，
> 愚昧贫困的诸人，佛使所知受用增，
> 顽固不驯平庸人，佛以怀业使温顺，
> 恶人悲方便难驯，佛以威猛法制伏，
> 不属如是类种者，佛无亲疏使顿成。

甲（3）简略之理，此中分二：少许简略和十分简略。

第一，少许简略，彼等亦归摄，由于《秘密藏续》中讲道：

“身语意之大圆满，功德事业全具备。”所以既然能作无余殊胜功德的所依，所以是身；既然告语应化有情，所以是语；既然了知一切所知，所以是意；既然权势完备，所以是功德；既然教化应化有情，所以是事业等归摄为五种。

第二，十分简略，此中分二：略说和详释。

第二（1）略说，该《续》中讲了“彼亦是身与智二者。”

第二（2）详释，此中分二：所依身和能依智。

（2）A. 所依身，由于离障的意义是界智双运，故是法身；即此于眷属成熟海众（广大的成熟眷属）显现为具五决定，就是报身；于眷属胜解海众显现，就是化身。彼三身从不共的现分来讲，就是现觉身；从不分开方面来讲，就是金刚身共五身。若谓彼等是一或是异？五身任运成就的自性是一体，由于即此从功德的反体显现为五身，故是异体，就像空中月和水中月一样。尤其是现觉身和金身，由于只是就功德分而假立、所以是假立的身，正规的身，是确立为三身，三身也应当了知为法身是就作意自利分而建立的，二色身是就成为利他分而建立的。

（2）B. 能依智，当通达不舍一切客障又远离的自性时，基位义的阿赖耶现前，就是全不可得法界体性智①；尔时由于加行义的阿赖耶发生变化，显现而无分别，故成为其余三智的所依处，就是大圆镜智；染污意发生变化，无善恶取舍，就是平等性智②；意发生变化，了知所知境三时的一切法为如莲瓣明显而不混杂，就是妙观察智③；五门④发生变化，成为利生事业无碍难，就是成所作智⑤，即在《现观庄严论》中讲了

① 法界体性智：五智之一。能见色等五蕴自性皆空之法界清净智。

② 平等性智：通达一切生死涅槃之法，体无善恶性实平等之智。

③ 妙观察智：第六意识远离贪等秽垢，转依所得如来四智之一。

④ 五门：眼、耳、鼻、舌、身。

⑤ 成所作智：眼等五识分别诸法有差别相。此垢净后转依所得一切种智。

空性智即无实有，大圆镜智无分别，
平等性智无善恶，思察智不共明显，
所作般重到究竟。

乙、无别顿成的体相，由于彼等二十五果亦从五身的本体第六佛之功德的反体出现并汇入其功德，所以无别顿成的自性，就是离一异的本体，此亦在《集密意经》中讲了“同佛法界中解脱，任运成为大真实。”和在《三次第论》中讲了“果与功德顿成故，犹如如意宝出现。”

2. **成为利他**，就是遇见后便生慈悲，犹如摩尼宝，成为无分别任运成就的利生事业。自利如是成就后，利他慈悲鉴察化机之情，在此规中亦是不谤说智慧间断，不增益说不断，以远离彼二者之边的自性之理理解为无分别自显，即在《秘密藏续》中讲了“自证心本来了知空性无我，念根[①]熟悉所缘能缘为无。”理解，也是尊者卓普巴的主张承认为三种：以了知舍法界无他或了知如所有的智慧而理解、以了知舍智慧无他或了知尽所有的智慧而理解、以了知智界无别或了知如所有和尽所有为无别的智慧而理解。理解后慈悲发生之理，由于《三次第论》中讲了“恒常自性力名清，与境遇后而发生。”所以是四种，就是恒常持久的慈悲如河流、自性力的慈悲如日和光、策励启请的慈悲如穷人向有悲心者乞讨、与境值遇的慈悲如智者睹见行邪行。发生了如是四种慈悲后，于众生中行为之情亦如如意宝，就像擦拭神珠宝而供奉，便成就与各自福份相应的心愿，但是，如珍宝全无人为的分别和亲疏，由于究竟佛的意趣脱离了有无二边，所以即彼远

---

① 念根：不忘失四谛所缘及行相之念。三十七道品中五根之一。

离了增损[①]的自性身便随应化机的知觉而显现为各种各样后，不断成办无分别任运成就（不费辛劳，自然成功）的利生事业。

3. **附带解说显教密教佛的差别**，此中分三：法身、报身和化身。

（1）法身，为了分辨因乘和果乘的差别和智慧，故对显密经续中凡讲的佛，就应如是明辨差别，法身有本质、性相和神力等的三种差别。

（1）1. 本质，法相乘的法身是远离戏论的空性，犹如虚空，即如《入中论》中讲了

烧尽所知诸干薪，消散即是佛法身，

不时无生亦无灭，心灭彼由身现前。

密乘的法身是法界与本智的自性现空双运，如《大幻续》中讲道："静动世间等，唯现象无性（无为法）。"

（1）2. 性相，法相乘的法身堕入空边，密乘的法身由于现空无二，故不堕入常断二边。

（1）3. 神力，由法相乘的法身，神力只出现为二色身，密乘的法身，由法界与本智现空双运的神力出现为五身等种种。

（2）报身，报身的差别亦有两种，所受用的差别是，法相乘的报身除只受用白品外，不受用黑品，密乘的报身黑白二品皆受用。能受用的方便的差别，也是由于法相乘没有受用黑品的方便，密乘有受用黑白二品的方便。

（3）化身，化身也有两种差别，所化对象的差别是，法相乘的化身除只教化白品的所化外，不教化黑品的所化，密乘化身

① 增损：诬蔑和歪曲，颠倒有无，如说无过为有过，有德为无德等。

的所化无亲疏爱憎之分。能教化的方便差别，也是法相乘的化身无教化黑品的方便，密乘的化身有教化黑白二品的所化的方便。公认是胜者雍敦大师分辨了如是法相乘和密乘的佛的差别，当时诸智者都抛出了称赞之花。此外，法身是以极无变异的大乐作为差别；报身具五决定，也除了是一切净土和佛及其眷众任运成就为自相基位大光明的现分外，不属于他相；化身也是以四种教化的方式统治任何广大无边的四种业后，于成为所化的事业获得了权力。报身和化身的差别亦有如是，是承认法相乘的二色身由因缘而发生，密乘的色身不由因缘发生，即在《大幻续》中讲了“为因因缘无粗身”等诸前译密教的诸贤哲大德承认还有其他差别。

二、按照《光明金刚藏经》解说三等级解脱之理

按照《光明金刚藏经》解说三等级解脱之理，此中分二：根等级的解脱之情和抉择广大究竟解脱地的自性。

（一）根等级的解脱之情

此中分二：以总略讲说而介绍和详释其义。

1. **以总略讲说而介绍**，在《光明大圆满金刚顶经》之规中是依二十一根的差别将解脱之情讲成不同，此中二十一级的根，如《大续自显》中讲道：“宣说根是三种：上等、中等和下等。上等有七种：上下等、上中等、上上等、特上等、最上等、顶上等和极上等，这是上等的类别。此亦每发生一个见解、一个智相出现之情、一个通达的量、一个现象出现之情、一个领悟之时、一个了知的看法后，各自的现象就成坚固。中等根有七种：中下等、中中等、中上等、特中等、最中等、顶中等和极中等。此中

亦各获得一个智慧发生的量，这是中等的类别。下等根也有七种：下下等、下中等、下上等、最下等、特下等、顶下等和极下等。”

2. **详释其义**，此中分三：下根解脱之情、中根解脱之情和上根解脱之情。

（1）下根解脱之情，就是诸成为下下根者由于缺乏精进，所以虽见现量（感官认识者）的门类，但修习未结束便中止，不具解脱程度的信念，法性中有虽然出现，也不认识，在中有世间唯出现为梦中的妄情时，由法性谛的神力接续业的剩余部分，在自性化身的净土妙喜世界（东方不动佛的刹土）等受生后，亲见诸如来的圣颜而闻教，就得灌顶、受教和劝慰后，脱离一切烦恼的系缚，于原始解脱地成为证菩提者，即在《大续自显》中讲了

亲见谛的诸有情，心中虽不生证悟，
然住十方变化土，成为究竟解脱者。

又讲了“下下根存在二十天后，又于任运成就之相得道后，于不净轮回之门得道，住于十方化身的净土后，无中有而成等正觉。”复次，彼等净土显现为行相堪与自性报身的净土相同。若从各自的前方而观看，在四方一片寂静的中央上部有忿怒明王的净土，是由普贤金刚持的神力而自显。那位生于此等净土中的随顺自己的种姓和誓句的任一净土者，自心成就后明见面前虚空娑婆世界重叠中忿怒明王的净土时，是由其神力消除一切所知障，于本净之土成等正觉。

（2）中根解脱之情，就是诸根与精进皆成中等，今生尚未进入原始解脱地者，当在具四隐没的法性中有中八种出现的形

式、六随念、神通、陀罗尼和三摩地等发生的彼时，由于随念了三相的教授，故而随顺二十一种根中二十等级根的差别，便在禅定的天数中断绝，以八种隐没方式获得解脱而达到究竟。此中四种隐没，就是由于首先虚空隐没于光明，故而出现法性光明相，增长为五智之光；由于光明隐没于双运，故而明智进入，光进入明智；由于双运隐没于本智，故而脱离蕴我执、大种实体、大小烦恼而出现四智[①]和合之相；由于本智隐没于任运成就，故而诸智相便聚成自身体性，一切有寂之相便成为八种出现形式，即在《日月和合续》中讲了“此后由于自己的心识隐没于上方之光，故体验八种出现的形式，尔时亦能明见下方的报身诸忿怒明王之相。什么叫做八种出现形式？就是由于如慈悲出现，所以有寂平均（无偏私）；由于如光出现，所以一切相便于内心显现；由于如佛身出现，所以所知不失于外；由于如本智出现，所以一切相直接穿透；由于如无二出现，所以自己的心识便专注一趣[②]；由于如边际解脱[③]出现，所以不住于任何边；由于如不净轮回之门出现，所以生死流转的源头不灭；由于如清净智门出现，所以结为法性。尔时应当使不退转好到如力士的离弦之箭的最佳状态。”在此显现之时，出现十四种不同功德的六随念，前《续》中讲了“尔时亦发生六随念，即由于随念了本尊，故于当下亲见本尊容颜；由于随念了诸道，故统治中有生[④]的法性；由于随念了生，所以诸下根便于自性化身之净土获得安在；由于随念了诸静虑，故在五天中住于禅定；由于随念了上师的诀窍，故能修习到与自己的诸感觉无二；由于随念了佛，故如老熟人，后来一

---

① 四智：大圆镜智、平等性智、妙观察智和成所作智。

② 专注一趣：第八住心。为求令心自然运转，精勤用功，相续安住。

③ 边际解脱：旧密大圆满四种大解脱法之一。本智不住三时以及任何所知界中，故名边际解脱。

④ 中有生：中阴生。弃舍前身尚未投生中间的有情。

遇便认识。”六神通，由于该《续》中讲道：“当如是出现时，彼善男子发生六神通。”所以出现根与心堪能、领有智慧、本智之见清净、无颠倒现见法性和无颠倒现见佛智等六神通为一组的六组。若细分此等的等级，经中讲成有一百三十四品类。不忘总持[1]，该《续》中讲了“尔时诸不忘总持亦于自心发生，就是往昔所见的一切法皆于心中同时出现。同样，既然往昔未见的诸法亦出现，所以称做法性中有。”持续的三摩地，亦如该《续》中所讲“由于持续的三摩地自然出现于心中，所以永不发生邪分别。”解脱要点的三诀窍，了知法性之相为自显，是忆念如置子于母怀中的教诫；接着片刻不从自性禅定起动，是忆念如金圭的教诫；于住处上方的本净自地解脱后不退转，是忆念如力士的离弦之箭的教诫，其中极上根是从三刹那起获得解脱，顶上根是从禅定头一天起获得解脱，下中根是于十九天中获得解脱，于显现变化的最后任运成就的诸相如收入水晶光内一段隐没于本净之内界的八种隐没之情，在《大续自显》中讲了“喏！诸助伴，任运成就之相变成本身的真实力后，见谛时应当认识八种隐没形式。此亦慈悲隐没于慈悲是譬如日落之辉；本智隐没于本智是譬如置子于母怀中；光隐没于光是譬如彩虹消散于虚空；佛身隐没于佛身是譬如瓶身（如来藏）；无二隐没于无二是譬如河流汇入河流；边际解脱隐没于边际解脱是譬如虚空隐没于虚空；清净本智之门隐没于自相本净是譬如狮子持住雪；不净的诸门隐没于本智是譬如将牛毛帐的绳子收集在一起。”

（3）上根解脱之情，根、缘分和精进都达到极上等的诸修观行者今生已去到原始解脱地的征兆是，由于身体的微尘澄清，故而蕴便散为无，是和空行母死殁时谁都不见尸体一样，就是无

[1] 不忘总持：不忘陀罗尼。能记忆所得知识永不忘失的本领或成就。

中有而成佛的象征。某一殊胜的修观行者为使他人入教，故在大家目睹中于虚空光团中央连同声与光一起消失，犹如持明日益超越时连同蕴一起在虚空中住于声和光后，在大家目睹中逝去，就是在不可思议的三洲中以不可思议的变化成为事业的象征。修观行者在修行圆满时死殁，就像由于燃料薪烬，所以所有大火堆也自烬熄灭一样，由于因大种已尽，所以缘蕴的事[①]成为无，就是烦恼于自地解脱的象征。修观行者于本净地微尘身瓶破碎时，不分前后而合成一体，就是如虚空的死殁形式，在身与相之间，实质如同隔在一旁的虚空，本净的证悟则住于体内心的光明，就像由于打破陶器，所以陶外的虚空和陶内的虚空混合，不知谓何一样，就是不知身的微尘消散的蕴是此和体内的心识是此而成佛的，这就是在本净地径直解脱的象征。复次，上述四种解脱形式中的前后两种是彻却[②]的密道到究竟，中间两种是妥噶[③]的密道到究竟，是以彻却使身消散为微尘，使心散入法尔后，于本净地解脱。由于若以妥噶使身消散为微尘，便出现为光，故主宰生与流转而又起为大往生之身，成为利生事业，即有如此的差别。是因为，由于如是者超越了观修，所以不因法而有利害，且由于自相成为本净和任运成就，所以解脱地便自现，隐没于任运本净之界后获得解脱。由于如是修道之情的次序等级的缘故，根虽不同，但在佛果具有二净的法身大宝密壳中是同一体性，就像不同器皿中的虚空汇为一界或如不同的河流在一个大海中是一体一样。

---

① 事：实有法。具有功用，能生起各自取识和各自后续自果之一切色法、心法及不相应行法。

② 彻却：本净观修，空观。旧密大圆满修行法要之一。利根懈怠行者，不由勤勉以证解脱的教导法。因位本生之智，处于四大解脱法中，以本性自见、断定自决、解脱自信的方式，放任自然，修证原始清净、无有造作、本来自在之法性。

③ 妥噶：顿超。不按次第的飞跃。

（二）抉择广大究竟解脱地的自性

此中分三：阐述现证菩提广大处、阐述明智本智的自性、阐述彼等事情的实质。

1. **阐述现证菩提广大处**，此中分十：本质、解释字义、性相、自性、存在之理、净土、化机、能作者事、信念和分辨。

（1）本质，就是当在何处明智远离一切客尘时，自性清净的法身便现前，于身和智不离不合的境界中现证菩提后，在方分和边际达到的世间遍布明灯，在安住法身不起动中由圆满受用身和化身及其事业使三利任运成就，便是此的究竟果。此中三身的体相，就是成为佛的诸功德之身或者所依处，法身的体相，由于应离思想和语言，故是大本净；报身的体相，由于自显远离分别边际，故是大任运；化身的体相，是由慈悲所依处出现为随作调伏。

（2）解释字义，法，就是明空具足二净超出相；身，就是无变迁；受用，就是相好，圆满，就是齐备。身，就是显现而无自性；变化，就是出现为随作调伏的种种变化，由同彼之身成为事业。

（3）性相，性相亦分两种：总的性相和分别性相。

（3）1. 总的性相，就是凡是具足究竟二净皆住于所依处佛身。

（3）2. 分别的性相，如《狮子力圆续》中讲了“法身性相离思想，报身性相无分别，化身性相现种种。”

（4）自性，三身的自性，依次是远离一切戏论的本净空，界相自然圆满的任运自显，明智不灭朗然显现等。

（5）存在之理，此中分三：法身是脱离性相而存在，譬如虚空；报身是脱离实体而存在，譬如彩虹；化身不定，是住各种各样，譬如魔术戏法。

（6）净土，此中分三：法身的净土本净，超出想象；报身的净土显现为五身和本智；化身的净土显现为各种化机的情器世界，是无边虚空。

（7）化机，三身亦各具五圆满。化机，自身体性清净是法身的化机，心识超越活动能力；报身的化机，是自显主尊与眷属的群体；化身的化机是原有的六趣。彼等各具五圆满的自性，即在《宝积续》中讲了

所记自净法身于，无戏自净越量宫，
以无相语为彼等，与己无别内眷众，
将诸无戏论的法，发自无住自尽心，
将诸不讲未讲法，讲成大平等本性；

自显清净报身于，五光清净越量宫，
以无戏论大乐语，为五身种姓眷众，
将无实有清净法，从具五智心发出，
展布清净光舌上，不讲成天生六字，
是讲成为大天生；

全无贪的化身于，法源化机之本地，
以有戏论词语为，业尽有缘六趣等，
根凡胜解的诸法，从忆念自显的心，
布于无面舌根上，宣讲成为乘数法。

（8）能作者事，能作者事[①]或所做的事业，就是由于成就为自利法身，故在安住法界不起不动的状况中起现为利他色身，调御众生上进，所以乃至生死轮回都使二利任运成就，神变犹如水中月自然出现于广大刹土。

（9）信念，就是断证功德圆满后，就够佛的三身，就像若诸事如意，就够如意宝的自信一样。复次，不起不动，远离戏论，就是法身的自信；自显相好圆满，就是报身的自信；使二利任运成就，就是化身的自信。全无分别，诸事圆满，就是在无变迁法身的境界中恒久住于任运成就。

（10）分辨，此中分二：一般分辨三身的种类和特别分辨变化的自体。

（10）1. 一般分辨三身的种类，不同的法，一般决定为十五种。类别，由于三身每一身各以无尽净土五庄严轮而区分，所以不同的法，一般决定为十五种，即如《声应成续》中讲道：

法身即是身与语，意和功德及事业，
身是空与显现和，无有性相的自性，
语是远离声词名，并离言诠与议论，
意无思想与外骛，超越散逸与伺察，
功德无返无退转，悉是法界与本智，
自性真实不虚假，事业无误无不生，
无有间接生与灭，皆是未作不曾作；

报身亦是身语意，功德事业等五种，
身是显现无自性，显现能显皆是慧，

① 能作事者：与作者有关和属于作者的动作，由主要作者发出的动作。

语是天成自显性，放射收敛行相轮，
意是不间断鉴察，以及智能与密意，
功德圆满相随好，完备明慧与神通，
事业是从法轮中，发出内外密等业，
各个部的彼等佛，和诸菩提萨埵等，
亦从天生舌发出，于眷开示自体性；

化身亦是身语意，功德事业等五种，
身是诸相与随好，调伏化机身变化，
语是遣词用字妙，具有梵音的六支，
意以所知的智慧，自他二利铭记心，
功德圆满一切智，事业完全具备有，
内外密等三事业，住于法等五圆满。

（10）2. 特别分辨变化的自体，是分辨法身的法身、法身的报身、法身的化身等九个一组。彼每一身亦分成净土、处所、三摩地或性相、眷属、佛法和时间等各六项，此亦若逐一讲说如下：

第一组法身的法身，净土是不可思议、处所是超乎想象的自然处、三摩地是完全不起不动、眷属是种种自性无二、佛法是不可言诠的法性、时间是何处亦无变化的法性之时；法身的报身，净土是离尘无垢、处所是断绝忆念意分别处、三摩地是心与心所在法界中清静、眷属是空性自显的作事者、佛法是所缘遍净、时间是非思择之时；法身的化身，净土是空性无偏颇，处所是成为一切的所依处、三摩地是自行显现为完全不灭、眷属是无亲疏的佛和智慧海众、佛法是自性真实、时间是自现为实质现证菩提之时。

第二组报身的法身，就是毗卢遮那彼大雪海佛的坐姿，从外看，一片透明，从内看，彻底通明，身无前后，面向十方全无遮碍，其净土，是手心所有的二十五世间、处所是清净密严国[①]，眷属是除已非他、佛法是自然智自显，时间是证悟现前时；报身的报身是部主，其性相是体异性同，净土是各个部的无数曼荼罗，处所是色究竟天，眷属是各自的五种姓，佛法是受用所知的五智，时间是相聚汇和增长之时；报身的化身是五部的佛和各自的主尊和眷属，其性相是显现而无自性，明显而无分别，其净土是十万不可思议的天与天女受用的净土、处所是五智任运成就杨柳宫[②]，眷属是无量的佛和菩萨，时间是智慧自显之时。

第三组化身的法身是吉祥大金刚持，其性相是出现为四生[③]之身、允诺彻底成为三十六事业，其净土是百千万三千世界环绕的大梵天净土，其处所是有千朵莲花处，眷属是属于四生的众生，佛法是一切藏的根本声应成，时间是人寿能活无量之时；化身的报身是吉祥金刚菩萨、其净土是百千万三千大世间，处所是结合化机面之处，眷属是第八地的菩萨，佛法是了义乘，时间是不定时；化身的化身是释迦牟尼，其性相是经历从家出家等十二宏化，净土是领有百千万瞻部洲等三千大世界一个娑婆世界，处所是灵鹫山等，眷属，普通的是比丘比丘尼和近事男近事女等四众弟子，特殊的是种种说不尽的无数登地大菩萨，一定眷属是无量人、天和非天等，佛法是种种因乘和果乘，时间是确定重大决定，即饶益不同的应化有情之时。

2. **阐述明智本智的自性**，此中分三：本质、解释字义和

---

① 密严国：密严刹土。色界十七天的最上层报身佛土名。

② 杨柳宫：金刚菩萨和多闻天子所居宫殿。

③ 四生：胎生、卵生、化生和湿生。人畜胎生，天神是化生，鸟蛇是卵生，昆虫皆湿生。

分辨。

（1）体质，本智本质，因为明智如太阳，本来住于智慧分，远离一切客障之云，所以智慧无垢的心性是存在于诸身之藏①。

（2）解释字义，由于通达了本来显现为智慧部分即此任运成就，所以会现前，故而自行脱离一切障，增长为无余功德坛，从而聚成身智不即不离的安乐界。

（3）分辨，此中分三：法身智、报身智和化身智。

（3）1. 法身智，存在于因的法身智，如太阳的实质或如晶球原封不动，由于存在于明空依存处分，故能作等同日光的报身智和化身智的依存处。此亦称做三智并存，即体相本净智超越戏论和言诠之边，如洞然通彻的晶球；自性顿成智，除了只是现分功能的细微透明的依存处外，不存在有差别的实体；大悲周遍智，除是本体的能力外，不在依存处没灭，只存在于智慧未正式涉入外境分。复次，法身若有粗分，就成为实体和性相，所以性相离戏或消失就不合理，既然若无细微的透明分依存处，就成为断空如虚空，所以与二者相反，是称做细微透明的智存在于依存处原处。

（3）2. 报身智，报身持相智，由于等同花蕊放出五光或如同智镜，故能显示本智齐备的影像，而且性相不共，能明白识别，若区分彼，则有五智，每一智又分五种，故成二十五智，彼等亦是解脱因法界本净空、自显智的自光因和智慧界等三者分不开，就是法界性智，若区分彼，《大幻续自现》中讲了“就是界智和法界性智二、界清净智和大界智二、一切界无二智等五种。”智慧明空，出现之情不间断出现，就是大圆镜智，若区分彼，《大幻续自现》中讲了“就是大圆镜智和大镜智二、无分别

① 藏：主要的精华和永恒的真实。

明智和无分别净智二、显明而全无识别智等五种。”由于所本等在有寂界中本来解脱大平等，而平等缘是身语意三门存在于本质、自性和大悲等三者大平等，所以无偏颇和亲疏，就是平等性智，若区分彼，前《续》中讲了“就是平等性智和平等不灭智二、不动平等性智和不灭平等性智二、不存在于任何的平等性智等五种。”真正通达一切法不共，就是妙观察智，若区分彼，前《续》中讲了“就是妙观察智和广分辨一切义智二、证悟刹那发生智和定解一切声智二、不依止声和词而通达智等五种。”自利于智慧状况中成就后，他利如珍宝不费多劳、自然获得，就是成所作智，若区分彼，前《续》中讲了“就是成所作智和一切所作智二、不依止所作智和舍弃所作智二、断绝增益智等五种。”此等各自的词义和本质等，在该《续》中有详广的解说。

（3）3. 化身智，化身周遍智，如水中月出现于境的自身，是随不同化机之根器而显现的，此亦非如空物影像，是以二智[①]使利生事业任运成就。由于了知了如所有，故不误会诸法的本质，由于通达了胜义谛，故开示远离生灭和戏论的法性为如虚空，由于了知了尽所有，故能不混合诸法之相而通达世俗谛，故指示根、法、业果和道等为有法八如幻喻[②]。若区分彼，就是将了知如所有分成了了知如所有本质自显的情形和了知尽所有法性空的情形两种，这两种就像了知邬波罗花和其特性青色一样；就是将了知尽所有分成了了知尽所有依化身可理解的所有法不同的清净佛法和了知尽所有不同的不净有情两种，故成为四种差别。

3. **阐述彼等事情的实质**，若概述普贤最胜菩提处大解脱地的事理，就是身和智不即不离地聚成以胜出因位、自体显明、差

---

① 二智：根本智和后得智。

② 八如幻喻：是幻景、水月、光彩、阳焰、谷响、寻香城、魔术和彩虹。

异分明、分明解脱、不从他生、安住本位等法界之功德圆满的六种特性为差别的童子瓶身广大透明本净之界，自利于法界中圆满后，复又由进入所化之地方的慈悲，为了利他而起现为自现圆满受用身后，在遍布虚空的身与广大净土云丛的本能清净的刹土中现报身和在诸不净的世间中遍布教化众生之明灯的做调伏的事业，乃至轮回不空犹如如意宝和如意树皆成为任运成就而相续不断。

第四章　祝愿词

施众生所求利乐的宝　一切智佛教如意宝珠
供于智慧精藏胜幢顶　　是诸智者报答佛恩情

彼佛尊于阿僧祇劫中　舍弃身命万次所寻宝
正法宝库付与后继者　知其本意是彼岂有余

无边佛经大宝根源中　前译密咒具有六殊胜
优异妙乘如意珠宝顶　特别高耸佛教胜幢顶

善说正法《律经》净河流　稀有佛子行持水泡鬘
充满生圆[①]所成精要诀　前译佛教大海深且广

像我不具著述众因者　虽然不宜编纂如此文
普照班钦法王重策励　不敢违拗圣旨故命笔

无始以来至今我此舌　虽曾勤勉却徒劳无益

---

① 生圆：生起次第和圆满次第的简称。圆满次第，是于金刚身严守要窍，凭借有堪能性的风、脉、明点，以四空现证光明，以四喜现证俱生慧的殊胜智。

将略背弃彼的如是说　今自诩为重大份内事
此中沾有不解邪寻片思我心愚昧垢
许多字句十分含糊过分简略和欠缺
所有过失于诸公正智者前真心忏悔
请诸正士原谅爱护以圣洁洗涤清除

此举若有少福如莲丝　唯愿依此一切诸众生
二资粮与月光相联结　祈愿趣入解脱大觉海

众生界海利乐之亲一切智佛教
以闻饮其香美甘露以思赏甜味
以修取为焕发韶华延年的精华
唯愿悉皆增长成为无穷尽佳肴

唯愿佛教特别莲师之　不共成规极密大圆满
普遍利益犹如日月轮　虽于末劫亦当傲执持

唯愿三地善因者佛经　前译旧教后译新教[1]
义理一致四派教河流　一起汇入再弘佛教海

生得学得智慧广如空　教法证法功德深似海
慈悲众生的光如日照　祝愿诸持明享年万寿

尤其愿普照上师法主　全体执教幢者之首领

[1] 地、善、经、旧：是音译“萨”“格”“噶”“旧”四字的义译，即萨迦派、格鲁派、噶举派和宁玛派的简化。

足莲乃至阿僧祇劫海　永远安住不灭金刚座

愿诸乘各种乘舟者一往直前登宝洲
按各自的胜解开启满愿的深广宝藏
愿所有此生有意义的众生自由享受
得成就权势圆满的吉祥藏中如意瓶